Zwei Masken auf der Piazza San Marco
(Aquarell, 1. Hälfte 19. Jahrhundert)

RECLAM - BIBLIOTHEK

Richard Wagner ist sechsmal in Venedig gewesen, zum ersten Mal 1858, auf der Flucht vor dem Leben in das Werk, in »Tristan und Isolde«, zum letzten Mal 1882, um von Werk und Leben auszuruhen. Vier kürzere Aufenthalte liegen dazwischen, auf verschiedene Weise korrespondieren sie mit seiner Produktion; hier faßt er Mut zu den »Meistersingern«, hier erholt er sich von den Strapazen der »Ring«-Inszenierung, hier schöpft er Atem für »Parsifal«. Venedig ist Wagner ein Raum der Entrückung; ein fremdes Leben trägt ihn, ohne ihn zu berühren: »Alles wirkt objektiv, wie ein Kunstwerk«, schreibt er bei seinem ersten Besuch. Im Alter sitzt er am liebsten zwischen den Portalsäulen des Markusdoms und sieht unerkannt ins Getriebe, ein Magier, der das Seine getan hat und das Fazit zieht, »daß man in unsrer Zeit eigentlich nur Kritik üben könne, nur die Lüge aufdecken; und sonst das Kunstwerk aufstellen«.

Friedrich Dieckmann beschreibt Wagners Venedig-Aufenthalte in der Verknüpfung von Zeugnis und Kommentar. Im Widerspiel der Stimmen und Bilder ersteht eine biographische Erzählung eigener Art.

Friedrich Dieckmann
RICHARD WAGNER IN VENEDIG

Eine Collage

RECLAM VERLAG LEIPZIG

Mit 89 Abbildungen

ISBN 3-379-01509-1

© Reclam Verlag Leipzig 1983

Reclam-Bibliothek Band 1509
2., durchgesehene Auflage
Reihengestaltung: Hans Peter Willberg
Umschlaggestaltung: Petra Lurette Oberberg und Ute Puder
Hersteller: Fritz Kasch
Printed in Germany
Druck und Binden: Ebner Ulm
Gesetzt aus Garamond-Antiqua

Dienstag 18ten [April 1871] [...] ich schicke zum Arzt
[...] Als er hereinkam, frug er: »Sind Sie *der* Richard
Wagner, ich meine den gewissen R. Wagner«, worauf
R.: »Sie meinen den, der so hübsche Sachen geschrieben
hat, ja, der bin ich.«

Aus Cosima Wagners Tagebuch

Erstes Kapitel

DIE NARKOTISCHE HÖHLE

August 1858 bis März 1859

Gestern fühlte ich mich tief elend. Warum noch leben? Warum leben? Ist es Feigheit — oder Mut? — Warum dieses unermeßliche Glück, um so grenzenlos unglücklich zu sein? — — Die Nacht hatte ich dann guten Schlaf. — Heute ging es besser. — Ich habe mir hier ein schönes Portefeuille zum Verschließen machen lassen, eigens um Deine Andenken und Briefe darin zu verwahren: es kann sehr viel fassen, und was da hineinkommt, wird bösen Kindern nicht wieder herausgegeben. [...] — Morgen reise ich nun gerade nach Venedig. Es treibt mich dahin, wo ich mich nun still niederzulassen gedenke. Das Reisen an sich ist mir höchst zuwider. — Heute waren es acht Tage, daß ich Deine Terrasse zum letzten Mal sah!

So schreibt Richard Wagner am 14. August 1858 aus Genf an Mathilde Wesendonk. Er ist auf der Flucht aus dem Asyl, das ihm der reiche Seidenhändler Otto Wesendonk bei Zürich geschaffen hat, auf der Flucht aus einer zerbrochenen Ehe und einer verzweifelten Liebschaft. Das »Asyl« — der Hausstand in einer kleinen Villa in unmittelbarer Nähe der Wesendonks — hat kaum länger als ein Jahr standgehalten, »Tristan und Isolde« hat das Refugium des Emigranten gesprengt. Schon bald nach dem Einzug hatte Wagner die Komposition von »Siegfried«, dem dritten Stück der Nibelungen-Tetralogie, beiseite gelegt und sich in das neue Werk geworfen; während der rasch voranschreitenden Arbeit verdichten sich die Beziehungen zu der Frau seines Gönners, einer anziehenden, poetisch begabten Frau von neunundzwanzig Jahren, Mutter dreier Kinder. Es sind Beziehungen leidenschaftlicher Unerfülltheit, aber Wagners Frau Minna — sie ist neunundvierzig, vier Jahre älter als ihr Mann und seit zweiundzwanzig Jahren mit ihm verheiratet — verliert die Nerven; sie fängt einen Brief ab und schlägt Krach. Minna, die die Not des Exils und die Schwierigkeiten ihrer Ehe mit einem schweren Herzleiden bezahlt hat, verhält sich so exaltiert, daß Wagner die Nachbarschaft mit den Wesendonks unmöglich wird; dies einsehend, bricht er auch die Brücke seines Haus- und Ehestands hinter sich ab. Sei-

7

1 Die Eisenbahnbrücke von Venedig (vollendet 1846). Stahlstich nach Giovanni Pividor (vor 1862)

ne Frau zieht nach Dresden; er selbst, die Kompositionsskizze des zweiten Aktes von »Tristan und Isolde« im Gepäck, sucht Quartier in einer Stadt ohne Fuhrwerkslärm: Venedig. Das Land Venetien ist seit dem Wiener Kongreß österreichisches Staatsgebiet; mit einem Visum der k. k. Gesandtschaft in Bern begibt sich Wagner, der wegen seiner Beteiligung am Dresdner Maiaufstand seit neun Jahren in Deutschland steckbrieflich verfolgt wird, von Genf aus mit der Postkutsche über den Simplonpaß und den Lago Maggiore nach Mailand; von dort fährt er mit der neuen Eisenbahn nach der Inselstadt am Adriatischen Meer.

Am 29. August nachmittags in Venedig angekommen. Auf der Fahrt den großen Canal entlang zur Piazzetta melancholischer Eindruck und ernste Stimmung: Größe, Schönheit und Verfall dicht nebeneinander. Doch erquickt durch die Reflektion, daß hier keine moderne Blüte, somit keine geschäftige Trivialität vorhanden. Marcusplatz von zauberischem Eindruck. Eine durchaus ferne, ausgelebte Welt: sie stimmt zu dem Wunsch der Einsamkeit vortrefflich. Nichts berührt unmittelbar als reales Leben; alles wirkt objektiv, wie ein Kunstwerk. Ich *will* hier bleiben — und somit werde ich es. — Am andren Tag nach langer Überwindung Wohnung genommen am großen Canal, in einem mächtigen Palast, in dem ich für jetzt noch ganz allein bin. Weite, erhabene Räume, in denen ich nach Belieben umherwandle. Da mir die Wohnung, als Gehäuse meines Arbeitsmechanismus, so wichtig, verwende ich alle Sorgfalt darauf, sie mir nach Wunsch herzurichten. Um den Erard habe ich sofort geschrieben. Er muß in meinem großen, hohen Palastsaale wundervoll klingen.

Wagner schreibt dies am 3. September in ein Tagebuch, das er für Mathilde angelegt hat. Der Erard ist sein neuer Flügel, ein Geschenk der berühmten Pariser Klavierbaufirma; der Palast ist der Palazzo Giustiniani, ein zweiteiliger Bau des mittleren 15. Jahrhunderts, unmittelbar neben dem Palazzo Foscari, einst der Wohnung eines berühmten Dogen. Die seebeherrschende Adelsrepublik stand im 15. Jahrhundert im Zenit ihrer Macht und erhielt zu dieser Zeit ihr architektonisches Gepräge — Venedig, dessen Antlitz uns in den Ansichten des 18. Jahrhunderts überliefert ist, ist eine Stadt der späten Gotik. Die Maßwerkornamentik des spitzen Bogens verband sich hier mit orientalischen Einflüssen, beides begegnete einer alten romanischen Tradition; so entstand jener Ty-

9

2 Palazzo Giustiniani (links) und Palazzo Foscari (rechts) am Canal Grande, erbaut von Giovanni und Bartolomeo Buon (Mitte des 15. Jahrhunderts). Photographie

pus des Wasserpalastes, den der Palazzo Giustiniani exemplarisch verkörpert. Auch Wagners »Tristan« hat etwas von alledem: das Sujet der Liebestragödie ist »romanisch«, und in der Musik verbindet sich das Raffinement einer Spätkunst mit den glühenden Farben, der exzessiven Geduld des Orients.

Ihre berühmteste Ausbildung fand die venezianische Quattrocento-Architektur im Dogenpalast, dem Sitz der Regierung, dessen Säulen von der See aus wie die Fransen eines Teppichs ins Wasser zu hängen scheinen. An der benachbarten Markuskirche umkleiden die Formen der späten Gotik einen vielgliedrigen Kuppelbau des 11. Jahrhunderts. Der Klassizist Goethe schmähte diese Architektur als absurd; Wagners Blick ist offen für die märchenhafte Schönheit des Bauwerks, dem ein riesiger Leuchtturm als Campanile gegenübersteht. Beide nehmen die Schmalseite der Piazza S. Marco ein, einer Platzanlage, in der die Lagunenstadt, sonst labyrinthisch beengt zwischen Gassen und kleinen Kanälen,

sich Raum gönnt; der großartige Himmelssaal, der von der lang-
gezogenen Rundbogenarchitektur der beiden Prokurazien be-
grenzt wird, ist seit alters Zentrum des öffentlichen Lebens. Wag-
ner studiert die Geschichte der Stadt; er befreundet sich nachge-
rade mit der eisernen Klammer staatlichen Terrors, der die
despotische Adelsrepublik jahrhundertelang zusammenhielt:

Namentlich verlor ich dadurch etwas von meinen populären
Vorurteilen gegen die tyrannische Regierungsweise des alten
Venedigs. Der berüchtigte Rat der Zehn und die Staats-Inqui-
sition erschienen mir vielmehr in dem Lichte einer eigentümlichen, gewiß wohl grauenvollen Naivität; die offene Ankündi-
gung, daß in dem Geheimnis seiner Handlungsweise die
Gewährleistung der Macht des Staates liege, schien mir so bestimmt ein jedes Glied der merkwürdigen Republik für die Be-
wahrung dieser Heimlichkeit zu interessieren, daß sehr vernünftiger Weise die Ausschließung von jeder Mitwissenschaft
zur eigentlichen republikanischen Pflicht gemacht wurde. Eigentliche Heuchelei blieb diesem Staatswesen somit gänzlich
fern, wie denn auch das kirchliche Element, so ehrfurchtsvoll
es dem Staate eingeschlossen blieb, doch nie hier den entwür-
digenden Einfluß, wie anderswo in Italien, auf die Charakter-
bildung der Bürger ausübte. Die furchtbar rücksichtslosen Be-
rechnungen der Staatsraison wurden zu Maximen ausgebildet,
welche einen durchaus antik heidnischen Charakter, von keiner eigentlich finsteren Färbung, an sich trugen.

Katakomben des Schreckens auf dem Grunde der Schönheit — der
Komponist des »Tristan« versteht sich auf solche Verhältnisse. Der
Staat, in dessen Geschichte er sich vertieft, ist das alte Venedig, die
autonome Republik, die Napoleons Revolutionstruppen 1797
zerschlagen haben; seit dem Wiener Kongreß ist Venedig eine
von Armut und Verfall überzogene österreichische Provinzhaupt-
stadt. In den verwitternden Mauern einer Stadt, in deren Erschei-
nung das bürgerliche Zeitalter einst mit unvergleichlicher Strahl-
kraft am geschichtlichen Horizont aufging, komponiert der
exsulierte sächsische Hofkapellmeister das Musikdrama der bür-
gerlichen Endzeit. Und drapiert die Wände seines Wohnsaals,
dessen Decke und Fußboden die Feste des Rokoko beschwören,
mit dunkelroten Tüchern. Portièren in derselben Farbe treten an
die Stelle der stilwidrigen Türen; so ist das Gehäuse staffiert, in
dem das Werk leidenschaftlicher Weltflucht zur Welt kommen

3 »Der Dogen-Palast in Venedig.« Lithographie von Carl Wilhelm Gropius nach Julius Schoppe d. Ä. (1823). Rechts vom Dogenpalast das Gefängnis, dahinter das Hotel Danieli

4 Die Piazza San Marco (Markusplatz) mit dem Markusdom und
dem Campanile. Radierung (erste Hälfte des 19. Jahrhunderts)

soll. Die tönende Höhle ist bereitet, den Trank narkotischer Ent-
rückung darin zu mischen. Tristan und Isolde trinken ihn im er-
sten Akt buchstäblich, aber die ganze Oper ist solch ein Trank,
Gipfel- und Endpunkt aller Nachtphantasien der deutschen Ro-
mantik. Verzweiflung am Scheitern der gesellschaftlichen Revo-
lution gebiert hier eine Revolution der Musik; chromatisch entfes-
selte Ausdruckskunst sprengt die Schranken der Tradition. Sie
schmiegt einer älteren, ursprünglichen Überlieferung sich an: dem
musikalischen Theater Monteverdis, einst Kapellmeisters zu S.
Marco. Venedig ist die Stadt der Oper schlechthin: hier gab Mon-
teverdi der neuen, in Florenz entstandenen Gattung ihre musika-
lisch-dramatische Gestalt, und hier wurde das erste feste Opern-
haus geschaffen — die erste ständige Oper, die zugleich die erste
Volksoper war, allen Schichten des Volkes offenstehend. Wagner
ist in die Pionierstadt seiner Kunstform eingekehrt.

Hier wird der Tristan vollendet — allem Wüten der Welt zum
Trotz. Und mit ihm, darf ich, kehre ich dann zurück, Dich zu
sehen, zu trösten, zu beglücken! So steht es vor mir, als schön-
ster, heiligster Wunsch. Nun wohlan! Held Tristan, Heldin
Isolde! helft mir! helft meinem Engel! Hier sollt ihr ausbluten,
hier sollen die Wunden heilen und sich schließen.

Venedig soll den Tristan-Komponisten heilen, wie in der Sage die
zauberkundige Isolde den verwundeten Tristan heilt. Und die
Magie der Stadt ist wirksam:

Einstweilen habe ich allerhand fatale und weitschweifige Korrespondenzen, die meine Zeit fortnehmen; aber immer er-
quickst Du mich dabei, und ganz wunderherrlich hilft Dir Venedig, mich zu erheitern. Zum ersten Male atme ich diese
immer gleiche, wonnige, reine Luft; die zauberhafte Beschaffenheit des Ortes hält mich in einem melancholisch-freundli-
chen Zauber, der seine Macht noch immerfort wohltätig übt.
Wenn ich des Abends eine Gondelfahrt nach dem Lido mache,
umtönt es mich wie solch ein langgehaltener weicher Geigen-
Ton, den ich so liebe und mit dem ich Dich einst verglich; nun
kannst Du ermessen, wie mir da im Mondlicht auf dem Meere
zumute ist!

Die Geliebte verwandelt sich in Musik, wie zuvor, in Zürich,
Musik sich in die Geliebte verwandelt hat. Es ist grade ein Jahr
her, daß Senta dem Fliegenden Holländer begegnete:

14

5 »La fidanzata in gondola« (Die Braut in der Gondel). Ölgemälde von Antonio Rotta (1828–1894), um 1880

6 Der Canal Grande mit den Palazzi Contarini dalle Figure, Giustiniani, Foscari und Balbi (von links). Photographie

Heute vorm Jahre vollendete ich die Dichtung des Tristan und brachte Dir den letzten Akt. Du geleitetest mich nach dem Stuhl vor dem Sofa, umarmtest mich und sagtest: »Nun habe ich keinen Wunsch mehr!« —
An diesem Tage, zu dieser Stunde wurde ich neu geboren. — Bis dahin ging mein Vor-Leben: nun begann mein Nach-Leben. [...] Von der Welt hatte ich mich, schmerzlich, immer bestimmter losgelöst. Alles war zur Verneinung, zur Abwehr in mir geworden. Schmerzlich war selbst mein Kunstschaffen; denn es war Sehnsucht, ungestillte Sehnsucht, für jene Verneinung, jene Abwehr — das Bejahende, Eigene, Sich-mir-Vermählende zu finden. Jener Augenblick gab es mir, mit einer so untrüglichen Bestimmtheit, daß ein heiliger Stillstand sich meiner bemächtigte. Ein holdes Weib, schüchtern und zagend, warf mutig sich mitten in das Meer der Schmerzen und Leiden, um mir diesen herrlichen Augenblick zu schaffen, mir zu sagen: ich liebe Dich!

Das liegt zurück, der Fliegende Holländer schwimmt wieder auf dem Meere. Aber es ist ein sanftes Wasser, das ihn wiegt:

Nun kommt der abnehmende Mond erst spät. Als er in seiner Fülle war, hat er mir schöne Tröstungen bereitet [...] Ich fuhr nach Sonnenuntergang auf der Gondel ihm regelmäßig dem Lido zu entgegen. Der Kampf zwischen Tag und Nacht war stets ein wundervolles Schauspiel am reinen Himmel. Rechts, mitten im dunkelrosigen Äther, blinkte traulich hell der Abendstern; der Mond, in voller Pracht, warf sein funkelndes Netz nach mir im Meere aus. Nun wandt' ich ihm zur Heimkehr den Rücken. Dem Blicke, der dahin schweifte, wo Du weilest, von wo Du nach dem Monde sahest, trat, dicht über dem verwandten Siebengestirn, ernst und hell, mit wachsendem Lichtschweife, der Komet entgegen. Mir hatte er nichts Schreckendes, wie mir überhaupt nichts mehr Furcht einflößt, weil ich so gar kein Hoffen, gar keine Zukunft mehr habe; ich mußte sogar recht ernst über die Scheu der Leute vor dem Erscheinen solchen Gestirns lächeln und wählte es mit einem gewissen übermütigen Trotze zu meinem Gestirn. Ich sah in ihm nur das Ungewöhnliche, Leuchtende, Wunderbare. Bin ich so ein Komet? Brachte ich Unglück? — War das *meine* Schuld? — Ich konnte ihn nicht mehr aus den Augen verlieren. Schweigend und ruhig langte ich an der lustig erleuchteten, ewig heiter durchwogten Piazzetta an. Dann geht es den ernsten melancholischen Canal hinab: links und rechts herrliche Paläste: Alles lautlos: nur das sanfte Gleiten der Gondel, das Plätschern des Ruderschlages. Breite Mondesschatten. An dem stummen Palaste wird ausgestiegen. Weite Räume und Hallen, von mir allein noch bewohnt. Die Lampe brennt; ich nehme das Buch zur Hand, lese wenig, sinne viel. Alles still. — Da Musik auf dem Canal: eine buntbeleuchtete Gondel mit Sängern und Musikern: mehr und immer mehr Kähne mit Zuhörern schließen sich an: die ganze Breite des Canals schwimmt das Geschwader, kaum bewegt, sanft gleitend, dahin. Schöne Stimmen, passable Instrumente tragen Lieder vor. Alles ist Ohr. — Da endlich biegt es, kaum merklich, um die Ecke und verschwindet noch unmerklicher. [...] Alles verstummt endlich; der letzte Klang löst sich wie in das Mondlicht auf, das, wie die sichtbar gebliebene Klangwelt, sanft fortleuchtet.

Das verwandte Siebengestirn: das sind nicht die Plejaden, sondern die sieben Sterne des Großen Wagens; sie symbolisieren Wagner die Geschwisterschar, unter der er in Dresden aufgewachsen war: die Brüder Albert und Julius, die Schwestern Rosalie, Luise, Clara und Ottilie, sie alle älter als er, dazu die Stiefschwester Cäcilie. Wagners Vater, Polizeiaktuar zu Leipzig (von seinen sieben Kindern gingen fünf zum Theater), war einen Monat nach den Schrecknissen der Völkerschlacht vom Typhus dahingerafft worden; die Mutter heiratete im folgenden Jahr den Hofschauspieler, Dramatiker und Porträtmaler Ludwig Geyer, unter dessen väterlicher Obhut die große Kinderschar heranwuchs. Richard Wagner hat dem Frühverstorbenen, dessen Namen er als Kind trug, zeitlebens in Liebe und Verehrung angehangen; auch in Venedig ist ihm sein Bildnis zur Hand:

Es zeigt ein edles, weiches, leidend sinnendes Gesicht, das mich unendlich rührt. Mir ist es sehr wert geworden. — Wer zu mir tritt, vermutet zunächst gewiß das Bild einer geliebten Frau zu treffen. Nein! Von der habe ich kein Bild. Aber ihre Seele trage ich in meinem Herzen. Da schaut hinein, wer's kann! — Gute Nacht!

Acht Tage später kommt aus Zürich der Flügel, Menschen und Pferde haben ihn über den Gotthardpaß geschleppt. Schon in der Züricher Krise, fünf Monate zuvor, hat das Geschenk der Madame Erard wunderbare Wirkung getan:

Ganz im Fluge gewann ich das Instrument, wie im Scherz. Wunderbarer Instinkt der Natur, wie er sich in jedem Individuum, seinem Charakter angemessen, eigentlich doch immer nur als Lebenserhaltungstrieb äußert! [...] dieses wundervoll weiche, melancholisch süße Instrument schmeichelte mich völlig wieder zur Musik zurück. Ich nannte es den Schwan, der nun gekommen, den armen Lohengrin wieder heimzuführen! — So begann ich die Komposition des zweiten Aktes des Tristan. Das Leben webte sich wieder traumartig um mich zum Dasein. — Du kehrtest wieder. Wir sprachen uns nicht, aber mein Schwan sang zu Dir hinüber.

Verwehrte Liebeserfüllung als tiefwirkende künstlerische Antriebskraft, als Motor einer Sublimierungsarbeit, die sich daran als geniale erweist, daß sie Welt, das heißt allgemeine und kollektive, geistig-gesellschaftliche Konfliktsituationen, an sich zu ziehen weiß — dieses Verhältnis wird nicht erst an Wagner deutlich. Aber mit seltener Klarsicht hat dieser sich, sechs Jahre vor der Venedig-Reise, Rechenschaft darüber abgelegt:

Vom wirklichen Genusse des Lebens kenne ich gar nichts: für mich ist »Genuß des Lebens, der *Liebe*« nur ein Gegenstand der Einbildungskraft, nicht der Erfahrung. So mußte mir das Herz in das Hirn treten und mein Leben nur noch ein künstliches werden: nur noch als »Künstler« kann ich leben, in ihm ist mein ganzer »Mensch« aufgegangen.

Das macht Wagner zum dramatischen Dichter: daß in seinen poetischen Konzeptionen jeweils der ganze Mensch aufgeht; es gibt ihnen jene dramatische Substanz, die sich in der Komposition erfüllt. Entbehren sollst du! sollst entbehren! *steht über ihnen allen geschrieben: Faustens Schmerzensausruf, dem Teufelspakt voranstehend, der die furchtbare Kluft zwischen Geist und Leben überspringen soll. Ein Leben lang empfindet Wagner die Last der Abschnürung; aus Zürich klagt er am 12. Januar 1852 seinem Dresdner Freund Theodor Uhlig:*

Lieber Freund! mir kommen jetzt oft eigene Gedanken über »die Kunst« an, und meist kann ich mich nicht erwehren zu finden, daß, hätten wir das *Leben*, wir keine *Kunst* nötig hätten. Die Kunst fängt genau da an, wo das Leben aufhört: wo nichts mehr gegenwärtig ist, da rufen wir in der Kunst, »ich wünschte«. Ich begreife gar nicht, wie ein *wahrhaft glücklicher*

19

7 Die Piazza San Marco. Rechts die alten Prokurazien, im Hintergrund die Ala Napoleonica. Photographie

Mensch auf den Gedanken kommen soll, »Kunst« zu machen.

Aber die Arbeit ist auch ein Glück; sie beschwichtigt alle Not, da sie alle Not in sich aufnimmt:

Nun bin ich denn ganz fort von Dir: himmelhoch liegen die Alpen zwischen uns gewälzt. Mir wird es immer klarer, wie alles werden muß, wie alles sein wird; und daß ich nun kein Leben mehr leben werde. − Ach! Kommt nur der Erard erst, − dachte ich oft: − er muß helfen, denn − es *muß* ja sein! Lange mußte ich warten. Nun ist er endlich da, dieses kunstvolle Werkzeug mit seinem holden Klange, das ich mir damals gewann, als ich wußte, daß ich Deine Nähe verlieren würde. Wie symbolisch deutlich spricht hier mein Genius, − mein Dämon zu mir! Wie bewußtlos verfiel ich damals auf den Flügel: aber mein tückischer Lebenstrieb wußte, was er wollte! − Der Flügel! − Ja, ein Flügel! −: wäre es der Flügel des Todesengels!

Doch es ist ein Flügel des Lebens, und Wagner weiß das: er ist beim Werke, er ist geborgen. Am 12. Oktober beschließt er das Tagebuch für Mathilde:

Ich kehre nun zum »Tristan« zurück, um an ihm die tiefe Kunst des tönenden Schweigens für mich zu Dir sprechen zu lassen. Für jetzt erquickt mich die große Einsamkeit und Zurückgezogenheit, in der ich lebe: in ihr sammle ich meine schmerzlich zerstückten Lebenskräfte. Bereits genieße ich seit einiger Zeit die fast nie so gekannte Wohltat eines ruhigen, tiefen Schlafes in der Nacht: könnte ich ihn allen geben! Ich werde dies genießen, bis mein wunderbares Werk gediehen und vollendet ist. Erst dann will ich mich einmal umsehen, welch Gesicht mir die Welt zeigt. [...] Bis dahin bleibe ich mit ihm in meiner hiesigen, lebendig gewordenen Traumwelt allein.

Da kann die österreichische Polizei ganz ruhig sein, und sie ist es auch, jedenfalls in Venedig, wo der Polizeirat Dr. Crespi, offenbar ein aufrichtiger Musikfreund, waltet. Auch bei dem Militär ist Wagner wohlgelitten − es ist ein musikalisches Militär. Jahrzehnte später erinnert er sich:

Die Kapellmeister der beiden in Venedig kantonierten österreichischen Regimenter gingen damit um, Ouvertüren von mir, wie die zu »Rienzi« und »Tannhäuser«, spielen zu lassen, und ersuchten mich darum, in ihren Kasernen den Einübungen ihrer Leute beizuwohnen. Hier traf ich denn auch das ganze Offiziercorps versammelt, welche sich bei dieser Gelegenheit recht ehrerbietig gegen mich benahmen. Ihre Musikbanden spielten abwechselnd des Abends bei glänzender Beleuchtung in Mitte des Markusplatzes, welcher für diese Art von Musik-produktionen einen wirklich vorzüglich akustischen Raum ab-gab. Mehre Mal wurde ich am Schlusse der Mahlzeit durch das plötzliche Erklingen meiner Ouvertüren überrascht; ich wußte dann, wenn ich vom Fenster des Restaurants aus mich dem Eindrucke hingab, nicht, was berauschender auf mich wirkte: der unvergleichliche, prachtvoll erleuchtete, von unzähligen sich ergehenden Menschen erfüllte Platz oder die alles dieses wie in brausender Verklärung den Lüften zutragende Musik. Nur fehlte es hierbei gänzlich an dem, was man so leicht sich sonst von einem italienischen Publikum hätte erwarten müs-sen: zu Tausenden scharte man sich um die Musik und hörte ihr mit großer Spannung zu; nie aber vergaßen sich zwei Hände soweit zu applaudieren, weil jedes Zeichen des Beifalls an einer österreichischen Militär-Musik als ein Verrat am Va-terlande gegolten haben würde.

Wagner als musikalischer Herrscher über die Piazza S. Marco —
hat er jemals schönere Aufführungen erlebt? Minna in Dresden er-
hält am 28. Oktober eine unmittelbare Schilderung:

Unter den österreichischen Offizieren bin ich bereits bekannt wie ein bunter Hund. Sie machen sich immer an Karl, um was von mir zu wissen. Leider konnte ich es nicht umgehen, mit den hiesigen Militärkapellmeistern in Berührung zu kommen. Du weißt wohl, daß die österreichischen Militärmusiken ausge-zeichnet sind? Nun, hier gibt es *drei* solche, die abwechselnd abends auf dem Marcusplatze spielen, wobei immer ganz Ve-nedig auf den Beinen ist. Der eine Kapellmeister hatte sich hin-ter meinen Wirt gesteckt, doch ließ ich ihn abweisen. Nun hörte ich aber abends von ihm den Tannhäusermarsch, und mich ärgerte das schleppende Tempo; da ließ ich ihm sagen, wenn er wieder was von mir machte, sollte er mir's doch sagen, damit ich ihm das richtige Tempo usw. weisen könnte. Nun holte er mich gleich zu einer Probe von der »Tannhäuser«-Ou-vertüre ab, für Militärmusik! Es war in der Kaserne, und alle

Offiziere fanden sich dazu ein. Es ging wirklich recht gut und gegen alles Erwarten. — Nun machte sich aber gleich der Kapellmeister von der Kriegsmarine-Musik an Karl, er möchte mich doch nur bestimmen, daß ich auch ihn würdigte; er wolle die »Rienzi«-Ouvertüre aufführen. Was blieb mir übrig? Ich mußte in die Marine-Kaserne, wo mir ein völliger Empfang bereitet war, alle Offiziere en masse, mit größter Feierlichkeit. Die Ouvertüre ging sehr gut. Ich hörte sie mit Karl vom Restaurant aus beim Dessert und $^1/_2$ Fläschchen Champagner an. — Anderntags meldete sich nun schon der Kapellmeister vom Ungarischen Regiment, mit Stücken aus Lohengrin. Den habe ich aber vorläufig abgewiesen.

Karl ist Karl Ritter, ein neunundzwanzigjähriger Literat und Musikfreund, Sohn einer begüterten Dresdner Familie, die Wagner in den ersten Jahren des Exils das Überleben ermöglicht hat. Ritters Vorschlag war Venedig gewesen, mit ihm hatte Wagner die Reise angetreten; er ist der einzige, den er jeden Tag sieht. Die venezianische Polizei, deren Aufmerksamkeit kein Schritt und kein Brief, kein Arztbesuch und keine Begegnung Wagners in Venedig entgeht, behält die militärmusikalischen Huldigungen für sich – kein Wort davon an die Wiener Zentrale. Die Schilderungen des Dr. Crespi nach Wien sind ebenso detailliert wie beruhigend:

Als Beweis seiner nervösen Uiberreitzheit kann man anführen, daß er, da die Farbe der Tapete seines Schlafzimmers im Palazzo Giustiniani a S. Barbara ihn unangenehm berührte, er gleich den Tag nach seiner Ankunft sich von seinem Hausherrn die Erlaubnis erbat, eine seiner Stimmung mehr zusagende Schattierung von rot als Dekorierung wählen zu dürfen, und noch denselben Tag das Gemach damit ausschlagen ließ.

Revolutionäre Verschwörer, läßt der k. k. Polizeirat durchblikken, hätten wohl anderes zu tun. Sein Bericht geht an den Chef der obersten Polizeibehörde in Wien, Feldmarschalleutnant Freiherrn Kempen v. Fichtenstamm, aber der ist kein Musikfreund, sondern ein Oppositionellenfresser; er schreibt — Wagners Geschick beschäftigt Europas Fürsten und Minister — an den Ministerpräsidenten und Außenminister des Kaisertums, Grafen v. Buol-Schauenstein:

Wie bekannt, gehört Richard Wagner zu den Führern der Mairevolution in Sachsen. Abgesehen von den Bedenken, welche polizeilicherseits gegen die Anwesenheit dieses Flüchtlings in den kaiserlichen Staaten obwalten, dürfte die kgl. sächsische Regierung die Duldung desselben in Österreich kaum gerne sehen.

Und an seinen Untergebenen, den Polizeidirektor von Venedig, schreibt der Feldmarschalleutnant am 9. September:

In dem Bericht vom 5. d. M. 4914 pr. r. ist dem politischen Flüchtlinge Richard Wagner in politischer Beziehung eine viel zu geringe Bedeutung beigelegt worden. Wagner hat in der Revolutionsepoche in besonders hervorragender Weise sich kompromittiert, und sein Verkehr mit den Koryphäen der revolutionären Propaganda in Zürich während seines dortigen Aufenthalts ist nicht geeignet, die gegen ihn obwaltenden Bedenken zu beseitigen. Ich fordere Ew. daher auf, den genannten politischen Flüchtling [...] der geschärftesten Überwachung zu unterstellen.

EXKURS: RICHARD WAGNER UND DIE REVOLUTION

Eine Koryphäe der revolutionären Propaganda in Zürich ist der Dichter Georg Herwegh, Freund und einstiger Mitarbeiter von Karl Marx, Führer einer bewaffneten Freischar im badischen Revolutionskampf. Er ist einer der engsten Gefährten Wagners in den Jahren des Schweizer Exils; 1853 durchstreifen beide wochenlang zusammen die Alpen. Auch Carl Schurz und Gottfried Kinkel stehen auf den Fahndungslisten des Deutschen Bundes; Schurz, nachmals Innenminister der Vereinigten Staaten, hatte seinen Freund Kinkel 1850 aus der Spandauer Zitadelle befreit. Im Herbst 1851 wirbt Schurz in Zürich Richard Wagner zur Zeichnung einer Revolutionsanleihe, Gottfried Kinkel begleitet ihn 1855 bei der Rückkehr von einer Londoner Konzertreise; den sächsischen Polizeispitzeln entgeht es nicht.

Aber welchen Anteil hat Wagner tatsächlich an der Dresdner Erhebung gehabt, die sich im Mai 1849 der von Preußen angefachten Konterrevolution entgegenstellte? Einen der hervorragendsten Anhänger der Umsturzpartei *nennt ihn der im Jahre 1853 erneuerte Steckbrief der sächsischen Polizei; das trifft den Nagel* auf den Kopf. Wagner ist ein Revolutionär des Wortes und der Tat gewesen; rückhaltlos wirft sich der Kapellmeister des Königs — Wagner erhielt diese Stellung im Februar 1843, nach der Uraufführung des »Fliegenden Holländers« — in die demokratische Bewegung der Jahre 1848 und 1849. Er teilt ihren Aufschwung, er überbietet oft ihre Illusionen, und es bleibt nicht bei leidenschaftlichen Zeitungsartikeln und enger Fühlungnahme mit den Häuptern des revolutionären Lagers, Bakunins vor allem, des russischen Revolutionärs, der sich in Dresden verborgen hält und in der Stunde der Not tatkräftig in das Geschehen eingreift. Wagner führt nächtelange Debatten mit ihm, sie bleiben nicht theoretisch; der Hofkapellmeister gibt mit seinem Freund Röckel bei dem Gelbgießer Oehme über hundert Handgranaten in Auftrag, die für Prag bestimmt sind und dann in Dresden verwendet werden

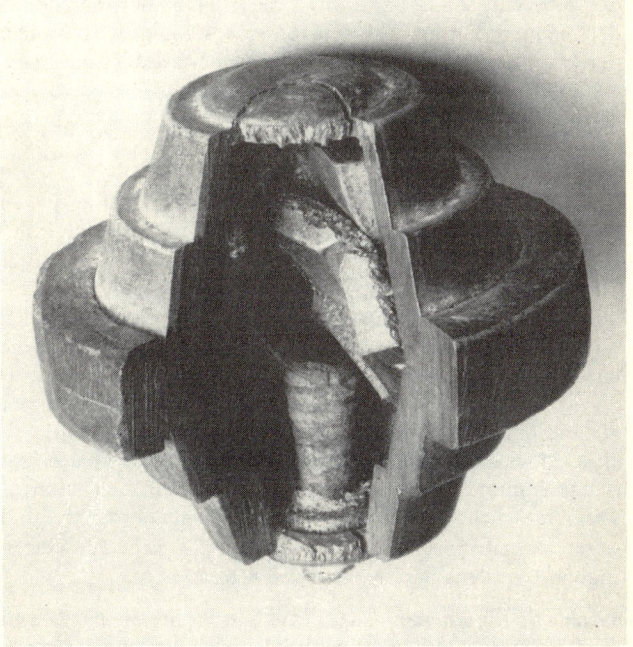

8 Handgranate aus dem Dresdner Barrikadenkampf 1849. Photographie

25

sollen. Er läßt Flugzettel drucken, 50 cm lang und 9 cm hoch, die die sächsischen Truppen zum Zusammengehen mit der Bevölkerung auffordern:

SEID IHR MIT UNS GEGEN FREMDE TRUPPEN?

und verteilt sie unter Lebensgefahr selbst unter den hinter der Barrikade stehenden Soldaten. Er bringt den Hofbaumeister Semper, dessen Galerie kurz vor der Vollendung steht, dazu, die Leitung des Barrikadenbaus zu übernehmen. Umschwirrt von den Spitzkugeln der von dem sächsischen König herbeigerufenen preußischen Interventionstruppen, die sich in der Laterne der Frauenkirche festgesetzt haben, observiert Wagner vom Turm der Kreuzkirche aus die Bewegungen des Feindes und meldet sie durch Zettelwurf der Provisorischen Regierung, die im Rathaus ihr Quartier aufgeschlagen hat.

So verbrachte ich in der unmittelbaren Nähe der schrecklich dröhnenden Turmglocke und unter beständigem Anprallen der preußischen Kugeln gegen die Mauern des Turmes eine der merkwürdigsten Nächte meines Lebens.

Von seinem erhabenen Posten aus sieht er am andern Morgen erzgebirgische Freischaren in die Stadt einrücken:

Eine selige Ruhe und Stille lag über der Stadt [...] nur gegen Sonnenaufgang senkte sich ein Nebel [...] herab: durch ihn vernahmen wir plötzlich, von der Gegend der Tharandter Straße her, die Musik der Marseillaise klar und deutlich zu uns herdringen; wie sie immer mehr sich näherte, zerstreuten sich die Nebel, und hell beschien die glutrot aufgehende Sonne die blitzenden Gewehre einer langen Kolonne, welche von dorther der Stadt zuzog. Es war unmöglich, dem Eindrucke dieser andauernden Erscheinung zu wehren; dasjenige Element, welches ich so lange im deutschen Volke vermißt [...] hatte, trat plötzlich sinnfällig in lebensfrischester Farbe an mich heran; es waren dies nicht weniger als einige tausend gut bewaffnete und organisierte Erzgebirgler, meist Bergleute, welche zur Verteidigung Dresdens herangekommen waren.

Gerade fünf Wochen sind es her, daß Wagner Beethovens Neunte Sinfonie zu einer triumphalen Aufführung gebracht hat; der Generalprobe hatte insgeheim auch der polizeilich gesuchte Bakunin beigewohnt:

26

Er trat ohne Scheu nach der Beendigung derselben zu mir an das Orchester, um mir laut zuzurufen, daß, wenn alle Musik bei dem erwarteten großen Weltenbrande verlorengehen sollte, wir für die Erhaltung dieser Symphonie mit Gefahr unseres Lebens einzustehen uns verbinden wollten.

Nun ruft ein Kommunalgardist Wagner an der Barrikade zu:

Herr Kapellmeister, der Freude schöner Götterfunke hat gezündet!

Wagner denkt nicht an sich und an seine Werke, Wagner denkt und handelt in diesen Maitagen des Jahres 1849 einzig für die Revolution. Wie um das Schicksal auf die Probe zu stellen, setzt er sich, ein Wagender im Wortsinn, immer wieder unmittelbarer Lebensgefahr aus. Am 8. Mai bringt er seine Frau nach Chemnitz in Sicherheit und ist am Abend schon wieder in Dresden bei der revolutionären Regierung; Leonhard Heubner, deren mutiger Führer, schickt ihn nach Freiberg, um den Anmarsch der Freischaren zu beschleunigen. Von dort aus will Wagner wieder zurück nach Dresden, wo der Barrikadenkampf inzwischen in einen mörderischen Häuserkampf übergegangen ist; unterwegs trifft er die auf dem Rückzug befindliche Revolutionsregierung und will sich ihr anschließen. Aber er verpaßt die Kutsche und fährt ihr mit dem normalen Postwagen hinterher — so entgeht er dem Hinterhalt, in den Chemnitzer Bürgergarden als die Handlanger der reichen Fabrikherrn seine Freunde locken. Sie werden verhaftet und ein Jahr später zum Tode verurteilt; der König, Friedrich August II., begnadigt sie zu lebenslänglicher Haft. Dasselbe Schicksal hätte Wagner getroffen, wenn er in die Hände der Konterrevolution gefallen wäre. Über Weimar entkommt er mit Liszts Hilfe in die Schweiz.

Wenn er es auch bald bestreitet: Wagner ist in diesen dramatischen Tagen ein Revolutionär der Gesinnung und der Tat. Kein großer Musiker hat sich jemals in einer gesellschaftlichen Umwälzung so vital exponiert wie dieser. Indessen: Wagner wird darüber nicht zum Politiker, geschweige denn zum Berufsrevolutionär. Er ist freischaffend für die Revolution tätig, voll Tatkraft, aber ohne Amt, und erkennt bald nach der Niederlage seine Grenzen und die der ganzen Erhebung. Noch auf der Flucht, aus Weimar, zieht er in einem Brief an Minna, die seinem Treiben erschreckt und verständnislos zugesehen hat, ein Resümee:

am 30. v. M. aus derselben aber entlassen und an das Landgericht zu Camburg, behufs Einleitung einer neuen Untersuchung, abgeliefert worden. 11/6. 53.

651) **Kahlert,** Georg Bernhard, Webergeselle aus Apfelstädt bei Gotha. Alter: 27 Jahr; Größe: 5' 8"; Haare: dunkelblond; Augen: braun. Besond. Kennz.: eine Narbe über dem linken Auge und eine dergl. am rechten Handknöchel. Er kam kürzlich nach Altenburg, trat dort als Hochstappler auf und erregte zunächst dadurch die Aufmerksamkeit der Polizei, daß er zwei Erinnerungszeichen an den schleswig-holsteinischen Krieg in Kreuzesform auf der Brust trug, weßhalb er zur Haft kam. Bei der wider ihn eingeleiteten Untersuchung hat sich etwas Weiteres nicht ergeben, als daß Kahlert, wie auch seine Heimathsbehörde ihn bezeichnet, ein Vagabond und Schwindler ist; er zeigte sich aber in Altenburg während seiner Untersuchung auch als frecher Lügner, weßhalb er körperlich gezüchtigt wurde. Am 30. Mai d. J. ist er unter Anrechnung des Arrests als Strafe, in seine Heimath abgeschoben worden. 11/6. 53.

Politisch gefährliche Individuen.

652) **Wagner,** Richard, ehemaliger Kapellmeister aus Dresden, einer der hervorragendsten Anhänger der Umsturzparthei, welcher wegen Theilnahme an der Revolution in Dresden im Mai 1849 (Bd. XXVIII, S. 220 und Bd. XXXII, S. 306) steckbrieflich verfolgt wird, soll dem Vernehmen nach beabsichtigen, sich von Zürich aus, woselbst er sich gegenwärtig aufhält, nach Deutschland zu begeben. Behufs seiner Habhaftwerdung wird ein Portrait Wagner's, der im Betretungsfalle zu verhaften und an das königl. Stadtgericht zu Dresden abzuliefern sein dürfte, hier beigefügt. 11/6. 53.

653) **v. Wittenburg,** Max, aus Reisse (zul. Bd. XXXIII, S. 230), ist am 18. April d. J. aus Breslau, wohin er am 17. April zurückgekehrt war, ausgewiesen worden. Der Aufenthalt im Reichenbacher Kreise ist ihm verboten worden. 11/6. 53.

Erledigungen.

a) **Heinecke,** Eduard, aus Eisenberg (Bd. XXXVI, S. 217), ist ergriffen.
b) **Töpfer,** Amalie Antoinette, aus Oppurg (Bd. XXXVI, S. 231).
c) **Hof,** Carl Friedrich, aus Zembschen (Bd. XXXVI, S. 265), ist zu Marburg verhaftet worden.

Redacteur: H. Müller. — Druck der Teubner'schen Officin in Dresden.

Hierzu eine Extra-Beilage.

9a Steckbrief Richard Wagners im Allgemeinen Polizei-Anzeiger Dresden vom 11. Juni 1853. Der erste Steckbrief war am 16. Mai 1849 erlassen worden; dieser zweite sollte Hoffnungen auf eine Begnadigung Wagners entgegenwirken, die sich an die Wiederaufführung des »Tannhäuser« an der Dresdner Hofoper (Oktober 1852) knüpften

Richard Wagner

ehmal. Capellmeister und politischer
Flüchtling aus Dresden.

9b Bildbeilage zu dem Steckbrief von 1853 (nach einer Porträtzeich-
nung von Ernst Kietz, Paris 1842)

Denke Dir, mein liebes Weib, wie ich seit Jahren in meiner Stellung in Dresden den tiefsten Mißmut nährte: eine neue Bahn, die ich in meiner Kunst beschritt, hatte sich mir dornenvoll genug geöffnet, wohin ich trat, verwundete ich mich: mit innerem Grimme wandte ich endlich meiner Kunst, die mir fast nur Leiden brachte, den Rücken [...] So [...] zerfiel ich mit dieser Welt [...] und wurde nur noch Revolutionär, d. h., ich suchte nur in einer gänzlich umgestalteten Welt den Boden für neue künstlerische Schöpfungen meines Geistes. Die Dresdener Revolution und ihr ganzer Erfolg hat mich nun belehrt, daß ich keinesweges ein eigentlicher Revolutionär bin: ich habe gerade an dem schlimmen Ausgang der Erhebung ersehen, daß ein wirklicher siegreicher Revolutionär gänzlich ohne alle Rücksicht verfahren muß — er darf nicht an Weib und Kind, nicht an Haus und Hof denken — sein einziges Streben ist: — Vernichtung, und hätte der edle Heubner schon jetzt in Freiberg oder Chemnitz so verfahren wollen, so würde die Revolution siegreich geblieben sein. Aber nicht Menschen unsrer Art sind zu dieser fürchterlichen Aufgabe bestimmt: wir sind nur Revolutionäre, um auf einem frischen Boden *aufbauen* zu können; nicht das *Zerstören* reizt uns, sondern das *Neugestalten*, und deshalb sind wir nicht die Menschen, die das Schicksal braucht — diese werden aus der tiefsten Hefe des Volkes entstehen; — wir und unser Herz kann nichts mit ihnen gemein haben. Siehst Du! *So scheide ich mich von der Revolution....*

Wagner sieht seine Grenzen, aber scheidet er sich von der Revolution? Der Brief, der auf Minnas Beruhigung berechnet ist, sagt nicht mehr, als daß er sich außerstande fühlt, Revolution auf Bakuninische Art zu betreiben: durch Brandlegung großen Stils. Ebendies aber war es, was ihn an der Revolution und an Bakunin so fasziniert hatte; es fasziniert ihn noch lange. Der Brandschein der Götterfestung steht am Ende des »Ringes des Nibelungen«; in der Revolution entworfen, wird das Werk im Exil zu dem vollen und üppigen Hauptwerk *seines Lebens. Dramatisiert Wagner dergestalt Bakunins Brandlegungsvisionen, so dramatisieren sächsische Aristokraten Richard Wagner; noch Anfang der sechziger Jahre nähren Dresdner Hofkreise das Gerücht, Wagner habe im Mai 1849 Feuer ans Königliche Schloß gelegt. Das ist Erfindung, die Gerichtsakten enthalten kein Wort da-*

von; gleichwohl trifft sie das Wesen der Sache. Wagners Revo-
lutionsbeteiligung ist nicht das Strohfeuer eines unbefriedigten
Kapellmeisters, sie ist der bis zur Konsequenz getriebene Ver-
such des Genies, das Leben, die Wirklichkeit zu gewinnen, ohne
den Teufelspakt mit Gewalt und Verführung, mit den Mächten
des Bestehenden. Über die Zukunft sieht Wagner klar:

Aus Deutschland, liebe Frau, wird jetzt ein Morast, in welchem
die Kunst, welche von je den deutschen Künstlern nur Dornen
brachte, fast ganz steckenbleiben wird.

So schreibt er noch aus dem Weimarer Versteck. Im Zürcher Exil,
wo führende Schweizer Demokraten ihm zur Seite stehen, kommt
Wagner jahrelang nicht zum Komponieren; als Schriftsteller hält
die Revolution ihn in ihrem Bann. Seine erste dort entstehende
Arbeit führt sie im Titel: DIE KUNST UND DIE REVOLU-
TION. Der monarchieflüchtige Musiker blickt tief in das Ge-
triebe der kapitalistischen Welt, das sich ihm zehn Jahre zuvor,
während zweier Pariser Hungerjahre, an deren Brennpunkt eröff-
net hat:

Die Römer hatten einen Gott Mercurius, den sie dem griechischen Hermes verglichen. Seine geflügelte Geschäftigkeit gewann bei ihnen aber eine praktische Bedeutung: sie galt ihnen
als die bewegliche Betriebsamkeit jener schachernden und wu-
chernden Kaufleute, die von allen Enden in den Mittelpunkt
der römischen Welt zusammenströmten [...] Dieser verachtete
Gott rächte sich aber an den hochmütigen Römern und warf
sich statt ihrer zum Herren der Welt auf: denn krönet sein
Haupt mit dem Heiligenscheine christlicher Heuchelei,
schmückt seine Brust mit dem seelenlosen Abzeichen abgestor-
bener feudalistischer Ritterorden, so habt ihr ihn, den Gott der
modernen Welt, den heilig-hochadeligen Gott der fünf Prozent, den Gebieter und Festordner unserer heutigen — Kunst.
[...] Ihr wirkliches Wesen ist die Industrie, ihr moralischer
Zweck der Gelderwerb, ihr ästhetisches Vorgeben die Unterhaltung der Gelangweilten. Aus dem Herzen unserer modernen Gesellschaft, aus dem Mittelpunkte ihrer kreisförmigen
Bewegung, der Geldspekulation im großen, saugt unsere Kunst
ihren Lebenssaft, erborgt sich eine herzlose Anmut aus den leb-
losen Überresten mittelalterlich-ritterlicher Konvention und
läßt sich von da [...] zu den Tiefen des Proletariats herab, ent-
nervend, entsittlichend, entmenschlichend überall.

10 Richard Wagner. Lithographie von E. Perrin. Mit handschriftlicher Widmung für den Dresdner Arzt Dr. Pusinelli: »Seinem theuren Freunde Anton Pusinelli / Richard Wagner [lithographiert] / Volkstribun aus Dresden.« Die auf einem 1863 in Petersburg aufgenommenen Foto beruhende Lithographie stammt vermutlich von Emile Perrin, dem späteren Direktor der Pariser Großen Oper.

Wagner, der diese Abhandlung mit allen andern der Revolutions-
jahre als Sechzigjähriger in seine Gesammelten Schriften auf-
nimmt, denkt als Ästhetiker immer gesellschaftlich. Die Lage des
Künstlers und die Lage des Proletariers sind ihm zwei Seiten ei-
nes, des kapitalistischen Verhältnisses, das er als eins der Entfrem-
dung von Arbeit erkennt:

Gibt [der Handwerker] [...] das Produkt seiner Arbeit von
sich, verbleibt ihm davon nur der abstrakte Geldeswert, so
kann sich unmöglich seine Tätigkeit je über den Charakter der
Geschäftigkeit der Maschine erheben; sie gilt ihm nur als
Mühe, als traurige, saure Arbeit. Dies letztere ist das Los des
Sklaven der Industrie; unsere heutigen Fabriken geben uns das
jammervolle Bild tiefster Entwürdigung des Menschen: ein be-
ständiges, geist- und leibtötendes Mühen ohne Lust und Liebe,
oft fast ohne Zweck.
[...] Und so sind wir denn bis auf den heutigen Tag Sklaven,
nur mit dem Troste des Wissens, daß wir eben alle Sklaven
sind: Sklaven, denen einst christliche Apostel und Kaiser Kon-
stantin rieten, ein elendes Diesseits geduldig um ein besseres
Jenseits hinzugeben; Sklaven, denen heute von Bankiers und
Fabrikbesitzern gelehrt wird, den Zweck des Daseins in der
Handwerksarbeit um das tägliche Brot zu suchen.

Das große Ziel ist die wahre Renaissance: Wiedergeburt der anti-
ken Kunst aus dem Geist einer Revolution, die den Fluch des Pro-
fits von der Gesellschaft nimmt. Was heute nur in einzelnen und
im Affront lebt, könnte dann Gemeingut werden:

Die Kunst bleibt an sich [...] immer, was sie ist; wir müssen nur
sagen, daß sie in der modernen Öffentlichkeit nicht vorhanden
ist. Sie lebt aber und hat im Bewußtsein des Individuums immer
als eine unteilbare schöne Kunst gelebt. Somit ist der Unterschied nur der: bei den Griechen war sie im öffentlichen Bewußtsein vorhanden, wogegen sie heute nur im Bewußtsein
des einzelnen, im Gegensatze zu dem öffentlichen Unbe-
wußtsein davon, da ist. Zur Zeit ihrer Blüte war die Kunst bei
den Griechen daher *konservativ*, weil sie dem öffentlichen Bewußtsein als ein gültiger und entsprechender Ausdruck vorhanden war: bei uns ist die echte Kunst *revolutionär*, weil sie
nur im Gegensatze zur gültigen Allgemeinheit existiert.

So scheide ich mich von der Revolution — *der Satz war auf*

Minnas erschrockenes Kleinbürgergemüt berechnet gewesen. Noch im Jahre 1849 erscheint die Schrift des steckbrieflich verfolgten Emigranten bei dem Leipziger Buchhändler Wiegand, der auch die folgende druckt: »Das Kunstwerk der Zukunft«. Statt Partituren schreibt Wagner Abhandlungen; eine irregeleitete, persönlicher Ranküne volle heißt »Das Judentum in der Musik«. Die umfänglichste und wichtigste Schrift dieser Jahre ist »Oper und Drama«; für den Dresdner Freund Uhlig läßt Wagner sie rot einbinden und schreibt die Widmung hinein:

Rot, mein Freund, ist *meine* Theorie.

Das ist nicht scherzhaft gemeint. Wie ernst es gemeint ist, zeigt ein Brief, den Wagner während der Arbeit an seiner ästhetischen Hauptschrift, am 22. Oktober 1850, an Uhlig schreibt; dieser hat ihm die Vorzüge der Wasserheilkunde nahegebracht:

Überfluß und Entbehrung, das sind die zwei vernichtenden Feinde unsrer heutigen Menschheit. Gib Dir die Mühe, zunächst aber einmal gründlich das zu erforschen, was wir unter überflüssig zu verstehen haben, so wirst und mußt Du finden, daß alles überflüssig ist, was die Mauern einer Stadt umfaßt, und zwar nicht nur dasjenige, was diesen Überfluß verschlingt, sondern auch, was ihn herbeischafft. Wir alle, die wir in einer Stadt wohnen, sind zum freudlosesten Selbstmord verurteilt. […] Nur eine universelle Tätigkeit ist eine an und für sich erfreuende, ein Genuß selbst: wir alle sind aber durch *die Gesetze des Eigentumes* an eine spezielle Tätigkeit gebunden, an eine Tätigkeit, die sich nur in *eine* zünftische Richtung ergießt, die nur *eine* unsrer Fähigkeiten absorbiert und *diese eine* deshalb in einem so heftigen Grade, daß in ihr unsre Gesamtfähigkeit sich verzehrt, so daß wir in dieser einen täglichen Beschäftigung unsren physischen Ruin, unsre moralische Vernichtung — daher unsren Feind, die anekelnde, widerwärtige, saure Arbeit erkennen, die wir endlich mit der Tätigkeit überhaupt verwechseln und darum nur gegen unbedingte müßige Ruhe austauschen zu dürfen wünschen. Auf dem Lande hat diese Arbeit noch das Widrige, daß sie als *bloße und ausschließliche* Beschäftigung mit Vieh und Mist den Menschen selbst zum Mistvieh macht! Wohin wir in der zivilisierten Welt sehen, erkennen wir die Entartung des Menschen aus den hier angegebenen Gründen — mit Recht und Fug können wir an dieser Welt doch aber

11 »Rächt Euch an der Reaktion!« Wilhelmine Schröder-Devrient aus dem Fenster eines Hauses am Altmarkt, als das erste Todesopfer der Revolution auf einem Leiterwagen vorübergeführt wird. Dresden, 3. Mai 1849 (zeitgenössische Federzeichnung).

nur dann verzweifeln, wenn wir diese *Gründe* für ewig notwendig halten. Aber diese Gründe sind es ja gerade, gegen die sich der wirkliche Geist der Revolution empört: und zu ihrer Erkenntnis bedarf es ja gar keiner metaphysischen Bildung, sondern der Vernichtung dieser beirrenden Bildung zugunsten eines ganz einfachen natürlichen Bedürfnisses. Was ist denn aber der Inhalt des Sozialismus? Die ihn predigen, verstehen ihn schon nicht mehr, weil sie organisieren wollen. Sein einziger Inhalt ist: Überfluß und Entbehrung unmöglich zu machen. Dem Volke braucht somit nichts gelehrt, sondern nur gesagt zu werden: du hast recht! Und wahrlich, das sagt es sich immer bewußter selbst, seitdem es gesehen hat, daß es zu seinem Unglücke *Führern* vertraut hat. Braucht es nicht bloß dem *politischen* Unfuge zuzusehen, um zu wissen, was ihm an der Politik zu liegen hat? Wenn je eine Geschichtsperiode förderlich war, mit Blitzesschnelle einen Irrtum zu heilen, so ist es die der heutigen Reaktion! Glaubst Du, daß sich ein Mensch noch *um die Politik* schlagen wird? Wahrlich, Du glaubst es, denn Du äußerst, daß Du Dir einen Sieg der Revolution nur durch eine notgedrungene neue Verbindung der Konstitutionellen mit den Demokraten denken kannst. Ich sage Dir — nicht eine Hand rührt sich für die Demokratie, weil jede politische Revolution überhaupt unmöglich geworden ist. In der Politik haben ja keinem Menschen erst die Augen aufzugehen: alle *wissen* ja die Ehrlosigkeit unserer politischen Zustände: nur daß hinter ihnen sich die soziale Frage verbirgt, gibt allen den Feigen Mut, auszuhalten. Wir haben gar keine Bewegung mehr als die ganz entschieden soziale, aber dies in einem ganz anderen Sinne, als unsre Sozialisten sie sich träumen lassen: alles übrige bleibt schwach und unvermögend bis dahin. — Du fragst mich nun: »ja wo stecken denn diese Menschen, die diesen notwendigen Umsturz vollführen werden? Ich sehe nichts als die erbärmlichsten Menschen, Philister und Feige um mich, und selbst in den niederen Regionen sehe ich nur Stumpfheit und Lasttiernaturen!« Liebster Uhlig, entsinne Dich des Tages während des Dresdener Aufstandes, wo Du mich an der Zwingerpromenade trafest: mit Bangigkeit und Besorgnis frugest Du mich, ob ich nicht fürchte, daß im günstigen Falle es zu einer Pöbelherrschaft führen müßte? — Dich hatte der Anblick der Menschen erschreckt, die Du jetzt vergeblich zu suchen scheinst! Daß diese Menschen noch am Bande der Politik ge-

12 Richard Wagner als türkischer Wesir. Karikatur von Ernst Kietz.
Die Zeichnung entstand, als im Sommer 1850 Wagners Orientreise ins
Wasser gefallen war. »Allervortrefflichster Freund Kietz! / Was will
man mehr? In den schwärzesten Perioden seines Lebens noch den Stoff
zu einem so lustigen bunten Gemälde abzugeben« (14. IX. 1850).

gängelt wurden, daß sie noch so respektvoll vor den höheren politischen Zwecken standen, die sie in ihren Führern verkörpert sahen, daß sie noch nicht das waren und taten, was sie eigentlich sind und tun werden, daß sie gehorchten, wo sie handeln sollten, das drückte sie einzig zu dem herab, wie sie Dir erschienen, zu Kerlen, die sich in politischem Schnapse besoffen und durch die Straßen brüllten, — die sie vielleicht in Brand gesteckt hätten mit all der justiziellen Herrlichkeit des schönen Dresdens, wenn sie nach ihrem Herzensgrimme hätten handeln dürfen. Ich habe diese Leute in Paris und Lyon wiedergesehen und kenne jetzt die Zukunft der Welt. — Bis jetzt kennen wir die Äußerung der geknechteten menschlichen Natur nur im *Verbrechen,* das uns anwidert und erschreckt: — wenn jetzt Raubmörder ein Haus anstecken, so muß uns dies mit Recht gemein und ekelhaft vorkommen: — wie wird es uns aber erscheinen, wenn das ungeheure Paris in Schutt gebrannt ist, wenn der Brand von Stadt zu Stadt hinzieht, wir selbst endlich in wilder Begeisterung diese unausmistbaren Augeasställe anzünden, um gesunde Luft zu gewinnen? — Mit völligster Besonnenheit und ohne allen Schwindel versichere ich Dir, daß ich an keine andere Revolution mehr glaube als an die, die mit dem Niederbrande von Paris beginnt: — eine Junischlacht wird man dort nicht wieder schlagen, — denn der Mensch ist sich heilig geworden, nicht aber sind dies mehr die Mauerlöcher, in denen sie zu Bestien werden. — Erschrickst Du? — Denke redlich und besonnen nach — Du kommst zu keinem anderen Schluß! Starker Nerven wird es bedürfen, und nur wirkliche Menschen werden es überleben, d. h. solche, die durch die Not und das großartigste Entsetzen erst zu Menschen geworden sind. — »Ob etwas Gedeihliches dabei herauskommen werde?« — Laß einmal sehen, wie wir uns nach dieser Feuerkur wiederfinden: ich könnte es mir zur Not ausmalen, ich könnte mir sogar vorstellen, wie da oder dort ein begeisterter Mann die lebendigen Überreste unsrer alten Kunst zusammenruft und ihnen sagt — wer hat Lust, mir ein Drama aufführen zu helfen? Nur die werden antworten, die wirklich Lust dazu haben, denn jetzt setzt es kein Geld mehr dafür, und die so sich einfinden, werden in einem schnell hergerichteten Holzbauwerke plötzlich den Leuten zeigen, was Kunst ist. — Jedenfalls wird es sehr schnell gehen, — denn Du siehst, vom allmähligen Fortschritt ist hier nicht die Rede: unser Erlöser zerstört rasend schnell, was uns im Wege steht! — Wann? — das weiß ich nicht, denn hier wird nichts gemacht, — nur das weiß ich, daß der nächste Sturm die früheren ganz in dem progressiven Grade überbieten wird, als die Februarrevolutionen unsere Erwartungen anno 1847 überbot[en]. — Es ist nur noch *ein* Schritt zu tun, und der ist gebieterisch notwendig.

— Sieh, wie einer Wasserkur — um unsre Leiber gesund zu machen, haben wir einer Feuerkur nötig, um die uns umgebenden Bedingungen unsrer Krankheit zu heilen, d. h. zu vernichten. Wollen wir dann in den Naturzustand zurückkehren, wollen wir wieder die Fähigkeit des menschlichen Tieres, 200 Jahre alt zu werden, erreichen? Gott behüte! Der Mensch ist ein soziales, allmächtiges Wesen nur durch die *Kultur.* Vergessen wir nicht, daß die Kultur uns das Vermögen einzig verschafft, so zu genießen, wie der Mensch in seiner höchsten Fülle genießen kann. Der wirkliche Genuß besteht aber in der Verdichtung des genießenswerten Allgemeinen zu einem gedrängten Besonderen, so daß wir in einem Augenblicke in uns aufnehmen können, was Zeit und Elemente uns in weitverzweigtem Zusammenhange bieten. Wer wird im Augenblicke des Genusses an die Dauer dieses Genusses denken? Denken wir an Dauer, so ist auch schon der Genuß dahin. Erfüllen wir unser Leben mit wirklichem Inhalte, seien wir erfreut durch unsre Tätigkeit, sei es die Tätigkeit des Genußbietens oder des Genußempfangens, so wird uns ein Ende dieser Tätigkeit auch nie beängstigen, sondern es wird wieder selbst eine Tat sein. Ob wir 100 oder nur 30 Jahre leben, was kümmert das uns, wenn wir nur genießend leben: — das Leben an und für sich ist nur ein Abstraktum, der tätige Genuß ist erst das etwas. Glaub mir — durch das Wasser werden wir gesund, aber nur dann erst *sind* wir gesund, wenn wir auch Wein trinken, ohne uns dadurch zu schaden! —

[...] Hoffentlich hast Du für diesmal genug! Lebe wohl, und gaukele nicht mit dem Lichte, daß Du Dein Bette nicht anzündest!

Leb wohl, sei schönstens gegrüßt von

Deinem / R. W.

Auffallend an dem monströs langen Brief ist die Lebendigkeit und Klarheit der Sprache — Wagner gibt sich einmal, wie er ist, nicht, wie er andern erscheinen möchte; er ist unmittelbar wie sonst nur in seiner Kunst. Seine Einsichten sind tief, sein Ausweg verzwei-felt: er durchschaut die unentrinnbare Selbstentfremdung, die die industrielle Arbeitsteilung über den Menschen verhängt, und weiß kein Mittel, als das Ganze in die Luft zu sprengen — ein Ni-hilismus, den er sich als konstruktiv vorgaukelt. Der Übergang von dem Reich der Notwendigkeit in das Reich der Freiheit als ein einziger, jäher, alles Bestehende einreißender Sprung — Wag-ner setzt an dieses Phantasma seine ganze Hoffnung. Er spielt mit dem Feuer, aber es ist ein Künstlerspiel: jedes geistige Konzept ge-rät diesem Szeniker zur theatralischen Vision, zu einem Element ästhetischen Genusses, ästhetischer Distanz. Immerhin: er hat keine Angst vor dem Proletariat, vor dessen Eingreifen in die Re-volution das Bürgertum in die Arme der feudalen Gewalten zu-rückgeschreckt war. Im Blick auf die erwartete Umwälzung kehrt er nach »Oper und Drama« zur künstlerischen Produktion zurück und entwickelt aus »Siegfrieds Tod«, dem Tragödientext vom Herbst 1848, ein Bühnenfestspiel für drei Tage und einen Vor-abend, den »Ring des Nibelungen«.

An eine *Aufführung* kann ich erst *nach der Revolution* denken; erst die Revolution kann mir die Künstler und die Zuhörer zu-führen.

So schreibt er im November 1851 — die Urschrift der Tetralogie ist gerade vollendet — an Theodor Uhlig. Wie schwer Wagner der Abschied von der Revolution fällt, wie inständig er darauf hofft, daß die Arbeiterschaft deren Sache der furchtsamen, schon kor-rumpierten Bourgeoisie aus der Hand nehme, zeigt auch eine Pas-sage aus seinen Lebenserinnerungen, die zuvor eine spannende Schilderung der Dresdner Erhebung geben. Das Buch, das erst 1911 der Öffentlichkeit zugänglich wird, ist um vieles lesbarer als die Schriften des Theoretikers mit ihrer Neigung, noch den tref-fendsten Gedanken — und es fehlt nicht an solchen — in Satzgebil-den von outrierter Rhetorik zu begraben. Wagners Verhältnis zur Sprache ist prekär und ist es namentlich in seinen theoretischen Schriften; widerstandslos nimmt es an jenem allgemeinen Verfall von Sprachbewußtsein teil, der von 1830 an, mit der beginnen-den Industrialisierung, Deutschland überzieht. Der Wortreichste, Wortbedürftigste aller Komponisten schreibt, wenn er sich zu ab-strakten Dingen äußerst, ein Leben lang dérangierten Hegel. Um die Autobiographie steht es schon deshalb besser, weil sie diktiert ist; fast zwanzig Jahre nach den Ereignissen beschreibt der Autor seine Situation im Jahre 1851, zwei Jahre nach der Flucht aus Dresden:

Schienen meine Arbeitspläne für jetzt jede Möglichkeit auszuschließen, durch sie mit unserer schlechten künstlerischen Öffentlichkeit mich in Berührung zu setzen, so hegte ich im tiefsten Inneren doch keineswegs die Meinung, daß ich damit etwa bloß für das Papier arbeitete. Nur setzte ich voraus, daß in jener Öffentlichkeit, wie in unsrem ganzen sozialen Leben, es sehr bald zu einem unermeßlichen Umschwunge kommen werde; [...] So kühne Erwartungen [...] waren mir aus meiner Beurteilung der damaligen Weltlage entstanden. Das allgemeine Verunglücken der politischen Bewegungen hatte mich nämlich doch nicht irregemacht; vielmehr glaubte ich zu erkennen, daß, was sie schließlich als so kraftlos herausgestellt habe, eben nur der nicht deutlich genug erkannte und ausgesprochene innere Grund derselben gewesen sei: als dieser stellte sich mir nun die soziale Bewegung dar, welche, trotz der politischen Niederlage, keineswegs an Energie verloren, sondern immer stärker sich ausgebreitet hatte. So beurteilte ich das, was mir bei meinem letzten Aufenthalte in Paris zur Wahrnehmung gekommen war. Dort hatte ich unter andrem einer Wähler-Versammlung der sogenannten sozial-demokratischen Partei beigewohnt, deren ganze Haltung auf mich von großem Eindruck geworden war; sie fand in einer provisorisch hergerichteten großen »Salle de la Fraternité« im Faubourg St. Denis statt und war von 6 000 Männern besucht, deren würdiges Benehmen, fern von allem tumultuarischen Wesen, mir einen sehr vorteilhaften Begriff von dem konzentrierten und zuversichtlichen Bewußtsein dieser jüngsten Partei gab. [...] Da nun diese wirklich extreme Partei sich durch alles, was gegen die herrschende Reaktion zur Opposition getrieben wurde, allmählich immer mehr verstärkte und alle früher nur »liberalen« Elemente den Wahlprogrammen dieser sogenannten »Sozialdemokraten« offen sich anschlossen, war vorauszusehen, daß sie, wenigstens in Paris, bei den mit dem Jahre 1852 bevorstehenden neuen Wahlen, namentlich bei der Neuwahl des Präsidenten der Republik, das entscheidende Übergewicht erhalten werde. Meine eigenen Annahmen hierüber wurden, wie bekannt, auch von ganz Frankreich geteilt, und dem Jahre 1852 schien die Bedeutung eines unerhörten Umschwunges beigelegt werden zu müssen, wie dieser sehr sicher namentlich auch von der Gegenpartei befürchtet wurde, welche daher dem kommenden Zustande der Dinge mit äußerstem Schrecken entgegensah. Die übrige Lage der europäischen Staaten, in welchen jeder Aufschwung mit geistlosester Brutalität niedergehalten worden war, ließ der Annahme Raum, daß eben diesem Zustande von keiner Seite lange Dauer zugesprochen werde, und alles schien gespannt auf die große, mit dem nächsten Jahre bevorstehende Entscheidung zu blicken. — Mit meinem Freunde Uhlig hatte ich, neben der Vortrefflichkeit des Wasserkur-Systems, auch diese bedeutende Weltlage besprochen: er, der aus den Dresdener Theater- und Orchester-Proben zu mir kam, fand es ungemein schwer, so kühnen Annahmen über eine heroische Wendung der menschlichen Angelegenheiten recht zu geben. [...] Wenn wir uns über irgendeine Niederträchtigkeit zu beklagen hatten, rief ich ihm immer diese hoffnungs- und verhängnisvolle Jahreszahl zu, wobei meine Meinung sich ungefähr dahin gestaltete, daß wir längere Zeit dem erwarteten Umsturze ruhig zuzusehen hätten, um dann, wenn alle nicht mehr wissen würden, was zu tun sei, unsrerseits erst anzufangen. [...] Die Nachrichten vom Staatsstreiche des 2. Dezember in Paris* machten auf mich den Eindruck des rein Unglaublichen: während die Welt erhalten werden zu sollen schien, ging sie mir ganz ersichtlich unter. Als sich der Erfolg davon befestigte und das, was vorher kein Mensch für möglich gehalten hätte, mit allem Anscheine der Dauer sich begründete, wandte ich mich mit der Gleichgültigkeit, wie von einem Geheimnisse, dessen Ergründung uns nicht der Mühe wert dünkt, von der Erforschung dieser rätselhaften Welt ab. Mit scherzhafter Reminiszenz an unsre frühere Hoffnung auf das Jahr 1852 veranlaßte ich nun für meine Korrespondenz mit Uhlig, daß wir dieses Jahr als nicht eingetreten betrachteten und immerfort aus dem Dezember 51 datierten, welcher Monat auf diese Weise hierbei eine unerhörte Ausdehnung erhielt.

*

* Louis Napoleon, ein Neffe Napoleon Bonapartes, stürzte die aus der Revolution von 1848 hervorgegangene Französische Republik am 2. Dezember 1851 durch einen Staatsstreich.

Hier ist der Boden bezeichnet, auf den — durch Herweghs Ver-
mittlung — zweieinhalb Jahre später der Same der Schopenhauer-
schen Philosophie fällt: es ist der Boden der Verzweiflung. »Tri-
stan und Isolde« heißt die dunkel leuchtende Blume, die ihm
entsprießt. Leidenschaftliche Entsagung steht auf ihren Blättern
geschrieben — ein spezifisch Wagnersches Paradox. Mit der glei-
chen Unbedingtheit wie zuvor dem revolutionären Aktivismus
wirft Wagner sich dem System des romantischen Pessimismus in
die Arme; auch seinem in Waldheim eingekerkerten Freund und
Mitstreiter August Röckel schickt er

dies Werk, das in einer sehr entscheidenden Katastrophe meines inneren Lebens mich zur Ausdauer und Kraft der Entsagung gestärkt hat

»Die Welt als Wille und Vorstellung«. Aber er bleibt dabei, was
er ist: ein autonomer Künstler, dem alles Geistige Bild, Klang, Fi-
gur wird. Er weiß es und er beklagt es; aus Venedig schreibt er
am 5. Oktober an Mathilde:

Wer fühlt es deutlicher als ich, daß diese unselige Kunst es ist,
die mich ewig der Qual des Lebens und allen Widersprüchen
des Daseins zurückgibt? Wäre diese wunderbare Gabe, dieses
so starke Vorherrschen der bildnerischen Phantasie nicht in
mir, so könnte ich der hellen Erkenntnis nach, dem Drange des
Herzens folgend — Heiliger werden; und als Heiliger dürfte
ich Dir sagen: komm, verlaß alles, was Dich hält, zertrümmere
die Banden der Natur: um diesen Preis zeige ich Dir den offenen Weg zum Heile! [...] Aber so ist's nicht. Denn sieh! auch
dies, dieses Wissen, diese deutliche Einsicht — sie macht mich
nur immer wieder zum Dichter, zum Künstler. Sie steht, im
Augenblick, da ich sie gewinne, als Bild vor mir, mit der lebhaf-
testen, seelenvollsten Anschaulichkeit, aber — als Bild, das
mich entzückt. Ich muß es immer näher, immer inniger betrachten, um es immer bestimmter und tiefer zu sehen, es auf-
zeichnen, es ausführen, als eine eigene Schöpfung es beleben.
Dazu brauche ich Stimmung, schwungvolle Laune, Muße, be-
hagliches Überwundenwissen des gemeinen, ablenkenden Le-
bensbedürfnisses, und dieses alles muß ich eben diesem störri-
gen, widerhakigen, überall feindseligen Leben abgewinnen,
dem ich endlich nur in seiner, ihm einzig verständlichen Weise
beikommen kann; so muß ich denn, mit Selbstvorwurf im Her-

zen, Mißverständnis — das ich selbst nähre — Kummer, Ärger, Not unablässig zu besiegen trachten — nur um zu sagen, was ich sehe und nicht sein kann!

Werk und Leben sind zweierlei, verknüpft durch Sehnsucht, nicht durch Kongruenz — nicht leicht hat ein Künstler die Antinomien seiner Existenz klarer übersehen und sich ihnen heftiger preisgegeben als dieser. Der kein Talent zum Heiligen hat, hat es auch zum Weisen nicht; geradezu stürmisch bekennt er es ein Jahr später Mathilde:

Aber Kind, was gibt Ihnen ein, in mir einen »Weisen« sehen oder wünschen zu wollen? Ich bin ja das tollste Subjekt, das man sich vorstellen kann. Nach dem Maßstab eines weisen Mannes gemessen, muß ich geradesweges verbrecherisch erscheinen, und zwar grade, weil ich so vieles und manches weiß, und namentlich auch weiß, daß Weisheit so wünschenswert und vortrefflich ist. Aber das gibt mir ja wieder den Humor, der mir andrerseits über Abgründe hinweghilft, die der Weiseste gar nicht einmal gewahr wird. Dafür bin ich eben Dichter und — was viel schlimmer ist — Musiker. Nun denken Sie meine Musik, die mit ihren feinen, feinen, geheimnisvoll-flüssigen Säften durch die subtilsten Poren der Empfindung bis auf das Mark des Lebens eindringt, um dort alles zu überwältigen, was irgend wie Klugheit und selbstbesorgte Erhaltungskraft sich ausnimmt, alles hinwegschwemmt, was zum Wahn der Persönlichkeit gehört, und nur den wunderbar erhabenen Seufzer des Ohnmachtsbekenntnisses übrigläßt —: wie soll *ich* ein weiser Mann sein, wenn ich nur in solch rasendem Wahnsinn ganz zu Hause bin?

Man kann die »Tristan«-Musik nicht besser beschreiben — und alle Einwände gegen sie. Der Wandel des philosophischen Stützpunkts führt Wagner nicht zur Versöhnung mit der gesellschaftlichen Wirklichkeit. Auf den Blättern an Mathilde formuliert er in Venedig ein Grundgefühl seines Daseins und seiner Kunst:

Es ist scheußlich, auf welchem bodenlosen Abgrund des grausamsten Elendes unser, im Ganzen genommen, doch immer genußsüchtiges Dasein sich stützt! [...] Sobald mir ein Dasein leidlos, und sorgsam auf Fernhaltung des Leidens bedacht erscheint, kann ich es mit unersticklicher Bitterkeit verfolgen, weil es mir so fern der eigentlichen Lösung der Aufgabe des

13 Mathilde Wesendonk. Ölbildnis von Carl Friedrich Sohn (1850)

Menschen steht. So habe ich, ohne Neid zu empfinden, einen instinktiven Haß gegen Reiche empfunden: ich gebe zu, daß auch sie trotz ihres Besitzes nicht glücklich zu nennen sind; aber sie haben die recht ersichtliche Tendenz, es sein zu wollen; und das entfernt mich so von ihnen. Sie halten sich mit raffinierter Absicht vom Leibe, was ihrer möglichen Mitempfindung das Elend zeigen könnte, auf dem all ihr gewünschtes Behagen beruht, und dies einzige trennt mich um eine ganze Welt von ihnen. Ich habe mich darin beobachtet, daß ich mit sympathisch drängender Gewalt zu jener andren Seite hingezogen werde und alles mich ernst nur insofern berührt, als es mir Mitgefühl, das ist: Mit-Leiden, erweckt. Dieses Mitleiden erkenne ich in mir als stärksten Zug meines moralischen Wesens, und vermutlich ist dieser auch der Quell meiner Kunst.

Wagner hat nie seinen Frieden mit der Klassengesellschaft gemacht, aber es kommt ihm im achten Jahr der Verbannung nicht darauf an, bei denen um Gnade zu bitten, die ihm den Zugang zu den deutschen Opernhäusern verwehren. Seine Lage ist eigentümlich genug: von dem streckbrieflich verfolgten Komponisten spielt man am Dresdner Hoftheater schon 1852 wieder den »Tannhäuser«; 1858 wird dort – unter einem neuen König, der einen Ruf als Dante-Übersetzer hat, aber als Monarch ein reaktionärer Bürokrat ist – »Rienzi«, ein Jahr später »Lohengrin« angesetzt. Paradoxien eines Regiments, das reaktionär, aber nicht totalitär ist: die Schriften des Mannes, der seinen Fuß nicht nach Sachsen setzen könnte, ohne sofort verhaftet zu werden, erscheinen unbehindert in Leipzig, August Röckel, im Zuchthaus Waldheim den Schikanen eines sadistischen Anstaltsleiters ausgesetzt, erhält Briefe und Bücher von seinem landesflüchtigen Kampfgenossen. Wagners Opern, die es vordem sehr schwer hatten, gehen in diesen Jahren über alle großen deutschen Bühnen; »Lohengrin« hat in einer Musteraufführung soeben Wien erobert; der Komponist selbst aber hat das Werk noch nie gehört und ist darauf angewiesen, im Ausland Konzertausschnitte zu dirigieren – Zürich hat nur ein Stadttheater. Wagner weiß: nur eine große Bühne kann den »Tristan« zuerst aufführen, und nur unter seiner Leitung kann das gelingen. So nimmt er dem sächsischen Hof gegenüber eine Haltung ein, die sich als Produktionsmoral versteht: die Rücksicht auf das Werk überwiegt jede andere Erwägung. Während August Röckel, der in Waldheim eine lebenslängliche Gefängnisstrafe ver-

büßt, noch nach zwölf Jahren Haft nicht dazu zu bewegen ist, den König um Gnade zu bitten, versteht Wagner sich erstmals im Jahre 1856, kurz nach Vollendung der »Walküre«, zu einem Gnadengesuch; von Irrtümern und Umkehr ist darin die Rede. Die Erniedrigung ist müßig, und Wagner könnte das wissen: wenn König Johann ihn, den Flüchtigen, begnadigte, müßte er erst recht die seit Jahren Eingekerkerten freigeben. Von Venedig aus erneuert Wagner seine Bemühungen — die »Tristan«-Komposition steht in vollem Flor, und wohin mit dem Kinde? In einem acht Druckseiten langen Brief ruft er die Vermittlung seines früheren Dienstherrn, des Dresdner Intendanten v. Lüttichau, an und bittet ihn,

alles Ihnen von mir je zugefügte Unrecht mit christlicher Milde mir vergeben zu wollen.

Zwei Wochen später versteigt er sich gegenüber dem neuernannten sächsischen Justizminister v. Behr zu einem Bekenntnis aufrichtiger Reue über sein sträfliches Verhalten. Wagners Betragen ist wie das einer werdenden Mutter, die um jeden Preis eine Heimstatt für das Neugeborene sucht; in gebärungsvoller Aufregung beschreibt er sich selbst später im Rückblick. Ein Jahr später, vor neuen Gnadengesuchen, schreibt er an Mathilde:

Es kommt mir wie eine unverzeihliche Selbstliebe vor, irgendeine Qual oder Schmach von mir abzuweisen, die zur Erlösung meines Werkes führen könnte.

Aber Qual und Schmach der Reuebekundungen sind umsonst. Als Wagner Jahre später, nach demütigenden Versicherungen seiner völligen politischen Enthaltsamkeit, endlich begnadigt wird, geschieht dies unter dem Druck politischer Opportunitäten, der auch die Freilassung des unbeugsamen Röckel bewirkt. Bis dahin bleibt Wagner verfolgt; nur ein ärztliches Attest schützt ihn im Februar 1859 vor den Nachstellungen des Wiener Polizeiministers. Die venezianische Polizei hilft ihm und sich selbst aus der Klemme: auf ihr Anraten schickt er die Bescheinigung seines Arztes an den Vizekönig von Venetien und Lombardei, Erzherzog Maximilian. Der illustre Herr weist die Behörden telegraphisch an, ihn in Ruhe zu lassen — auf dem Markusplatz dankt Wagner ihm von weitem durch das Ziehen seines Hutes.
Aber nicht nur die Wiener Polizeibehörde sorgt für Störungen und Unterbrechungen. Krankheiten hindern Wagner an der Ar-

47

beit, und nicht immer hilft die Partitur gegen Einsamkeit und Verzagen. Darum — nochmals — und immer: Straff! *ermahnt sich Wagner in einem Brief an Mathilde vom 31. Oktober, aber es gelingt nicht, er schließt:*

Nein! nein! Du süßes Kind! Ich weiß alles! Ich verstehe alles: — ich sehe klar, sonnenklar — — —! Ich werde wahnsinnig! — Laß mich jetzt abbrechen! Nicht um Ruhe zu suchen, sondern um der Wonne meines Schmerzes bis zum Ertränken mich zu übergeben! — O Du Holde! — Nein! Nein! Er verrät Dich nicht. — — — — Er — nicht! —

Bis zum Ertränken — *am andern Morgen rückt das in greifbare Nähe. Wagner schreibt der Geliebten:*

Heute ist Aller-Seelen-tag! —
Ich bin erwacht aus kurzem, aber tiefem Schlafe, nach langem, furchtbaren Leiden, wie ich es noch nie gelitten. Ich stand auf dem Balkon und blickte in den schwarzflutenden Canal hinab; der Sturmwind tobte. Mein Sprung, mein Fall wäre nicht vernommen worden. Ich war der Qualen frei, sobald ich sprang. Und die Faust ballte ich dazu, mich auf das Geländer zu erheben. — Konnte ich — mit dem Blicke auf Dich, — auf Deine Kinder? —
Nun ist Aller-Seelentag angebrochen! —
Alle Seelen! habet Ruhe! —

Es ist das Werk, das ihn rettet — Wagner muß überleben, um »Tristan« zustande zu bringen, und er bringt »Tristan« zustande, um zu überleben. Dramatisiert er die Geländerszene vor der fernen Geliebten? Mathilde hat zwei Wochen vorher ihren dreijährigen Sohn verloren, und nicht gern läßt Wagner sich von andern im Zustand des Leidens übertreffen; der Leidendste von allen zu sein, ist stets sein empfindlichster Ehrgeiz. Sein Allerseelen-Brief fährt fort:

Gib nichts auf meine Kunst! Deutlich habe ich's nun empfunden: sie ist mir nicht Trost, nicht Ersatz; sie ist nur die Begleiterin meiner tiefen Harmonie mit Dir, die Ernährerin des Wunsches, in Deinen Armen zu sterben. [...] Glaub mir, Du einzige! Du hast mich in Deinen Händen, und nur mit Dir kann ich — vollenden.

Er will ihr sagen, daß es ihm um sie, nicht um seine Oper geht,

48

aber das Wort kehrt sich ihm um, indem er es niederschreibt: er braucht Mathildes Rückhalt, um zu vollenden. *Und weiht sie zugleich in seine Sorge um Minna ein, die groß und nicht gespielt ist; Wagner schickt seiner kranken Frau in diesen venezianischen Monaten ebenso warmherzig-fürsorgliche wie Mathilde leidenschaftlich-bekenntnishafte Briefe.* Goethe hat die geniale Natur einmal durch die Fähigkeit charakterisiert, eine wiederholte Pubertät *zu erleben; ebendies ist Wagners Fall.* »Tristan« *ist* »Werthers Leiden« *auf der Stufe, auch: mit der Meisterschaft des erwachsenen Mannes.* Mit den Krisen und Antrieben dieser *wiederholten Pubertät kontrastiert die Anhänglichkeit an eine Ehegemeinschaft, die viele Notzeiten — im ersten Jahr ihrer Ehe ist es Minna, die ihrem Richard durchbrennt, anno 50 macht dieser Anstalten, mit einer jungen Engländerin nach Griechenland durchzugehen — bestanden hat;* Mutz *und* Richel — *so nennt man einander in Briefen — sind miteinander durch dick und dünn gegangen. Das erste, was Wagner nach dem Einzug in den Palazzo Giustiniani tut, ist, Minna zu ihrem Geburtstag* ein echt venezianisches Geschenk — *eine schön gearbeitete silberne Gondel — zu schicken; in einem langen Brief schreibt er:*

Mein guter alter lieber Mutz!
Da sitz' ich in Venedig. Wo bist Du? Ich vermute Dich mit Sicherheit in Zwickau. Aber daß ich gar keine Nachricht noch von Dir habe, beunruhigt mich sehr. [...] Am 29. August kam ich hier an und hoffte wirklich auf einen Brief von Dir. Jeden Tag frug ich nun vergebens. Heute werde ich endlich recht ängstlich. Du hast jetzt die böse, für Dich gewiß so höchst traurige Zeit zu überstehen; ich bat Dich, sie soviel nur irgend möglich abzukürzen. [...] Ich kann Dir von neuem nichts sagen, um Dich zu trösten und aufzurichten. Nur zurufen kann ich Dir: hoffe, und verzage nicht! Sieh, Du arme Frau, Dein Schicksal, das wohl ruhiger und gleichmäßiger Dir hätte bestimmt sein sollen, war nun einmal an das Schicksal eines Menschen geknüpft, der, sosehr er sich auch ruhiges Glück wünschte, doch in allem und jedem zu einer so außerordentlichen Entwickelung bestimmt war, daß er endlich selbst seinen Wünschen entsagen zu müssen glaubt, um nur seine Lebensaufgabe zu lösen. Alles, was ich jetzt suche, ist Sammlung meines Inneren, um noch meine Werke vollenden zu können: auf mich wirkt der Ruhm nicht mehr, am Gelingen der Auffüh-

rung meiner Werke verzweifle ich auch, – nichts, nichts – als das Arbeiten, das Schaffen selbst erhält mich am Leben. [...] Mußt Du darunter leiden, so werden auch Dir einst diese Leiden angerechnet werden, und Dein Lohn muß – mein Gedeihen, das Gedeihen meiner Werke sein. Doch jetzt – denken wir nicht sogleich nur an die Zukunft. Suchen wir die Gegenwart zu überstehen, und hoffen wir Ruhe, Versöhnung, Milde zu finden und uns zu bereiten.

»Tristan« ist die Parole – Minna empfängt sie am 14. September:

Für jetzt nur noch dies: – den Tristan vollenden, dies ist Hauptsache! Mit der Vollendung dieses Werkes werde ich eine merkwürdige Lebensperiode überstanden haben; ich ahne die Klarheit, Ruhe und Besonnenheit, die mir dies erringen wird. – Leb wohl. Tausend herzliche Grüße an den guten Tröger und die Deinigen; dem lieben Fipps drücke das Pfötchen, und Jaquot soll sagen:

> »doch ein guter Mann
> Richard Wagner.«

Fips ist Wagners Hündchen, Jacquot, auch Mr. Jacquot genannt, sein Papagei. Mathilde, die ästhetisierende Kaufmannsgattin, ist für die ideale, Minna, die Gefährtin zweier Jahrzehnte, für die reale Seite seiner Existenz zuständig; jener schreibt er von Schopenhauer und Buddha, dieser von der Beschaffenheit seines Kopfkissens; der Brief vom 28. September hat sechs Druckseiten:

Um nun von meinem hiesigen Leben zu reden, so will ich [...] gerade nicht behaupten, daß es sehr wohlfeil sei [...] An eine kleine unmöblierte Wohnung war gar nicht zu denken; die gibt es nur im Geschäfts-Quartier der inneren Stadt, wofür mich Gott bewahren sollte. Sonst gibt es nur die Möbelwohnungen, die von Spekulanten in den dazu aufgekauften Palästen der verarmten alten Nobili eingerichtet sind für die Fremden, welche Venedig auf kürzere oder längere Zeit besuchen. Ich mußte froh sein, endlich etwas der Art für mich zu finden, und nach langem Suchen mich darein ergeben, mehr zu zahlen, als ich zuvor glaubte.
Es ist, wie alle solche Wohnungen, in einem großen altertümlichen Palaste, mit weiten Hallen und Räumen. Zum Wohnzimmer habe ich einen großmächtigen Saal, auf den großen Canal

50

14 Minna Wagner geb. Planer. Photographie

heraus; dazu ein sehr geräumiges Schlafzimmer mit einem kleinen Kabinettchen darneben zur Garderobe. Altes schönes Decken-Gemälde, herrlicher Fußboden mit prachtvollem Mosaik ausgelegt; schlecht überstrichene Wand (ehemals gewiß reich tapeziert) altertümlich, scheinbar sehr elegante Möbel von rotem baumwollen Sammet, sehr zerbrechlich, miserabel gepolstert; alles nicht recht gehend, Türen nicht ordentlich schließend, alles etwas caput. Ein großes Paradebett ließ ich gleich hinausbringen und dafür eine kleinere eiserne Bettstelle beschaffen mit Elastique. Bettwäsche so, so; Kopfkissen mit Wolle gestopft, für die kältere Zeit ein Fußbettchen von 3 Zentnern Gewicht.

Wagner und Minna, Wagner und Mathilde — in Venedig stören die Frauen einander nicht, mit jeder kann er auf die gemäße Weise verkehren. Mathilde erfährt, was Wagner in Venedig empfindet, Minna, was er dort sieht:

Das Klima und die Luft sind wirklich himmlisch. [...] Ich gehe beständig noch in voller Sommerkleidung, selbst des Abends,

15 Blick auf den Campanile vom Öffentlichen Garten. Radierung von Joseph Pennell (1857—1926)

wo ich eben erst die Promenade mache. Meine Lebensweise ist nun diese. Den ganzen Tag bis nach 4 Uhr arbeite ich — was eben bis jetzt zu tun war — dann lasse ich mich über den Canal setzen, gehe auf den Marcusplatz, treffe dort um 5 Uhr Karl beim Restaurant, wo ich à la carte, und gut, aber teuer speise (unter 4 bis 5 Zwanzigern komme ich — eben ohne Wein — nie fort!): nach dem Essen, solang es die schöne Jahreszeit erlaubt, wird in der Gondel nach dem öffentlichen Garten hinausge-fahren, dort promeniert und entweder zurückgefahren oder durch die Stadt gegangen; dann noch Promenade am Ufer, den Molo entlang, ein Glas Eis am Pavillon daselbst, dann nach Haus, wo um 8 Uhr die Lampe angezündet steht; das Buch zur Hand genommen, und endlich zu Bett. [...] Was hierbei den immerwährenden Reiz gewährt, ist der wunder-bare Kontrast meiner Wohnung mit dem Teile, der mir dann zur Promenade dient. Hier alles still, wunderbar ruhig, eine breite Straße, stark fließendes Meerwasser, und Ebbe und Flut; statt der Wagen Gondeln, welche an den Türen der Häuser di-rekt anlegen; gegenüber und überall wundervolle Paläste, alles erhaben, schweigsam, melancholisch.

Beim Ausgange nun plötzlich enge Gassen von den wunder-lichsten Richtungen und Kreuzungen, oft kaum für zwei Men-schen breit genug, überall zur Seite mit offenen Läden und Hausfluren besetzt, worin man wie auf der Straße selbst sich befindet; immer durchwogt von einem Menschenstrome, dem man sich, auch ohne alle Ortskenntnis, nur anzuschließen braucht, um entweder nach dem Rialto — dem Geschäftsviertel — oder dem Marcusplatz, wo alles nur promeniert, zu gelan-gen. Die wunderbare, einzig eigentümliche und mit nichts ver-gleichbare Pracht dieses Platzes und dessen, was damit zusam-menhängt bis an das Ufer hinab, ist nicht zu schildern. Stets, wenn ich von Zuhause komme, frappiert mich alles von neuem. [...] Eigentlich glaubt man nie auf der Straße zu sein, schon weil alles — da es keine Wagen gibt — mit breiten Qua-dern wie ein großer fürstlicher Hof gepflastert ist. (Ich habe einen bösen Fuß und gehe seit vielen Tagen immer in meinen Hausschuhen aus.) Alles kommt einem wie eine wunderbare Theaterdekoration vor. Hier wogt es überall immer auf und ab; alles geht nur spazieren und amüsiert sich. Diese eigene Heiterkeit verfehlt fast nie ihre Wirkung auf den Ankommen-den; man fühlt sich behaglich, und immer ist das Auge unter-

16 Die Piazzetta von San Marco. Links Bibliothek und Campanile, rechts San Marco und der Dogenpalast. Stahlstich nach Giovanni Pividor (1862)

17 Die Rialto-Brücke, erbaut von Antonio da Ponte (1588—91).
Stahlstich nach Giovanni Pividor (1862)

halten. Der Hauptreiz für mich besteht darin, daß mir alles doch immer so fremd bleibt, als ob ich eben nur im Theater wäre; ich hüte mich vor jeder Bekanntschaft und bleibe daher immer in der Stimmung. Die Fahrt auf der Gondel hinaus wirkt stets höchst beruhigend und wohltätig; der Kampf zwischen Tag und Nacht am Himmel ist herrlich; in der Ferne immer neue Inseln und Gärten, Kirchen oder Paläste, welche fortwährend die Phantasie reizen. Kurz, ich glaube, die Wahl von Venedig war die glücklichste, die ich hätte treffen können [...]

Soviel denn von meinem hiesigen Leben, guter Mutz! Fipseln sage noch, daß es auch hier Hunde gibt, und zwar rechte gute, Wachtelhündchen und auch Pudel. Man stellt den guten Tieren überall öffentlich Marmorbecken zum Trinken hin, worüber ich die guten Burschen oft antreffe. Jacquot sage, daß ich seinesgleichen gerade noch nicht angetroffen hätte.

Wagner bewegt sich in einer Koexistenz von Lebensphasen, von Gefühlswelten — »Tristan und Isolde« heißt der kategorische Imperativ, der sie zusammenhält. In der Entrückung Venedigs, über Krankheit und Krise, Korrespondenzen und Polizeiprobleme hinweg wächst die Partitur; mit narzißtischem Entzücken beugt sich der Schöpfer über das Werk, seinen Spiegel:

Ich bin immer noch im zweiten Akte. Aber — was wird das für Musik! Ich könnte mein ganzes Leben nur noch an dieser Musik arbeiten. O, es wird tief und schön; und die erhabensten Wunder fügen sich so geschmeidig dem Sinn. So etwas habe ich denn doch noch nicht gemacht: aber ich gehe auch ganz in dieser Musik auf; ich will nichts mehr davon hören, wann sie fertig werde. Ich lebe ewig in ihr. Und mit mir —.

So heißt es am 8. Dezember an Mathilde. Je weiter die Arbeit an dem erregten Werk voranschreitet, um so tiefer wird die Beruhigung, die den Komponisten durchdringt; das Gipfelwerk nachtverzückter Romantik erfüllt seinen Schöpfer mit plastisch sinnender Ruhe:

Ich saß am Flügel; die alte goldene Feder spann ihr letztes Gewebe über den zweiten Akt des Tristan und zeichnete eben mit zögerndem Verweilen die fliehenden Wonnen des ersten Wiedersehens meines liebenden Paares. [...] Sie sehen, ich bin so glücklich, wieder arbeiten zu können. Und das ist wahrlich ein

Glück, wogegen eine bestimmte, ernste Krankheit kein so großes Unglück ist, weil auch sie den Geist befreit und die moralischen Kräfte in Tätigkeit setzt. Der übelste Zustand ist doch
der, wo wir nicht eigentlich krank, aber doch gefesselt und
beunruhigt sind, wo tiefes Unbehagen in der Berührung mit
der Außenwelt sich einstellt, Forderungen und Wünsche sich
geltend machen wollen, der Tätigkeitstrieb keinen rechten An-
halt findet, alles verwehrt, alles gehemmt, nichts gestattet ist,
nichts sich fügt: wo so Leere und Trostlosigkeit, Verlangen,
Sehnsucht — Wollen entsteht. Es ist keinem Sterblichen gegeben, sich stets auf der Höhe seines wahren Wesens zu halten.

*Wagner ist bei sich nur, wenn er komponiert, er ist außer sich in
allen andern Verhältnissen. Der neun Druckseiten lange Brief an
Mathilde ist eine hellsichtige Zusammenfassung seiner Künstler-
existenz in all ihren Bezügen, Nötigungen, Bedürfnissen, und
auch über das Wesen der Beziehung, in der die wirkliche Mathilde zu der überwirklichen Isolde steht, bleibt kein Zweifel. Mathilde ist die* Erfahrung *zu einer* Idee, *die vor ihr da war:*

Mit meinen dichterischen Konzeptionen war ich stets meinen
Erfahrungen so weit voraus, daß ich meine moralische Ausbildung fast nur als von diesen Konzeptionen bestimmt und her-
beigeführt betrachten kann. Fliegende Holländer, Tannhäuser, Lohengrin, Nibelungen, Wodan, — waren alle eher in
meinem Kopf als in meiner Erfahrung. In welch wunderbarer
Beziehung ich nun aber jetzt zum Tristan stehe, das empfinden
Sie wohl leicht. Ich sage es offen, [...] daß nie eine Idee so bestimmt in die Erfahrung trat. Wie weit beide sich gegenseitig
vorausbestimmten, ist eine so feine, wunderbare Beziehung,
daß eine gemeine Erkenntnisweise sie nur in dürftigster Ent-
stellung sich denken können wird.

*Mathilde hat ihm die Gestalt der Isolde nicht eingegeben, son-
dern nur gleichsam veranschaulicht. Das macht die Sache für
Otto Wesendonk nicht eben leichter, aber der Komponist weiß
ihm Rat:*

Alle wehevolle Erfahrung, die von außen auf sein Herz ein-
drang, müßte er den höheren Zwecken des Weltgeistes [...] als
gebührendes Opfer, auch seiner Teilnahme an jenen Zwecken
zulieb, mit gehobenem, geadeltem Gefühle darbringen. Doch
— wer begreift es?

57

Wesendonk offenbar nicht sogleich. Dem Künstler, den das be-
trübt, fällt unversehens der ganze Wirrwarr der Religionen,
Dogmen, Meinungen und ewig sich befehdenden Ansichten
bei — wo findet er einen Ausweg?

Er leide still am Wahnsinn, der ihn rings angrinst

Das ist im Januar geschrieben, und inzwischen ist es kalt gewor-
den in Venedig: Nie im Leben habe ich soviel persönlich mit
dem Ofen verkehrt als im schönen Venedig, *schreibt Wagner an*
Mathilde. Nach einer Dresden-Reise ist Karl Ritter wieder bei
ihm; wie zuvor speist man jeden Abend zusammen. Gelegentlich
kommt der Pianist Winterberger, ein Schüler Liszts, oder der ve-
nezianische Musikmeister Tesarini zu Besuch; dann musiziert
man aus der anwachsenden Partitur. Heftweise schickt Wagner
die fertigen Seiten an Breitkopf & Härtel in Leipzig, wo der erste
Akt bereits im Stich vorliegt. Die kühnste Musik ihrer Zeit, kom-
poniert von einem gefürchteten politischen Diversanten — der
einheimische Notenstecher wartet schon darauf; es ist ein kunst-
ergebenes Jahrhundert. Im November 1858 ist bei Breitkopf &
Härtel das Textbuch des Werkes in Druck gegangen; aus Venedig
verfügt der Autor über die Belegexemplare:

Hochgeehrte Herren!
Da ich Ihnen heute den letzten Revisionsbogen des Textbu-
ches zurückschicke, erlaube ich mir meine Wünsche und Bitten
in bezug auf die Zusendung der für mich reservierten Exemplare, von denen ich um 50 Stück ersuche, kundzugeben, damit das hier sogleich abgemacht sei.
Demnach bitte ich, durch Buchhändlergelegenheit an folgende
Orte und Personen abgehen zu lassen:

Leipzig. Prof. Herm. Brockhaus	1 Ex.
Dresden. An meine Frau (Marienstraße No. 9)	10 Ex.
Zürich. Musikdir. J. Heim	1 Ex.
Alt-Regierungsrat J. J. Sulzer in Winterthur	1 Ex.
Prof. G. Semper	1 Ex.
Georg Herwegh	1 Ex.
Gottfried Keller	1 Ex.
Musikdir. W. Baumgartner	1 Ex.
Dr. Fr. Wille, Mariafeld bei Meilen	1 Ex.
Karlsruhe. Eduard Devrient	2 Ex.
Hannover. Hofschauspielerin Frln. Seebach	1 Ex.

Weimar. Fr. Liszt   3 Ex.
Berlin. Hans von Bülow   1 Ex.
   Fräulein Alwine Frommann (Linden No. 10)   3 Ex.
Frankfurt a. M. Herrn Dr. Arthur Schopenhauer
   (Schöne Aussicht)   1 Ex.
Den Rest der 50 Exemplare haben Sie dann die Güte, mir hier-
her nach Venedig zu schicken.
Ihre heutige Sendung konnte ich noch nicht von der Zensur
zurückerhalten. Dieses Institut wird mich überhaupt bei mei-
nen künftigen Manuskripten durch seine Langsamkeit noch
sehr belästigen.

*Hier hat man den Wagner-Kreis der Exiljahre — es ist die Essenz
einer Epoche. Zürich, wo Wagner an dem Staatsschreiber und
Altphilologen Jakob Sulzer von den ersten Tagen des Exils an einen treuen Freund und Helfer gefunden hat, macht den Schwer-
punkt. Dort gehören mit den beiden Musikdirektoren Heim und
Baumgartner, Mitarbeiter Wagners an aufsehenerregenden Konzerten, Georg Herwegh und Gottfried Keller zu seinem Freundeskreis; Semper, gleich Wagner aus Dresden vertrieben, ist auf dessen Initiative ans Zürcher Polytechnikum berufen worden.
François Wille, ein aus Hamburg stammender Freund Herweghs,
macht den Beschluß; seine Frau Eliza ist Wagners Vertraute in
der Wesendonk-Krise. Professor Brockhaus, Indologe an der
Leipziger Universität, ist Wagners Schwager; zwei Schwestern
Wagner haben zwei Brüder Brockhaus geheiratet: Ottilie den
Orientalisten Hermann Brockhaus, Luise den Verlagsinhaber
Friedrich Brockhaus. Eduard Devrient, der Schauspieler und Regisseur, ist ein Freund und Kollege aus Dresdner Tagen, inzwischen Direktor des Karlsruher Hoftheaters; Marie Seebach, schon
damals eine berühmte Schauspielerin, ist die Braut Albert Nie-
manns, des späteren großen Wagner-Tenors. In Berlin steht Hans
v. Bülow für Wagner ein, der große Pianist und Dirigent, den Wagner als Zwanzigjährigen in Zürich unter seine Obhut genommen
hat, ferner Alwine Frommann, die Vorleserin der Prinzessin von
Preußen. Augusta, als Königin später Bismarcks entschiedene
Widersacherin, ist eine Weimarische Prinzessin, unter Goethes
Ägide aufgewachsen, und das ist auch Fräulein Frommann; im
Haus ihres Bruders, des Buchhändlers Frommann, pflegte Goethe
bei seinen Jenenser Aufenthalten zu logieren. Auch der letzte der
Reihe entstammt dem Weimarer Kulturreich: Dr. Arthur Scho-*

penhauer in Frankfurt am Main. Wird sich der siebzigjährige Meister prosaistischer Klarheit von diesem trunkenen Wortduett sympathetisch berührt fühlen?

> Ohne Wähnen —
> sanftes Sehnen;
> ohne Bangen —
> süß Verlangen.
> Ohne Wehen —
> hehr Vergehen.
> Ohne Schmachten —
> hold Umnachten.
> Ohne Meiden —
> ohne Scheiden,
> traut allein,
> ewig heim,
> in ungemeßnen Räumen
> übersel'ges Träumen.

Es steht am Ende der großen Liebesszene, kurz ehe König Marke Tristan und Isolde aufstört. Am 9. März beschließt Wagner die Orchesterskizze des zweiten Aktes; er ist mit sich zufrieden:

Endlich bin ich gestern mit meinem zweiten Akte, dem großen, allen so bedenklichen (musikalischen) Problem fertig geworden und weiß es auf eine Art gelöst wie noch keines. Es ist der Gipfel meiner bisherigen Kunst.

So heißt es am 10. März an Mathilde. Acht Tage später ist auch die Partitur fertig. Am 24. März verläßt Wagner die Inselstadt. Österreichische Truppenbewegungen gegen das Königreich Sardinien gebieten ihm Eile — Italiens Einigungskrieg wirft seinen Schatten voraus. In Luzern soll der dritte Akt komponiert werden; wieder muß der große Flügel über den Gotthard. Venezianische Töne klingen seinem Besitzer nach:

In einer schlaflosen Nacht, wo es mich gegen drei Uhr des Morgens auf den Balkon meiner Wohnung hinaustrieb, hörte ich [...] zum ersten Male den altberühmten Naturgesang der Gondolieri. Mich dünkte, ungefähr von dem eine kleine Viertelstunde entfernten Rialto her den ersten, wie rauhe Klage klingenden Anruf durch die lautlose Nacht zu vernehmen; aus

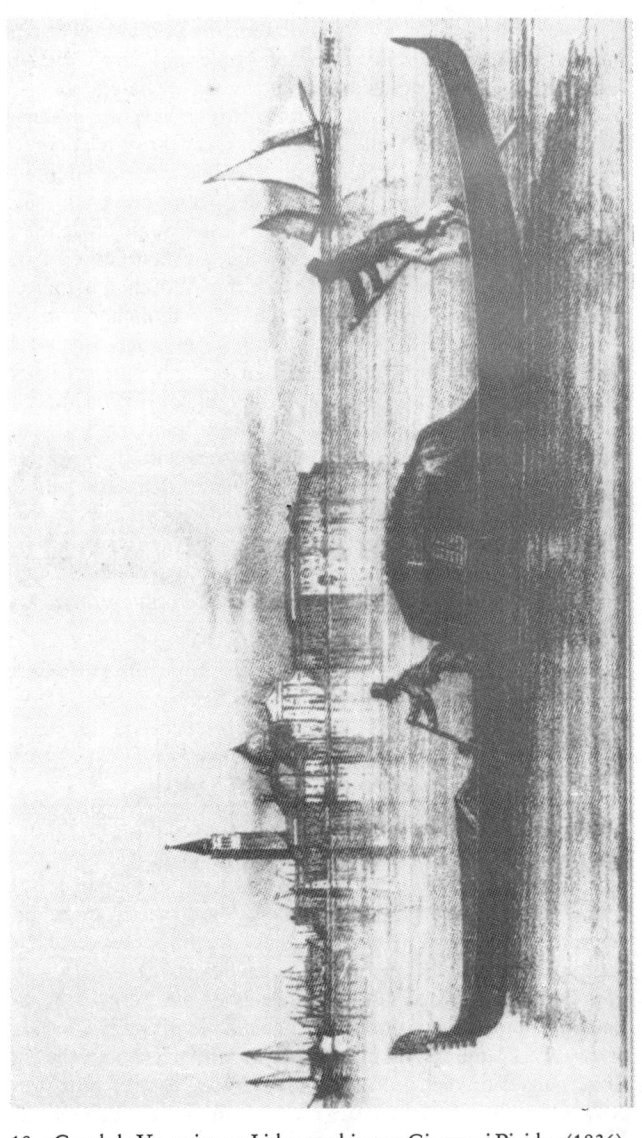

18 »Gondola Veneziana.« Lithographie von Giovanni Pividor (1836)

[...] weiterer Entfernung ward diesem von anderer Richtung her gleichmäßig geantwortet. In oft längeren Pausen wiederholte sich dieser merkwürdig melancholische Dialog, welcher mich zu sehr ergriff, als daß ich seine jedenfalls sehr einfachen musikalischen Bestandteile in meinem Gedächtnis hätte fixieren können. [...] Als ich einmal spät des Nachts durch den düstren Kanal heimfuhr, trat plötzlich der Mond hervor und beleuchtete mit den unbeschreiblichen Palästen zugleich den sein gewaltiges Ruder langsam bewegenden, auf dem hohen Hinterteile meiner Gondel ragenden Schiffer. Plötzlich löste sich aus seiner Brust ein dem Tiergeheul nicht unähnlicher, von tief her anschwellender Klagelaut, und dieser mündete sich nach einem lang gedehnten »Oh!« in den einfach musikalischen Ausruf »*Venezia!*« Dem folgte noch einiges, wovon ich aber infolge der großen Erschütterung, die ich empfand, keine deutliche Erinnerung bewahrt habe. Die hiermit zuletzt berührten Eindrücke waren es, welche Venedig während meines Aufenthaltes daselbst für mich charakterisierten und bis zur Vollendung des zweiten Aktes von »Tristan« mir treu blieben, ja vielleicht die schon hier entworfene, langgedehnte Klageweise des Hirtenhornes im Anfang des dritten Aktes mir unmittelbar eingaben.

Dem Reisefertigen erscheint im Traum die Muse, ihn zu krönen; die Korrespondenz mit ihr geht nun per Sie:

So habe ich denn in Ihrem Namen, Freundin, Abschied genommen von meinem träumerischen Venedig. [...] Sie werden einmal einen Traum hören, den ich dort zum Klingen gebracht habe! Wenige Nächte vor meiner Abreise hatte ich aber in Wahrheit noch einen wunderlieblichen Traum, so schön, daß ich ihn Ihnen noch mitteilen muß, wiewohl er viel zu schön war, um mitgeteilt werden zu können. Alles, was ich davon beschreiben kann, war ungefähr folgendes. Eine Szene, die ich in Ihrem Garten (der aber nur auch wieder etwas anders war) vorgehen sah. Zwei Tauben kamen über die Berge her; die hatte ich abgeschickt, um Ihnen meine Ankunft zu melden. Es waren zwei Tauben: warum zwei? Das weiß ich eben nicht. Sie flogen als Paar dicht nebeneinander. Wie Sie sie erblickten, schwebten Sie plötzlich in die Luft auf, ihnen entgegen, in der Hand schwangen Sie einen mächtigen buschigen Lorbeerkranz; mit dem fingen Sie das Taubenpaar und zogen das flat-

19 »Venice – the Dogana« (Hauptzollamt von Venedig). Radierung von J. T. Willmore nach William Turner (1775–1851). Links die Insel San Giorgio mit der Kirche San Giorgio Maggiore von Palladio

ternde nach sich, den Kranz mit den Gefangenen neckend hin und her schwenkend. Dazu fiel plötzlich, ungefähr wie beim Sonnendurchbruch nach dem Gewitter, ein so blendender Lichtglanz auf Sie, daß ich davon erwachte. — Nun mögen Sie sagen, was Sie wollen: das hat mir geträumt, aber nur noch unendlich schöner und anmutiger, als man's beschreiben kann.

Zweites Kapitel

VISION DER GESCHICHTE

November 1861

Hier habe ich mich nun für einige Monate eingerichtet, und hier erst packte ich meinen kleinen Fliegenden-Holländer-Hausstand aus. Da kam denn auch erst die große grüne Mappe wieder zum Vorschein. Die hatte ich seit Luzern verschlossen gehalten. Nun suchte ich den Schlüssel hervor, um den Schatz in Augenschein zu nehmen. Himmel, wie ward mir da! Zwei Photographien, die Geburtsstätten des Tristan: der grüne Hügel mit dem Asyl und der venetianische Palast. Und nun die Geburtsblätter mit ersten Skizzen, wunderlichen Embryonen, auch den Widmungsversen, mit denen ich dem Kind einmal die vollendeten Bleistiftskizzen des ersten Aktes zusandte: wie freute ich mich dieser Verse!

So schreibt Wagner, mit vielen schönen Grüßen an Otto und die Kinder, zweieinhalb Jahre nach der Abreise aus Venedig an Mathilde Wesendonk. Aus der Geliebten ist das Kind geworden, das manchmal auch die Königin angeredet wird; aus dem Du der venezianischen Blätter ist ein Sie geworden, das fremden Einblick nicht zu scheuen braucht. Wagner schreibt aus Wien, wo er sich in dem Gasthof »Kaiserin Elisabeth« einquartiert hat; die Kaiserin Elisabeth, Franz Josephs kunstsinnige Gemahlin, ist am Wiener Hof seine einzige Fürsprecherin. Er ist noch immer nicht begnadigt, im Gegenteil:

Seine Majestät tragen [...] fortwährend Bedenken, eine Begnadigung Wagners eintreten zu lassen, und hat sich daher derselbe, falls er die hiesigen Lande betreten sollte, der sofortigen Verhaftung zu gewärtigen.

So hatte der sächsische Ministerpräsident v. Beust, Einpeitscher der Konterrevolution von 1849, am 15. Juli 1860 den Freiherrn v. Seebach, Sachsens diplomatischen Vertreter in Paris, beschieden, der sich für den Komponisten verwandt hatte. Wagner, der nach der Vollendung des »Tristan« nach Paris übergesiedelt war, hatte dem Gesandten

mit Tränen hoch und teuer zugeschworen, sich keinerlei

Handlung bewußt zu sein, welche nur entfernt zu der Anschuldigung hätte Veranlassung geben können, noch mit der Partei von 48 in Verbindung zu stehen.

Waren das Theatertränen? Es ist richtig: mit der Partei von 1848, soweit sie im Exil politisch organisiert ist, hat Wagner keinen Umgang; von Emigrantenzirkeln hat er sich in Zürich von Anfang an ferngehalten. Aber den Umgang mit seinen alten Mitstreitern hat er nie aufgegeben; seinen 48. Geburtstag feiert er im Hause Wesendonk mit vier Freunden, zwei emigrierten deutschen Revolutionskämpfern, zwei einheimischen Schweizer Demokraten. Es ist eine illustre Runde, ein feiner Auszug des 19. Jahrhunderts sitzt hier zu Tische: Georg Herwegh und Gottfried Keller, Gottfried Semper und Jakob Sulzer, der Zürcher Staatsmann und Philologe. Das ist im Mai 1861, Wagner befindet sich auf der Durchreise von München nach Karlsruhe — er darf Deutschland wieder betreten. Denn jener Brief des Herrn v. Beust vom Juli 1860 hatte zugleich die Vergünstigung *zugestanden, daß er sich außerhalb Sachsens unverfolgt in Deutschland aufhalten könne, wenn* die Regierung des betreffenden Bundesstaates sich *in Dresden* dafür verwenden sollte. *Mit einem preußischen Ministerialpaß, den ihm ein Freund und Protektor, Graf Pourtalès, verschafft hat, betritt er im August 1860 zum erstenmal wieder deutschen Boden. Wien wird ihm bald wichtiger als Weimar oder Baden, wo man sich in früheren Jahren um die Uraufführung des »Tristan« bemüht hat und es nun, da er selbst erscheint, mit der Angst zu tun bekommt. Die Wiener »Lohengrin«-Aufführung, die er nun endlich sehen kann, entschädigt ihn für das Pariser »Tannhäuser«-Debakel im März 1861; durch organisierte Pfeifkonzerte hatte eine feudale Clique die von Napoleon III. anbefohlene Aufführung zu Fall gebracht. Ein Jahr zuvor hat Wagner mit »Tristan«-Konzerten Paris erobert; in seinem Salon drängt sich die geistige Elite der Weltstadt. Die Komponisten Gounod und Saint-Saëns, die Dichter Baudelaire und Champfleury, der Zeichner Doré und viele andere huldigen dem Exilierten; der Freundeskreis, den Wagner sich hier gewinnt, ist der eigentliche Ertrag des anderthalbjährigen Aufenthalts, den Minna mit ihm teilt. Man hat es noch einmal miteinander versucht; eine alte Anhänglichkeit waltet zwischen diesen beiden Menschen, die nicht mehr miteinander leben können. Danach geht man für immer auseinander, Minna nach Dresden, Richard Wagner nach Wien. Der*

20 »Schluß zum Vorspiel von Tristan und Isolde.« Paris, 15. Dezember 1859. Autograph Richard Wagners (Klavierauszug des Konzertschlusses, geschrieben für Mathilde Wesendonk)

Wiener »Lohengrin« ist, dreizehn Jahre nach der Vollendung der Partitur, die erste Aufführung, die Wagner von seinem Werk zu hören bekommt; noch vor der Premiere beschließt die k. k. Hofoper die Uraufführung des »Tristan«. Das ist Wagners wichtigstes Ziel seit der Vollendung des Werkes im August 1859. Ihm wesentlich galt die Pariser Niederlassung; nach den ersten Konzerten in der französischen Hauptstadt hatte er an Mathilde geschrieben:

Alles Erlebte will nichts sagen, gegen eine Wahrnehmung, eine Entdeckung, die ich in der ersten Orchesterprobe zu meinem Konzerte machte, weil sie über den ganzen Rest meines Lebens entschieden hat, und ihre Folgen mich nun tyrannisch beherrschen werden. Ich ließ zum ersten Mal das Vorspiel zu Tristan spielen; und — nun fiel mir's wie Schuppen von den Augen, in welche unabsehbare Entfernung ich während der letzten 8 Jahre von der Welt geraten bin. Dieses kleine Vorspiel war den Musikern so unbegreiflich *neu*, daß ich gerades-

67

weges von Note zu Note meine Leute wie zur Entdeckung von Edelsteinen im Schachte führen mußte. […] Genug, daß es nun hell und klar vor mir steht, daß ich an weiteres Schaffen nicht denken darf, ehe ich nicht die furchtbare Kluft hinter mir ausgefüllt habe. Ich *muß* meine Werke erst aufführen. Und *Was heißt das?* —

Kind, das heißt mich in einen Pfuhl des Leidens und der Aufopferungen stürzen, in dem ich wohl zugrunde werde gehen müssen. […] So steht es vor mir: ich habe keine andere Wahl! Und somit — auf Tod und Untergehen! Das ist noch meine Aufgabe, und dafür erhielt mich der Dämon noch am Leben! Torheit, wollte ich noch an etwas Weiteres denken! Ich sehe nichts wie diesen schrecklichen Krämpfen der Weltgeburt meiner letzten Werke entgegen.

Wagner hält es anders als Schubert, der im Jahre 1826 dem Wiener Schuppanzigh-Quartett sein neues Streichquartett in d-Moll zu spielen gibt und, als die Musiker nach einiger Zeit abbrechen, weil sie die Komposition zu schwer finden, die Noten still wieder einpackt, das Werk sich selbst, das heißt der Nachwelt, überlassend. Schubert braucht seine Zeit zum Komponieren — braucht Wagner, dessen »Tristan« so kühn ist wie vierzig Jahre vorher Schuberts Instrumentalkompositionen, seine Zeit nicht zum Komponieren? Sein schöpferischer Rhythmus ist seit »Lohengrin« ein anderer geworden. Wagners vier erste Opern entstehen innerhalb von zehn Jahren eine nach der andern, nach »Lohengrin« schieben sich Zäsuren vor die neu entstehenden Werke — schöpferische Pausen, die mit Dirigaten, Abhandlungen, Verhandlungen ausgefüllt werden. Vom »Ring« an erfindet Wagner jeder neuen Oper eine ganz eigene, nur ihr gehörende Tonsprache. Und die Zwischenzeiten der Betriebsamkeit helfen ihm, sich von ihr zu lösen; die Realisierung seiner Werke betreibend, emanzipiert er sich von ihnen. Als er im September 1861 aus dem Gasthof »Kaiserin Elisabeth« an Mathilde schreibt, steckt er bis zum Hals in Sänger-Querelen um die bevorstehende »Tristan«-Aufführung. Aber ist »Tristan« noch seine Welt? Am 30. Oktober 1861 schreibt er dem Verleger Schott von einem neuen Werk, das ihn beschäftige, es sind »Die Meistersinger von Nürnberg«. Das ist ein alter Plan, skizziert bald nach der Vollendung des »Tannhäuser«, im Jahre 1845; dem »Sängerkrieg auf der Wartburg« sollte damals ein Nürnberger Sängerkrieg als heiteres Gegenstück auf dem Fuße fol-

21 Mathilde Wesendonk. Ölbildnis von C. Dörner (1860)

gen. Auch dieser Stoff ging auf E. T. A. Hoffmann zurück, den der junge Wagner mit Leidenschaft gelesen hatte; in den Erzählungen der Serapionsbrüder hatte er die Elemente beider Opern gefunden und dazu die Grundzüge seiner musikdramatischen Ästhetik. Die »Meistersinger« blieben damals liegen; nun, nach »Tristan«, in den Wirren einer schon festgefahrenen Aufführungsvorbereitung, werden sie plötzlich virulent, und eine Venedig-Reise wird bedeutsam dafür. Das Ehepaar Wesendonk stiftet Wagner dazu an; beide wollen einen Teil des Novembers in der Stadt verbringen und laden Wagner ein, sich ihnen zuzugesellen. Mathilde, die ihr fünftes Kind erwartet, schreibt:

Montag reisen Otto und ich dahin ab. [...] Es soll uns vor dem Winterschlafe eine Erfrischung, Stärkung und Anregung sein [...] Scheint auch das Leben hier und da eine Idylle, der richtige Blick fände bald den Stoff zur Tragödie heraus. Gegenseitige Kurzsichtigkeit schützt die Menschen vor dem Erkennen. Dann ist das »Sehen« an und für sich leidlos, das »Sein« aber immer leidend. [...] Was werde ich nun nächstens vom Freunde hören? [...] Wird es eine Zeit geben, wo Er auf dem grünen Hügel ausruht?

Das ist wie ein Ruf, und Wagner folgt ihm; am 6. November kommt er in Venedig an.

Gott weiß, was mir im Sinne liegen mochte, als ich so auf das Ungefähre hin im grauen November mich wirklich auf der Eisenbahn zunächst nach Triest und von da mit dem Dampfschiff, welches mir wiederum sehr schlecht bekam, nach Venedig aufmachte und im Hotel Danieli mein Kämmerchen bezog. Meine Freunde, welche ich in sehr glücklichen Beziehungen antraf, schwelgten im Genuß der Gemälde und schienen es darauf abgesehen zu haben, durch meine Teilnahme am gleichen Genuß mir die Grillen zu vertreiben.

So schreibt Wagner zehn Jahre später in seinen Lebenserinnerungen. Damals, Ende 1861, weiß er wohl, was ihm im Sinne liegt; aus Paris schreibt er sechs Wochen nach der Begegnung an Mathilde:

Nun erst bin ich ganz resigniert!
Das Eine hatte ich nie aufgegeben und glaubte es mir schwer gewonnen zu haben: mein Asyl noch einmal wiederzufinden,

in Ihrer Nähe wieder wohnen zu können. — Eine Stunde des Wiedersehens in Venedig genügte, um dieses letzte liebe Wahngebild mir zu zerstören!
Ich mußte schnell erkennen, die Freiheit, die Ihnen nötig ist und auf die Sie für Ihr Bestehen halten müssen, können Sie nicht behaupten, sobald ich in Ihrer Nähe bin: nur meine Entfernung kann Ihnen die Macht geben, sich frei nach Ihrem Willen zu bewegen; nur wenn Sie nichts zu erkaufen haben, haben Sie keinen Preis zuzugestehen.
[...] Hier hilft kein Schmeicheln mehr. — Ich sehe, Sie fühlen und wissen es selbst: und wie sollten Sie nicht zuallererst! Sie wußten es lange und eher als ich, der ich heimlich lange immer noch ein unverbesserlicher Optimist blieb. —
Das war's, das allein, was sich in Venedig wie Blei auf meine Seele legte.

Der Künstler ist ein Alchimist, er weiß aus Blei Gold zu machen. Aus der novembergrauen Enttäuschung, die sich ihm mit dem Elend seiner materiellen Lage, den unlösbaren Wirrnissen des Wiener »Tristan« verquickt, schnellt Wagner sich in das neue Werk, dessen Idee die Rückkehr auf den grünen Hügel gleichsam vorweggenommen hatte: wie Sachs neben dem Ehepaar Stolzing wollte er als Entsagender neben den Wesendonks leben. Der Plan, für die Wirklichkeit verloren, nimmt nun Kunstgestalt an; auch dies schreibt Wagner der endgültig Verlorengegebenen:

Ich habe mich wieder in die Arme meiner alten Geliebten geworfen: — die Arbeit hat mich wieder, und zu ihr rufe ich nun: »gib Vergessen, daß ich lebe!« —
Vor drei Wochen reiste ich von Wien ab, sofort nach Paris. [...] In Wien konnte ich nicht bleiben. Nirgends sonst war ich willkommen. So reiste ich schon Anfang Dezember nach Paris und helfe mir bis Januar mit einem kleinen Zimmer am Quai Voltaire. [...] Ich muß oft laut auflachen, wenn ich von meinem Arbeitsplane aus den Blick auf Tuilerien und Louvre mir gegenüber richten muß! Sie müssen nämlich wissen, daß ich mich jetzt eigentlich in Nürnberg herumtreibe und dabei mit ziemlich eckigem, derbem Volk zu tun habe. Es blieb mir nichts andres übrig, als mich unter solche Gesellschaft zu machen. Die Rückreise von Venedig nach Wien war recht lang: zwei volle, lange Nächte und einen Tag saß ich zwischen Einst und Jetzt hilflos eingeklemmt und fuhr so recht ins Graue hin-

22 Richard Wagner. Photographie der Firma Pierre Petit & Trinquart
(Paris 1860)

ein. Eine neue Arbeit mußte es sein, sonst – war's zu Ende!
Leider werden meine Gesichtsfunktionen immer stumpfer:
meinen Blick fesselt gar nichts, und alles Lokale sowie alles,
was dran haftet oder haften kann, und wären's die größten
Meisterbilder der Welt, zerstreut mich nicht, ist mir gleichgültig. Ich hab' das Auge nur noch, um Tag oder Nacht, hell oder
düster, zu unterscheiden. Es ist wirklich ein Absterben gegen
außen und nach außen: ich sehe nur noch innere Bilder, und
die verlangen nur nach Klang.

Aber kein passioniertes Bild wollte mir auf jener grauen Reise mehr hell werden: es kam mir die Welt recht wie Spielware vor. Und das brachte mich denn wieder nach Nürnberg, wo ich im vergangenen Sommer einen Tag zugebracht hatte. Da ist viel Hübsches zu sehen.

Jetzt klang mir's nach, wie eine Ouvertüre zu den Meistersingern von Nürnberg. Als ich in meinem Wiener Gasthof wieder angekommen, arbeitete ich mit sonderbarer Hast den Plan schnell aus; es wurde mir ganz wohl, dabei zu bemerken, wie klar mein Gedächtnis geblieben, wie willig und ergiebig meine Phantasie im Erfinden war! Es war eben eine Rettung, wie eintretender Wahnsinn ja auch das Leben retten kann! Nun schloß ich nach links und rechts ab, schob den Jahresriegel vor Tristan, dankte schön für einige Einladungen zu Triumphen in verschiedenen Städten meines herrlichen deutschen Vaterlandes, und — gelangte dahin, wo ich bin, um »zu vergessen, daß ich lebe!«

Haben Venedigs Kunst, Venedigs Bildwerke gar keine Rolle bei der neuen Konzeption gespielt? Der Brief an Mathilde steht in merkwürdigem Gegensatz zu einer Passage aus den Lebenserinnerungen:

Wesendonk, der immer mit einem ungeheueren Opernglase bewaffnet zu Kunstbesichtigungen sich bereit hielt, brachte mich nur einmal zur Mitbesichtigung der Kunst-Akademie, welche ich bei meiner früheren Anwesenheit in Venedig nur von außen kennengelernt hatte. Bei aller Teilnahmslosigkeit meinerseits muß ich jedoch bekennen, daß Tizians Gemälde der Himmelfahrt der Maria eine Wirkung von erhabenster Art auf mich ausübte, so daß ich seit dieser Empfängnis in mir meine alte Kraft fast wie urplötzlich wieder belebt fühlte. Ich beschloß die Ausführung der »Meistersinger«.

Jahrzehnte später, bei einer Wiederbegegnung mit dem berühmten Altarbild, das damals in der Galleria dell'Accademia hing, äußert Wagner, die zum Himmel aufschwebende Madonna sei Isoldes Liebesverklärung. Hat Tizians Madonna, Mathildes Verlust im Bilde verklärend, ihn damals in den »Meistersingern« bestärkt? Eine andere Gelenkstelle zwischen beiden Werken ist jener merkwürdige Traum, mit dem Wagner im März 1859 von Venedig Abschied nahm, mit den beiden Tauben, seinen Send-

73

23 Tizian: Himmelfahrt Mariae (Assunta). Altargemälde für den
Hauptaltar von Santa Maria dei Frari, 1518 (668×344 cm)

boten, denen Mathilde mit einem großen Lorbeerkranz entge-
genfliegt. Mathilde als Aufschwebende – er sieht das nun von
Tizian gemalt, und auch zu Häupten der Assunta ist ein Lor-
beerkranz zu sehen. Eine Taube geht in der ersten Fassung von
Stolzings Preislied um:

Traum
meiner törig goldnen Jugend,
wurdest du wach
durch der Mutter zarte Tugend?
Winkt sie mir nach,
folg' ich und fliege
über Stadt und Länder heim zur Wiege,
wo mein die Traute harrt.

Kaum
daß ich nah zu sein ihr glaube,
blendend und weiß
schwebt sie auf als zarte Taube,
pflückt dort ein Reis,
ob meinem Haupte
hält sie's kreisend, daß ich's raubte,
in holder Gegenwart.

Morgenlicht
dämmerte da wieder:
scherzend und spielend
Täubchen immer ferner wich;
fliegend und zielend
zu den Türmen lockt' es mich

So dichtet Wagner im Januar 1862 am Quai Voltaire; erst Jahre
später schreibt er den Traum vom Fliegen, vom Lorbeer, von der
Mutter in das Sangesbild vom Liebesgarten um. Stolzings Mut-
ter-Traum ist eine Metamorphose von Wagners Mathilden-
Traum von 1859, dieser Triumph-Phantasie angesichts der »Tri-
stan«-Partitur. Beide Werke hängen träumerisch-innig zusam-
men: war das ältere Werk die Rettung vor dem Leben in die
Kunst, so wird in dem neuen eben diese Rettung thematisch. Wag-
ner selbst, der allezeit viel und intensiv Träumende, verweist in
dem nun entstehenden Text auf den Zusammenhang zwischen
Traum und Dichtung; Hans Sachs erklärt dem aufmerksamen
Junker:

Mein Freund, das grad' ist Dichters Werk,
daß er sein Träumen deut' und merk'.
Glaubt mir, des Menschen wahrster Wahn
wird ihm im Traume aufgetan:
all Dichtkunst und Poeterei
ist nichts als Wahrtraum-Deuterei.

»Tristan« war das Werk leidenschaftlicher Verzweiflung gewe-
sen: an der Liebe, der Welt, der Gesellschaft. Die »Meistersinger«
bilden eine Gestalt der Entsagung, die eine der Lebenszuwen-
dung ist. Das gilt für die Liebe, und es gilt für die Gesellschaft.
Wie es für letztere gilt, sagt ein Brief an August Röckel, den Mit-
kämpfer von 1849, der Anfang 1862 nach fast dreizehnjähriger
Haft aus dem Zuchthaus Waldheim freikommt. Wagner schreibt
ihm:

Willst Du aber ferner Politik treiben, so bin ich begierig zu erfahren, in welcher Weise Du das anfangen willst. Am klügsten
dünkte es mich, Du suchtest irgendwo in einen freisinnigen
Staatsdienst zu treten, weil ich fast glauben muß, nur auf ganz
praktischem Wege, mit der Macht an der Hand, sei einigermaßen auf dem Gebiete der Politik zu nützen. Und darauf
kommt's doch am Ende an, dort, wo es sich augenscheinlich
nur darum handeln kann, an die nächsten Bedürfnisse anknüp-
fend, von Zeit zu Zeit die nötigen Ausbesserungen vorzuneh-
men, ohne welche Konfusion und absolute Stockung eintreten
muß. Politisch sein gilt, nach meiner jetzigen Erfahrung, so
viel, als immer nur das nächst Mögliche im Auge halten, weil
nur hier Erfolg möglich ist, ohne Erfolg eine politische Tätigkeit aber ein reiner Nonsens ist. »Ideen« gehören der Philosophie, nie aber dem Gros der Menschheit, bei dem jeder höhere
Gedanke sofort Aberglauben oder Wahnsinn wird.
Nun ich hoffe, wir bekommen uns nun nächstens einmal zu sehen [...] Du wirst mich bei dieser Gelegenheit hoffentlich ganz
als den Alten wieder finden, sogar stellenweise der Hoffnung
und dem Fortschrittsglauben zugänglicher, als ich es wohl
wünschen möchte: das macht, weil man immer ein Esel bleibt.
— Jetzt bin ich froh, eine Arbeit vor mir zu haben, die mir
Freude macht: — Gott, wenn ich nur erst ganz drin wäre! Hab
also Dank für Deinen freundlichen Brief und verkenne mich in
Nichts. Ich bin ein leidender Mensch und nichts weiter.

Das klingt nicht hoffnungsvoll, aber es klingt praktisch, fast weise
— der achtundvierzigjährige Wagner rückt in Goethesche Positio-
nen ein. Er versucht es jedenfalls; in Wahrheit ist Wagner das ge-
brannte Kind, das das Feuer nie scheut. Die Arbeit, von der er
Röckel schreibt, sind die »Meistersinger«, der Brief selbst atmet ih-
ren Geist: Wagner als Hans Sachs, der, über das Buch der Ge-
schichte gebeugt, dem Wahn des Weltwesens nachsinnt, was ihn
nicht hindert, mit List und Tatkraft in Alt-Nürnbergs von Konfu-
sion und Stockung bedrohte Kunstverhältnisse einzugreifen.

> Ein Glühwurm fand sein Weibchen nicht;
> der hat den Schaden angericht'. —
> Der Flieder war's: — Johannisnacht. — —
> Nun aber kam Johannistag: —
> jetzt schaun wir, wie Hans Sachs es macht,
> daß er den Wahn fein lenken mag

Das ist die vertonte Fassung; was Wagner in Paris niederschreibt,
ist um vierzehn Verse länger, in denen merkwürdige Weiterun-
gen umgehen: dem Glühwurm, der sein Weibchen nicht findet
(gemeint ist David, der eifersüchtige Lehrbub), steht die Welt in
Brand; die Prügelei, die er auslöst, löscht diesen Weltenbrand.
Auch diese Urschrift ist psychologisch aufschlußreich; sie ist, wie
Stolzings erster Traum, ein poetischer Kurzschluß, in dem die see-
lischen Strukturen des Autors aufblitzen: von der erotischen Kom-
plikation zur Apokalypse ist ihm nur ein Schritt. Die »Meistersin-
ger« wenden diesen Schritt ab, die Endfassung des Textes tilgt ihn
auch verbal. — Hans Sachs, dem das Wissen um den Wahn und
der Entschluß, ihn fein, das heißt zum Guten, zu lenken, ein und
dasselbe ist, ist nicht der Held, aber die Hauptgestalt der neuen
Oper; ihr Verfasser schreibt Ende 1861 an Mathilde Wesendonk:

Ich will Ihnen oft was von meiner Arbeit schicken. Was werden
Sie für Augen machen zu meinen Meistersingern! Gegen *Sachs*
halten Sie Ihr Herz fest: in den werden Sie sich verlieben! Es ist
eine ganz wunderbare Arbeit. Der alte Entwurf bot wenig,
oder gar nichts. Ja, dazu muß man im Paradies gewesen sein,
um endlich zu wissen, was in so etwas steckt! —
Von meinem Leben erfahren Sie immer nur das Notwendigste
— Äußerlichste. Innerlich — seien Sie das versichert! — geht *gar*
nichts mehr vor; nichts als Kunstschöpfung.

So endet der bleischwere Brief an Mathilde nach den veneziani-

*schen Tagen. Abermals ist die Flucht in das Werk, die Rettung
durch das Werk vollzogen.* Der alte Entwurf — *das ist die* »Meistersinger«-*Skizze von 1845, die er Mathilde einst geschenkt und
nun leihweise von ihr zurückerhalten hat. Das* Paradies *blühte
am grünen Hügel; Wagner ist der aus ihm Verstoßene. Auch in
einer Beilage des Briefes spielt das Paradies eine Rolle: Wagner
sendet Mathilde den soeben entstandenen Text von Sachsens
Schusterlied aus dem zweiten Aufzug der Oper. Wagner, der
Hitzkopf, der sprudelnd unerschöpfliche Redner, der sich von einem Überschwang in den andern, von einer Gefühlsübertreibung
in die entgegengesetzte stürzt, Wagner, der Vielschreiber, dessen
Briefwechsel noch heute unübersehbar ist und dessen publizistische Arbeiten Bände füllen — dieser unrastvolle, chronisch über-
anstrengte Mann hat eine Handschrift von vollendeter Deutlichkeit, auch beim Notenschreiben; seine Partituren sind kalli-
graphische Meisterwerke. Wenn seine Gedanken zuweilen ent-
gleisen, seine Feder tut es nie. Er schreibt lateinische Schrift und
läßt beharrlich in Antiqua drucken — auch damit steht er quer gegen die Bräuche seiner Zeit.*

> Jerum! Jerum!
> Hallahallahe!
> Oho! trallalei! O he! —
> Als Eva aus dem Paradies
>   von Gott dem Herrn verstoßen,
> gar schuf ihr Schmerz der harte Kies
>   an ihrem Fuß dem bloßen;
>   das jammerte den Herrn,
>   ihr Füßchen hatt' er gern;
> und seinem Engel rief er zu:
> »da mach' der armen Sünd'rin Schuh';
> und da der Adam, wie ich seh',
> an Steinen dort sich stößt die Zeh',
>   daß recht fortan
>   er wandeln kann,
> so miß' dem auch Stiefel an!« —
> Jerum! Jerum!
>   u. s. w. —

Dichtet und tondichtet das wirklich der Verfasser von »Tristan
und Isolde«*? Wagner, der so gern Buddhist und Schopenhauceria-
ner wäre, ist der dialektische Komponist par excellence. Der Ge-*

24 Autograph des Schusterlieds aus dem zweiten Akt der »Meistersinger«. Beilage eines Briefes Wagners an Mathilde Wesendonk aus
Paris (Ende Dezember 1861)

gensatz ist sein Element, aufhebendes Fortschreiten seine Gang-
art. »Tristan« widersprach einst dem Lustspiel vom jungen Siegfried, der den Drachen erschlägt, Väter und Vorväter aus dem
Weg räumt und die hinter Flammen verborgene Frau vom Felsen löst. Während der Arbeit an »Tristan« denkt Wagner an
zwei alternative Stücke; das eine ist »Parzival«, dessen Text
noch in Zürich skizziert wird, das andere soll »Die Sieger« heißen – eine in Läuterung und Verzicht ausgehende Liebesge-
schichte in brahmanischer Ordenssphäre, die Ähnlichkeit mit der
»Zauberflöte« hat. Beide Projekte bleiben liegen; erst die »Meistersinger«, der Plan aus der Zeit vor der Revolution, vor Schopenhauer, sind die wirkliche »Tristan«-Alternative – kein Gegensatz im gleichen Bezugsfeld, sondern das ganz und gar andere.
Aus der erotischen Metaphysik mit ihren narkotischen Ingredien-
zien findet Wagner ins Geschichtliche, Konstruktive. Wie fol-
gerichtig führt der Weg nach Nürnberg über Venedig, die kultur-
gesättigte Stadt, deren Blüte im 15. und 16. Jahrhundert der-
jenigen Nürnbergs wie verschwistert war. Die Oper, die sich hier
im 17. Jahrhundert ausbildete, war allen Schichten des Volkes zugänglich, und das wollen auch die »Meistersinger« sein; nach
der Rückkehr aus Venedig schreibt Wagner an seinen Verleger:

Dieses Sujet hat die zwei unberechenbaren Vorzüge, daß es
mich selbst erheitert während der Arbeit und daß es andererseits alle die erschwerenden Ansprüche für die Aufführung, die
meinen übrigen Werken zu eigen sind, ganz und gar nicht enthält. [...] Jedes, auch das kleinste Theater, hat jederzeit die
Mittel zur Aufführung dieser Oper; großen Theatern gebe ich
aber auch Gelegenheit, eine glänzende Ausstattung zu entwik-
keln [...] Der Stoff erlaubt mir eine klare, durchsichtig-ker-
nige Musik heiterster Färbung zu liefern; dennoch werden Sie
schon bei Durchlesung des Entwurfes gefunden haben, daß
mein eigentümlicher Ton selbst bis zur schwärmerischen Ge-
mütlichkeit ganz und voll auch hier angeschlagen werden
wird. In Summa rechne ich gerade in der jetzigen Zeit darauf,
den recht eigentlichen Nerv des deutschen Lebens getroffen zu
haben

Die Hinwendung zur Geschichte ist die Hinwendung zur Nation. Wagner vollzieht sie frei von den mystisch-imperialen Bei-
mischungen, mit denen »Lohengrin« dieses Moment gefärbt hatte;
die nationale Utopie der »Meistersinger« ist ein Reich des Frie-

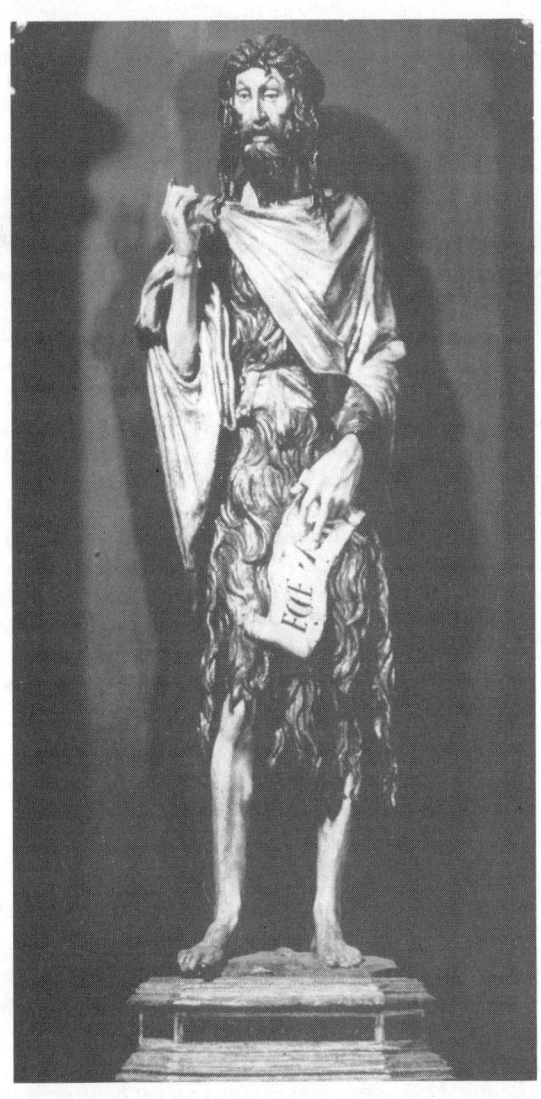

25 Donatello: Johannes der Täufer. Holzplastik für eine Seitenka-
pelle der Frarikirche, 1438 (Höhe 141 cm, bemalt). Zustand nach der
Restaurierung

dens, der Kunst, der Demokratie. Wagners Weg zu Hans Sachs, der eine verkappte Luthergestalt ist, ist musikalisch ein Weg zu Bach, bei dessen sechstem Nachfolger, dem Thomaskantor Weinlig, der Achtzehnjährige in Leipzig den Kontrapunkt studiert hatte. Von Bachs strengerem Espressivo geleitet, löst Wagner sich von der Chromatik der »Tristan«-Partitur: Angewendeten Bach nennt er im Alter sein Werk. Auch für diese Beziehung ist Venedig ein zuständiger Ausgangspunkt – die Stadt Vivaldis, von dem Bach wesentliche Anregungen empfing. Aber vor allem ist Venedig die Stadt Monteverdis, der dreißig Jahre lang Kapellmeister an S. Marco war. In Santa Maria gloriosa dei Frari, jener gotischen Franziskanerkirche, für die Tizian 1518 seine himmelfahrende Madonna gemalt hatte, liegt Monteverdis Grabstätte nahe derjenigen Tizians und den Grabmälern der Dogen des Quattrocento. In dem großartigen Bauwerk tritt Wagner das Zeitalter, dessen deutsche Erscheinung er zum Klingen bringen will, in gesammelter Gestalt entgegen – sinnfällige Wirklichkeit der Geschichte, durch die Macht der Kunst zum Gleichnis des Menschlichen erhoben. In dem Beziehungsgeflecht der »Meistersinger« spielt Johannes der Täufer, Sachs' Namensheiliger, eine besondere Rolle – hat Wagner in der Frari-Kirche den Johannes des Donatello gesehen, jenen zürnenden Propheten, der wie ein Ahnherr fränkischer Schnitzkunst dasteht? Die heitere Oper beginnt ernst, an ihrem Eingang steht eine Choralanrufung des Predigers in der Wüste:

Edler Täufer,
Christs Vorläufer!
Nimm uns freundlich an,
dort am Fluß Jordan.

Das wird, wenige Wochen nach der venezianischen Reise, in Paris niedergeschrieben. An die ferne Geliebte ergehen zuweilen Botschaften:

Mein Kind! Ich bin noch hier! Ende des Monates denke ich mich nach Wiesbaden zu wenden. – Ich gestehe, mich so schwach zu fühlen, ein freundliches Wort zu bedürfen.
Ich bin nicht wohl mit mir dran!
Doch helfen die Meistersinger: ihnen zulieb halt' ich aus!
Adieu!   R. W.

Zwischenstück

FÜNFZEHN JAHRE

1862—1876

Nach der Novemberreise des Jahres 1861 ist Wagner fünfzehn Jahre lang nicht in Venedig gewesen. Erst im September 1876 kehrt der berühmteste aller lebenden Komponisten (so Peter Tschaikowski in einer Moskauer Zeitung) in die magische Stadt zurück. Nicht nur die »Meistersinger« sind vollendet, auch der »Ring« ist es, und er ist aufgeführt, in Bayreuth, einer kleinen Stadt im nördlichen Franken, in einem eigens dafür errichteten Theater.

Mehr noch als der »Ring« sind die »Meistersinger« Wagners Schicksalsoper geworden. In Biebrich bei Mainz bezieht er im Februar 1862 ein paar hübsche, wunderschön gelegene Zimmer, dicht am Rhein; hier beginnt er Ende März mit der Komposition des Vorspiels — unmittelbar, nachdem er sich auf Drängen Minnas noch einmal an König Johann gewandt hat; das Gnadengesuch, nur noch eine Formsache, führt zu seiner sofortigen Amnestierung. Dann — der leidige Brief ist abgesandt — ist es soweit, die Novembereingebung nimmt Gestalt an:

Bei einem schönen Sonnenuntergange, welcher mich von dem Balkon meiner Wohnung aus den prachtvollen Anblick des »goldenen« Mainz mit dem vor ihm dahinströmenden majestätischen Rhein in verklärender Beleuchtung betrachten ließ, trat auch plötzlich das Vorspiel zu meinen »Meistersingern«, wie ich es einst aus trüber Stimmung als fernes Luftbild vor mir erscheinen gesehen hatte, nahe und deutlich wieder vor die Seele. Ich ging daran, das Vorspiel aufzuzeichnen, und zwar ganz so, wie es heute in der Partitur steht, demnach die Hauptmotive des ganzen Dramas mit größter Bestimmtheit in sich fassend.

Mozart, Beethoven, Weber, der frühe Wagner — sie alle haben ihre Ouvertüren nachkomponiert, wesentliche Themen und Motive der vollendeten Partitur quasi sinfonisch zusammenfassend. Seit »Rheingold« hält Wagner es anders, das Vorspiel wird zur Keimzelle des Werkes, von ihm geht die ganze Komposition aus. Bei den »Meistersingern« bilden zwei Vorspiele den Urgrund

Heut ist mein Geburtstag. Man hat mir Blumen ins Haus geschickt. Ich war krank und bin erst gestern wieder in den Park gekommen. [...]
So saß ich einsam.
Plötzlich kam mir ein Einfall zur Orchestereinleitung des dritten Aktes der Meistersinger. In diesem Akte wird den ergreifendsten Kulminationspunkt der Moment abgeben, wo Sachs vor dem versammelten Volke sich erhebt und von diesem durch einen erhabenen Ausbruch seiner Begeisterung empfangen wird. Das Volk singt da feierlich und hell die acht ersten Verse von Sachsens Gedicht auf Luther. Die Musik dazu war fertig. Jetzt zur Einleitung des 3. Aktes, wo, wenn der Vorhang aufgeht, Sachs in tiefem Sinnen dasitzt, lasse ich die Baßinstrumente eine leise, weiche, tief melancholische Passage spielen, die den Charakter größter Resignation trägt: da tritt von Hörnern und sonoren Blasinstrumenten die feierlich freudig-helle Melodie des »Wacht auf! Es rufet gen den Tag: ich hör' singen im grünen Hag ein' wonnigliche Nachtigall« wie ein Evangelium hinzu und wird wachsend von dem Orchester durchgeführt.
Es ist mir nun klargeworden, daß diese Arbeit mein vollendetstes Meisterwerk wird und — daß ich sie vollenden werde.

Er weiß immer genau, was er macht. Von »Tristan« hatte es nach dem zweiten Akt geheißen: Es ist der Gipfel meiner bisherigen Kunst. Fünf Monate später — noch ist keine Szene der Oper komponiert — dirigiert Wagner, der sich nun ungefährdet in Sachsen aufhalten kann, im Leipziger Gewandhaus das Vorspiel zum ersten Akt; fast dreißig Jahre sind es her, daß das berühmte Orchester hier seine Jugendsinfonie, auch sie in C-Dur, aufgeführt hat. Anders als damals ist der Saal fast leer — haben die Behörden Angst vor ihm? Der Heimgekehrte und ein paar Freunde sind unter sich; Hans v. Bülow, sein Schüler und derjenige Liszts, steuert Liszts Klavierkonzert in A-Dur zu dem Abend bei. Mit Bülow ist seine um sieben Jahre jüngere Frau Cosima, die Tochter Liszts und der Gräfin d'Agoult; seit fünf Jahren ist sie an der Seite ihres Mannes immer zur Stelle, wenn Entscheidendes in Wagners Leben und Schaffen vorgeht. Sie ist es, jung verheiratet, als dieser in Zürich den Text zu »Tristan und Isolde« vollendet hat, sie ist es ein Jahr

*später auf dem Höhepunkt der Minna-Krise, und sie ist es im
Sommer 1861, als Wagner Paris hinter sich läßt und sich über
Nürnberg nach Wien wendet; die »Meistersinger« bereiten sich in
ihm vor.*

*Im folgenden Jahr instrumentiert Wagner die erste Szene der
Oper, aber das Werk kommt ins Stocken — auf umgekehrte Weise
wie einst »Tristan und Isolde«. Über der »Tristan«-Komposition
war Wagners Züricher Heim detoniert; dem Zuge des Werkes folgend, war der Komponist in die Einsamkeit gegangen. Noch immer ist er der Unbehauste, aber seine Lage stimmt nicht mehr zu
seiner Arbeit: das neue Werk zielt auf Beheimatung. Nur vorübergehend findet Wagner sie in Biebrich; ein Hund namens Leo
legt sich ins Mittel: er reißt ihn erst aus der Arbeit, dann aus der
Wohnung. Wagner, der leidenschaftliche Tierfreund, der noch in
seinen Pariser Notjahren einen Neufundländer durchfüttert,
kann es nicht mit ansehen, daß der Bulldogg des Hauses Tag und
Nacht freund- und freudelos an seiner Kette liegt; er macht ihn
manchmal los, gibt ihm zu essen — und verdirbt es darüber mit
dem Hausbesitzer, einem Architekten, den er in Briefen über den
Umgang mit Hunden aufzuklären strebt:*

Geehrtester Herr Baumeister, auf die Gefahr hin, Sie zu ermü-
den, muß ich Ihnen doch den Irrtum zu benehmen suchen, als
habe ich gemeint, Sie geben Ihren Hunden nicht die genügende Nahrung. Im Gegenteil hatte ich einzig das persönliche
Verhalten eines Herrn zu seinem Hunde im Sinn und glaubte
aus der Erfahrung nachweisen zu müssen, daß ein Hund seinem Herrn ausschließlich anhängt, wenn er sich gehörig mit
ihm abgibt und an seine Person gewöhnt. Die erste Zeit in Ihrem Hause hatte ich Gelegenheit, zuzeiten wochenlang mit Ihrem Hündchen allein im …

*Hier bricht das auf einem Briefumschlag erhaltene Konzept ab; es
ist charakteristisch für Wagners Art, auf Welt und Menschen ein-
zuwirken. Der Hundebesitzer, dem die Villa gehört, setzt den
Tierfreund schließlich vor die Tür, und auch der Bulldogg Leo
weiß seinem Beschützer wenig Dank; als Wagner darangeht, das
von Ungeziefer befallene Tier zu waschen, versetzt das Unge-
wohnte dieser Manipulation […] den guten Leo in eine solche
Aufregung, daß er ganz unwillkürlich seinen besten Freund in
den Daumen der rechten Hand beißt. Da ist es denn für einige
Wochen vorbei mit den »Meistersingern«; der Komponist macht*

26 Brief Richard Wagners an Mathilde Maier (Wien, 27. Dezember 1862): »Lieb Kind! — Vorbei, — aber nicht aus! Hab' noch gräuliche Mühe! Orchester-Umbau; klang nicht genügend gut! / Unglaublich ergreifender Empfang — fast 10 Minuten lang! Bin sehr geliebt hier. Viel glänzender Beifall — namentlich Walküre. / Leider — ganz schlaflos! Sehr überreitzt! Doch — wird kommen! — / Habt mich lieb! / Bald mehr! — / Dein R. / Zum Neujahrstag Wiederholung. Neujahr!!???«

die ärgerliche Entdeckung, daß er zur Vollendung seines Werkes
nicht nur Gesundheit des Geistes, gute Einfälle und sonstige
erlangte Geschicklichkeit, sondern auch eines gesunden Dau-
mens zum Schreiben *braucht. Wagners Hinwendung zur in-
disch-buddhistischen Philosophie, die dem Tier, anders als das
Christentum, einen hohen Rang in der Weltordnung einräumt,
ist von seiner Tierliebe zweifellos bestärkt worden.
Aus Biebrich geht Wagner im November 1862 nach Wien, wo die
Hofoper abermals »Tristan und Isolde« ins Auge faßt. In Gegenwart der Kaiserin bereitet ihm das Publikum bei einem Weih-
nachtskonzert, das auch zwei Szenen aus dem ersten Akt der
»Meistersinger« enthält, eine Fünf-Minuten-Ovation; unter den
Musikern, die ihm bei der Herstellung des Orchestermaterials zur
Hand gehen, befindet sich der neunundzwanzigjährige Johannes
Brahms. Er schreibt an Joseph Joachim:*

Wagner ist hier, und ich werde wohl Wagnerianer heißen,
hauptsächlich natürlich durch den Widerspruch, zu dem ein
vernünftiger Mensch gebracht wird, gegenüber der leichtsinni-
gen Art, wie die Musiker hier gegen ihn sprechen.

*Als Hüterin des zu gründenden Heims versucht Wagner eine
junge Frau nach Wien zu ziehen, die er in Mainz kennengelernt
hat. Mathilde Maier, achtundzwanzig Jahre alt und unverheira-
tet, von jenem rundgesichtigen Typus, der ihn immer wieder gefesselt hat, ist anziehend und einfühlsam, in geistigen wie in praktischen Dingen bewandert, nur ist sie leider mit der Sorge für eine
Mutter, zwei Tanten und eine Schwester geschlagen, die die Wohnung mit ihr teilen und die Verbindung mit einem verheirateten
Mann — Minna in Dresden willigt nicht in die Scheidung, und
Wagner will sie ihr nicht aufzwingen — als Skandal empfinden
würden. In einer Villa in Penzing, bei dem Baron v. Rachowin,
dessen Hund Pohl sich dem neuen Hausbewohner sogleich an-
schließt, stattet sich Wagner, dessen finanzielle Verhältnisse sich
durch eine triumphale Konzertreise nach Petersburg und Moskau
verbessert haben, mit ebensoviel Sorgfalt wie Unbedenklichkeit
eine Sechs-Zimmer-Etage aus — hier soll Mathilde mit ihm leben.
Sein fünfzigster Geburtstag steht bevor, und er hält das Alleinsein
nicht mehr aus:*

Kind, Du fühlst nicht mehr Einsamkeit als *ich*! Ich bin vollständig krank von dem Gefühl. — Und die Sonne? mit Dir leuchtet

sie einem Traurig-Einsamen! — — Ach — —!! da soll nun einmal wieder geholfen, einmal wieder Festigkeit gewonnen werden — laß mir das schmeichelnde Streben, Dich noch bei mir zu haben — hier eher als dort! —

Gott weiß, wie weit es mit eurer bürgerlichen Bigotterie geht —: aber, wenn nun Deine ganze Familie mit allen Tanten übersiedelte? — Ja! Ja! es gilt noch einen russischen Feldzug, und ich biete Euch die ebenso schöne Parterrewohnung meines Hauses an.

Ihr führt mir die Wirtschaft. Was dann? Was sagen dann die Basen? — Ach! geh!! Ihr seid zu erbärmlich — Ihr da! Zu erbärmlich! *Etwas* muß doch gewagt werden, wenn man mit dem Wagner zu tun hat!

Und am andern Tag:

Ach, Kind, ich bin 50 Jahr! Da hat die Liebe nur noch ein Sehnen, das meines fliegenden Holländers: Ruhe nach Stürmen.

Als er aus der Anhänglichkeit des Hundes Pohl (das Tier fungiert in dem Register seiner Briefe an Mathilde Maier als »Pohl, Hund« neben dem Musikkritiker »Pohl, Richard«) neuerliche Komplikationen befürchtet, schreibt er an Mathilde:

Gott weiß, ohne daß ich ihn anlockte, hängt dieser Hund bereits so an mir, daß ich ihn gar nicht mehr loswerde [...] So habe ich denn wieder einen neuen eigentlich zivilrechtlich unerlaubten Herzensbesitz gewonnen. Das Zivilrecht steht mir einmal überall im Wege: Schade daß ich dies bürgerliche Ehren- und Schandenwesen so gar nicht respektieren kann. Ich weiß aber auch, daß diese ganzen bürgerlichen Rücksichten, über die oft mit so salbungsvoll heiliger Miene gesprochen wird, doch eben nur für den vorhanden sind, der ein rechtes Gefühl vom rein Menschlichen gar nicht hat und kennt [...] Ich respektiere diese ganze Welt insoweit, als ich ihr sage: drei Schritt vom Leibe. †††. —

Wagners Briefe an Mathilde Maier sind, auch wo sie der Klage Raum geben, die entspanntesten, unbefangensten seines Lebens; in Wortspielen, Interjektionsketten, Nonsensversen schlägt manchmal ein schier Mozartscher Übermut durch. Die junge Rheinländerin, um die er länger als ein Jahr mit Inständigkeit

wirbt, ist die Frau zu den »Meistersingern«, wie Mathilde Wesen-
donk die Frau zu »Tristan und Isolde« war; sie hätte sein exzen-
trisches Temperament vermutlich besser als jede andere auszuglei-
chen vermocht. Aber Mutter und Tanten behalten die Oberhand;
Wagner bleibt allein in seinen sechs Zimmern, die er so kostbar
ausgestattet hat, daß ihm im folgenden Jahr die Gläubiger über
den Kopf wachsen: von Schuldhaft bedroht, flieht er im März
1864 aus der Stadt. Auf dem Weg in die Schweiz kommt er durch
München und findet die Stadt in Trauer; er erinnert sich später:

27 Mathilde Maier. Photographie

Vor wenigen Tagen war der den Bayern so lieb gewordene König Maximilian II. gestorben und hatte seinen Sohn in dem so jugendlichen, dennoch bereits zum Antritt der Regierung berechtigenden Alter von 18½ Jahren als Thron-Erben hinterlassen. An einem Schaufenster sah ich ein Porträt des jungen Königs Ludwig II., welches mich mit der besonderen Rührung ergriff, die uns Schönheit und Jugend in vermuteter ungemein schwieriger Lebenslage erweckt. Hier schrieb ich eine humoristische Grabschrift für mich auf und reiste nun unbehelligt über den Bodensee, abermals in Flucht begriffen und asylbedürftig, nach Zürich.

Aber seines Bleibens ist dort nicht, und wie er vorher Mathilde Quartier in seiner Penzinger Villa geben wollte, denkt er nun sich als Untermieter der Familie Maier, für hundert Gulden im Jahr. Er ist krank, fiebert, träumt und liest:

Ich lese jetzt viel, hafte aber nicht dabei: so tief zerstreut und lebensmüde war ich noch nie. Ich habe da die deutschen christlichen Mystiker vor mir: heute den Tauler. Namentlich ist der Eintritt der »Gnade« immer sehr ergreifend. Allerdings ist am Ganges alles weiter, ruhiger und heiterer als in diesen christlichen Klosterzellen. [...]
Doch nun genug; es ist vier Uhr vorbei, und da kommt das Fieber wieder etwas. — Die Nacht träumte ich (im Fieber), Friedrich der Große hätte mich zu Voltaire an seinen Hof berufen.

So heißt es am 5. April 1864 an Mathilde Maier. Von Zürich geht Wagner nach Stuttgart und erwägt, sich in einem Dorf auf der Rauhen Alb zu verbergen, um weiter an den »Meistersingern« arbeiten zu können — da vollzieht sich auf wunderbare Weise der Eintritt der Gnade. Ludwig II., der neue König von Bayern, hat nach der Thronbesteigung seinen Kabinettssekretär ausgesandt, um den Komponisten des »Lohengrin« zu sich zu berufen; nach vierzehntägiger Suche findet ihn der Abgesandte in einem Stuttgarter Hotel. Daß fürstliche Häupter stützend und rettend in das Leben deutscher Künstler eingriffen, ist zuweilen vorgekommen, Klopstock, Goethe, Schiller haben solche Hilfe erfahren; wo sie ausblieb, waren die Folgen oft katastrophal. In keinem Fall aber traf das Eingreifen auf so dramatische Umstände und mündete in eine so exzentrische Beziehung wie in diesem. Wagner, der an der

*Hand des Kabinettssekretärs nach München eilt, fühlt sich wie im
Traum; einen Tag nach der ersten Begegnung mit dem König
schreibt er Mathilde:*

Sieh hier das Bild eines wundervollen Jünglings, den das
Schicksal zu meinem Erlöser bestimmt. Der ist es, den wir erwarteten, der vorhanden sein mußte, aber den so schön zu finden ich in tiefes Staunen gerate. [...] Unsere gestrige Zusam-
menkunft war eine große, nicht enden wollende Liebesszene.
Er ist vom tiefsten Verständnis meines Wesens und meines Bedürfnisses. Er bietet mir alles, was ich brauche, zum Leben,
zum Schaffen, zum Aufführen meiner Werke. Nur sein Freund
soll ich sein: keine Anstellung, keine Funktionen. Er ist das
vollendete Ideal meiner Wünsche.

Und er setzt hinzu:

Und dies jetzt − jetzt − in dieser schwärzesten Todesnacht
meines Daseins!! Ich bin wie zerschmettert!

*Ein Dasein, das einen Hang zum Exorbitanten in sich trägt und
durch das Brackwasser des 19. Jahrhunderts eine schäumende
Bugwelle von Skandalen und Triumphen zieht, hat eine jähe
Wendung ins Rettende genommen. Aus dem Entsagenden wird
ein Eroberer − und nicht nur einen jungen König erobert Wagner. Er erobert auch eine junge Frau − oder wird er von ihr erobert? Die junge Frau, sechsundzwanzig Jahre alt, Mutter zweier
Töchter, ist Cosima v. Bülow, die Gattin Hans v. Bülows, Wagners wichtigsten musikalischen Helfers seit vielen Jahren. Wagner
schreibt im Juni 1862 an Mathilde über ihn:*

Schatz, das ist ein Mensch wie Gold, ein seltenes treues Herz
und mir mit einer Zartheit und Innigkeit von seiner frühesten
Jugend an ergeben, die seine Frau sogar eifersüchtig auf mich
macht.

Das Genie ist 'n Wallfisch! *sagt der Wandsbecker Bote, und
Wagner ist ein Wallfisch von besonderen Appetiten; er frißt sich
selbst und andere mit der gleichen Unerbittlichkeit. Mit dem Unterschied, daß sein Sich-Verzehren allemal Neugeburt ist; als Phö-
nix seiner Partituren ersteht er immer wieder aus der Asche seiner
Leiden. Was man Produktionsmoral nennen könnte, das Sich-
Verschaffen von Bedingungen, unter denen seine Werke zur Welt*

28 Hans v. Bülow. Photographie

kommen können, hat bei Wagner ähnlich exzessiven Charakter
wie diese Werke selbst, die auf kein herkömmliches Theater passen
und passen wollen. Die episch-sinfonische Oper, der Wagner von
»Rheingold« an nachgeht, eine musiktheatralische Form, die den
Standard des Beethovenschen und Berliozschen Orchesters mit der
von Stendhal und Balzac ausgebildeten Romantechnik verknüpft
und beides mit Berufung auf das Theater der Griechen der Bühne
assimiliert, sprengt die Bedingungen zeitgenössischen Hoftheaters
durchaus.

Von den Männern nimmt Wagner Geld oder Dienste, von den Frauen nimmt er Verständnis, Einfühlung, Liebe. Der erste Roman dieser Art begibt sich 1850, im ersten Jahr des Exils; Jessie Laussot heißt seine Heldin — eine gefühlvolle, pianistisch kompetente junge Engländerin, die von ihrer reichen Mutter mit einem französischen Weinhändler verheiratet worden ist; tief berührt von Wagners Musik, bringt sie ihre Mutter und ihren Mann dazu, dem darbenden Genie eine Pension auszusetzen. Aber das läßt es nicht dabei bewenden, Wagner verschwört sich mit Jessie zur Flucht nach Griechenland; nur knapp scheitert die Entführung an dem berechtigten Kleinmut der Zweiundzwanzigjährigen.

Die Wesendonk-Konstellation acht Jahre später ist ähnlich beschaffen, nur daß Wagner hier allein flieht und sich nicht einholen läßt. Nun begibt sich mit dem Freundespaar Hans und Cosima die dritte Geschichte dieser Art; sie stellt die vorigen in den Schatten. Ist es ein schicksalhaftes Verlaufsschema? Mathilde Maier ist nicht verheiratet, gebunden ist auch sie; vom Starnberger See aus, wo ihm der junge König eine Villa zur Verfügung gestellt hat, sucht Wagner sie ihren Familienrücksichten zu entreißen:

Kind! Ich hetze mich zu Tod und komme nicht zur Ruh! —
Ich muß jemand bei mir haben, der mir das Haus führt! —
Den Schreck kann ich Dir nicht sparen, aus all Deiner Ruhe
Dich wieder herauszurütteln mit der Frage:
Willst Du zu mir kommen und mein Haus führen? —

Erkläre Dir mein langes Schweigen! — Ich mußte wieder nach Wien; Möbel einpacken, auspacken, einrichten! Zum Herbst wieder in der Stadt! — Und *ich* — ich immer allein, mit — Dienern: gerade *ich*! Kein weibliches Wesen mir zur Seite! kein gebildeter Mensch, mit dem ich im Hause verkehren könnte! — Es ist ganz ersichtlich, daß das nicht mehr geht! Mir kann König und Kaiser nichts bieten, wenn es nicht im Hause recht hergeht! Ich komme nicht zur Ruhe. [...]

Jetzt kommen Bülows für ein paar Monate zu mir: ich hab' alles hergerichtet, um es ihnen in meinem großen Hause behaglich zu machen; — das wird denn für einige Zeit helfen! Ich hab' doch Menschen um mich, wenn auch niemand, der mir das Haus abnimmt.

Ach! wie steht es nun mit Dir? Muß ich immer noch fürchten, Dein Herz über den Haufen zu werfen, wenn ich Dich bitte, zu mir zu kommen? Ist noch nichts anders geworden? Alles noch beim alten? — Wie mich das peinigt, Dich da wieder in der Umgebung zu wissen, der Du selbst einen Brief von mir geheimhalten mußt! Pfui! wie schäme ich mich! — Siehst Du denn nicht ein, daß das nun anders werden muß! Mein Bedürfnis ist nicht abzuweisen: es muß gestillt werden. Ich spreche von *nichts* als von diesem häuslichen, familiären Bedürfnisse. —

[…] Ich bewohne hier wie in München 2 Etagen übereinander: unten ich, oben könntest Du wohnen. Gott! Gott! immer diese elenden kleinbürgerlichen Rücksichten; — und dies bei soviel Liebe! Was endlich liebt man denn mehr? — Du siehst, wie's steht! Seit lange kämpfe ich, um Dir recht ruhig hierüber zu schreiben; nun reißt mir aber die Geduld, — es ist zu schändlich, daß ich mir immer so allein helfen soll! Es geht, es geht nicht mehr: — es muß hier ein Entscheid getroffen werden, und ich fürchte, Du verlierst mich einmal, wenn Du mir nicht ganz hilfst. […]

Ach! da hast Du's einmal wieder, die ganze Wahrheit, und mit dem Spiel ist's aus! —

Antworte gut, ich bitte Dich!

Deinem
R. W.

Dieser Brief, sieben Tage vor dem Eintreffen Cosimas geschrieben, ist ein Notruf; Wagner sucht Rettung vor der sich auftuenden Verstrickung. Aber Mathilde, von den ersten Anzeichen eines Gehörleidens verwirrt, faßt keinen Mut, und Cosima kommt — ohne Bülow, der noch in Berlin zu tun hat. Sie hat keine Mutter, die sie hielte, sie hat nur einen Mann, mit dem sie nicht glücklich ist; als er endlich eintrifft, krank und überarbeitet, ist alles entschieden. Aber es dauert Jahre, ehe es offenbar wird.

Mehr als psychologische Gründe gibt es auch für Wagners ausgeprägtes Komfortbedürfnis mitsamt dem Hang, die Unkosten andern aufzubürden; er treibt ihn schon in jungen Jahren zur Flucht vor seinen Gläubigern. Wagner lebt in einer Zeit, die dem künstlerischen Genius eine Verehrung zollt, wie sie zur Zeit Bachs und Mozarts undenkbar gewesen wäre; in den Nischen des bürgerlichen Zeitalters — den architektonischen Nischen der öffentlichen Gebäude und den seelischen Nischen ihrer Bewohner — stehen nicht mehr wie einst Heiligenfiguren oder mythologische Gottheiten, sondern die Kunstheroen von Aischylos bis Beetho-

29 Cosima v. Bülow. Photographie (1865)

ven. Wagners exorbitantes Selbstbewußtsein ist das Erziehungs-
produkt eines bürgerlichen Individualismus, der die Verehrung
künstlerischer Zeugungskraft als eine Art Ersatzreligion betreibt.
Zugleich ist die materielle Existenz des produzierenden Künstlers
ungesicherter denn je; ohne gesetzlich geregelten Tantiemenan-
spruch, aber auch ohne die Sicherheit einstiger Fürsten- oder Kir-
chendienstes ist der Komponist das Ausbeutungsobjekt des kapitali-
stischen Kunstmarktes. Er ist zum Proles künstlerischer Erzeugung
herabgesunken — in Paris kostet Wagner diese Existenz in den
Jahren 1839—1842 bis zur Neige aus. Hier, im Umgang mit jüdi-
schen Musikhändlern wie früher mit jüdischen Geldverleihern,
bildet sich ein nie berichtigter antisemitischer Komplex in ihm, in
dem als psychologische Komponente ein Stück Selbsthaß einschlä-
gig sein mag: Wagners Erscheinung und Gebaren entspricht so
ziemlich dem, was Antisemiten damals und später als jüdischen
Habitus ausgeben.
In diesen dialektisch verschränkten Momenten, der ökonomischen
Preisgegebenheit und der gesellschaftlichen Vergötterung, liegt die
zwiefache soziale Wurzel von Wagners Anspruchshaltung gegen-
über seiner Umwelt — einer Gewißheit seiner Selbst und seines
Ranges, die sich ihrerseits ausbeuterisch gibt. Dieser Komponist
weiß, was es auf sich hat mit ihm, er weiß, daß Jahrhunderte von
ihm zehren werden; so hält er es für natürlich, Wechsel auf die
Nachwelt zu ziehen. Wissend, daß er für viele Generationen ar-
beitet, geht er daran, von der mitlebenden die Gestehungskosten
einzufordern — ein Verhalten, eher hellsichtig als ruchlos. Otto
Wesendonk, dem getreuen Mäzen, will er, um nur kein Darlehen
annehmen zu müssen, nach der Vollendung des »Tristan« für vier-
undzwanzigtausend Franken die Publikationsrechte an dem
halbfertigen »Ring« verkaufen — das ist eine hübsche Summe, ist
sie zu hoch angesetzt? Wagner hat es mit einer Gesellschaftsschicht
zu tun, die gewohnt ist, zu investieren, um Gewinn zu machen,
und er hat vollkommen recht, sich als lohnende Langzeitinvesti-
tion anzusehen:

Überlasse ich somit mein Eigentum einem andren, der sowohl
das Vermögen dazu besitzt, einen allmählichen, vielleicht ver-
zögerten Erfolg abzuwarten, als auch Erben, denen dieser Erfolg dann zunutze kommen kann, so glaube ich mit meiner
Lage zu der des gedachten anderen gerade in das richtige Verhältnis zu treten. Diesen anderen kann ich aber darauf auf-

merksam machen, welche Chancen auf lang andauernden Ertrag das Eigentum solcher Werke bietet; noch in diesen Tagen bestätigte mir dies die Notiz, daß das Vermögen, welches Schiller seinen Erben hinterließ, einzig im fortgesetzten Ertrage seiner Werke bestand, welche heute noch den Nachkommen reichliche Einkünfte liefern.

Keinen Druckser hier zu leiden, / sei ein ewiges Mandat! / Nur die Lumpe sind bescheiden; / Brave freuen sich der Tat — *Wagner macht sich die Goethesche Losung durchaus zu eigen. Seine Unbescheidenheit ist Wertbewußtsein des Genies; sie ist schwerlich anziehend — anstößig kann sie nur dem erscheinen, der Genie einzig als verkanntes, sich selbst verkennendes gelten läßt und ihm die Dachkammer als zuständige Wohnung zuweist. Warum, sagt Wagner sich, soll der Autor des »Tristan« und der »Meistersinger« karger leben als ein mittlerer Fabrikant? Und läßt es sich angelegen sein, mit dem Weihrauch, der ihm freigebig gespendet wird, auch Myrrhen und Gold einzutreiben.*

Ich muß irgendwie mich geschmeichelt fühlen, wenn meinem Geist das blutig schwere Werk der Bildung einer unvorhandenen Welt gelingen soll

heißt es einmal zu Liszt, und an Mathilde Wesendonk schreibt Wagner in der ersten venezianischen Zeit:

Freilich wird sich einst die Nachwelt wundern, daß gerade ich genötigt war, meine Werke zur Ware zu machen: als Nachwelt kommt die Welt nämlich immer erst etwas zu Verstand und vergißt dann mit kindischer Selbsttäuschung, daß ja auch sie die Mitwelt ist, als welche sie immer stumpfsinnig und gefühllos bleibt. So ist es aber einmal und wir können nichts daran ändern. Das sagen Sie mir ja auch über die Menschen überhaupt. Und an mir ist auch nicht viel zu ändern: ich behalte meine kleinen Schwächen, wohne gern angenehm, liebe Teppiche und hübsche Möbel, kleide mich zu Haus und zur Arbeit gern in Seide und Samt, und — muß dafür denn auch meine Korrespondenzen führen! — Nun, wenn nur der Tristan dabei noch gut gerät: und geraten wird er, wie noch nie etwas!

In demselben Brief — er ist an dem gleichen Tage geschrieben wie das Reuebekenntnis an den Justizminister v. Behr — heißt es zu Anfang:

Sie wissen, wie ich unwillkürlich zum Buddhisten geworden bin. Auch mit der Buddhistischen Bettler-Maxime habe ich's unbewußt immer gehalten. Und das ist eine sehr stolze Maxime. Der Religiöse kommt in die Städte und Straßen der Menschen, zeigt sich nackt und besitzlos und gibt so durch sein Erscheinen den Gläubigen die kostbare Gelegenheit, durch Gaben und Spenden an ihn das edelste, verdienstlichste Werk zu üben: somit ist seine Annahme die ersichtlichste Gnade, die er erweist, ja, in dieser Gnade liegt der Segen, die Erhebung, die er den Gebern spendet.

Wagner als Bettelmönch, der durch die Entrichtung von Spenden seiner Mitwelt Gelegenheit gibt, an ihrer Erlösung zu arbeiten — die Stelle ist von jener entwaffnenden Komik, die in so vielen seiner Äußerungen umgeht. Dieser Theaterkomponist vermag sich in eine Selbstliebe, eine Selbstgerechtigkeit hineinzusteigern, die ins Kindsköpfige geht. In seinem Werk macht er an Welt und Mächte so wenig Konzessionen wie ein tanzender Derwisch. In diesem Punkt ist er ehern; in seinem Beruf, als Künstler, ist Wagner ganz Charakter. Als das Bayerische Hoftheater, einer Weisung des Monarchen folgend, 1869 nicht davon absteht, eine unzulängliche Uraufführung des »Rheingolds« herauszubringen, setzt er die Gunst des Königs aufs Spiel und telegraphiert dem Ersatzdirigenten:

Hand weg von meiner Partitur! Das rat' ich Ihnen, Herr; sonst soll Sie der Teufel holen! — Taktieren Sie in Liedertafeln und Singevereinen, oder wenn Sie durchaus Opernpartituren handhaben wollen, so suchen Sie die von Ihrem Freunde Perfall aus! Diesem schönen Herren sagen Sie auch, daß, wenn er dem Könige nicht offen seine persönliche Unfähigkeit mein Werk zu geben bekenne, ich ihm ein Licht anzünden wolle, das ihm alle seine vom Abfall der Rheingoldkosten bezahlten Winkelblattskribenten nicht ausblasen können sollen. Ihr beiden Herren habt bei einem Manne wie ich erst lange in die Schule zu gehen, ehe Ihr lernt, daß Ihr nichts versteht.

Als Vermittler der allseits erhobenen Spenden wirken, ehe die Königlich-Bayerische Kabinettskasse alle Probleme löst, zumeist Frauen. Kultivierte Damen aller Art: Herzoginnen und Kaiserinnen, Kaufmannsfrauen und Diplomatengattinnen, Schriftstellerinnen und Intendantengemahlinnen sind es, auf die Wagner wirkt, die sich für ihn verwenden. Auch das ist gesellschaftlich

30 Richard Wagner. Photographie von Franz Hanfstaengl (München, etwa 1865)

stimmig; in dieser halb feudalen, halb bourgeoisen Oberschicht, in der die Männer Geld oder Politik oder beides machen, ist der Frau das Reich der Kultur als eine Oase des Ausgleichs freigegeben; Wagners Kunst findet hier aufnahmebereite Seelen. Historisch ist das nichts Neues, auch das lesende Publikum der Goethezeit war vorab ein weibliches gewesen. Nicht zufällig beherrscht der handtaschengerechte Duodezband die Verlagsproduktion jener Epoche; Schillers historische Schriften sind für Damenkalender geschrieben. Die bürgerliche Kultur ist von Männern gemacht, von Frauen getragen; so auch noch in der zweiten Hälfte des Jahrhunderts.

Die interessante, geistig interessierte Frau des Nachmärz ist immer auch eine leidende Frau; sie leidet an sich, am Manne, an der Verlogenheit und Barbarei der Wirklichkeit um sie her, und sie hat die Mittel dazu. Bei Wagner findet sie eine Kunst des Leidenseinverständnisses — Wagner ist, und er weiß es, nicht zuletzt ein Komponist für Frauen:

Mit Frauenherzen ist es meiner Kunst immer noch ganz gut gegangen, und das kommt doch wahrscheinlich daher, daß bei aller herrschenden Gemeinheit es den Frauen doch immer noch am schwierigsten fällt, ihre Seelen so gründlich verledern zu lassen, als dies unserer staatsbürgerlichen Männerwelt zu so voller Genüge gelungen ist.

So schreibt er an Betty Schott, die Frau seines Mainzer Verlegers. Zu Cosima sagt er einmal:

Die Männer sind elende Soldaten, die Frauen repräsentieren noch das einzige, woran man sich wenden kann in idealen Sachen; wenn man da auch nur auf Leder trifft, ist es entsetzlich.

Auch persönlich wirkt Wagner, der feurige Redner, der suggestive Charakterkopf, auf das andere Geschlecht. Er behandelt Frauen immer gut, auch seine eigene, ihm ganz entfremdete; rücksichtslos ist er nur gegen Männer. Hängt seine Wirkung auf Frauen, seine Affinität zu ihnen mit dem weiblichen Element zusammen, das seinem eigenen Wesen beigemischt ist? Wagner ist ein Mann mit spezifisch weiblichen Zügen, auch seine Metaphorik gibt es zu erkennen. Von Empfängnis, Gebären, Ausbrüten ist, wenn es um neue Werke geht, in seinen Briefen immer wieder die Rede; die Musik gilt ihm auch theoretisch als eine weibliche Kunst. Wagner

ist die Gebärmutter seiner Werke, und das oft hemmungslos Sub-
jektive, rein Impulsive seiner Reaktionen, seine Nachgiebigkeit
gegenüber Stimmungsschwankungen, dazu das Bedürfnis nach
Luxus, Komfort, nach einschmeichelnden Stoffen und erlesenen
Essenzen — alles das deutet auf die Stärke der weiblichen Kompo-
nente in seiner seelischen Struktur hin. Von hier aus gewinnt
seine Beziehung zu Cosima, die sich schon Ende 1863 verdichtet,
etwas fast Unausweichliches. Denn Cosima, eine Frau von ganz
anderem Typus, als er ihn bisher interessiert hat, langnasig,
schmalgesichtig, einen halben Kopf größer als er, ist wie geschaf-
fen zu einem Dienen, das auch ein Regieren ist — zum Verwalten,
Ordnen, Bestimmen in den Bereichen des praktischen und gesell-
schaftlichen Lebens, die Wagner allezeit unzuständig gefunden
haben. In der willensstarken, aristokratischen Frau leben genau
jene Fähigkeiten, die Wagner selbst abgehen, maskuline Tugen-
den gewissermaßen; so stellt sich wie von selbst Arbeitsteilung,
Arbeitsgemeinschaft zwischen ihnen her — etwas, das Wagner mit
keiner andern Frau je begegnet ist. Cosima ist nicht, wie Mathilde
Wesendonk, die Inspiratorin seiner Werke (keine einzige Frauen-
gestalt seiner Opern ist von ihr angeregt), sie ist die Organisatorin
seiner Produktivität. Das war Luxus, sagt Franz Liszt im Som-
mer 1861 zu Wagner, als dieser sich nach einem großen Musikfest
im Lobe Bülows ergeht und vertraulich scherzend *hinzufügt:*
nur Cosima hätte er nicht zu heiraten gebraucht. *Nun greift er*
selbst nach diesem Luxus, der ihn lebensnotwendig dünkt. Co-
sima tritt in eine Rolle ein, ähnlich der, die ihr Vater anderthalb
Jahrzehnte lang Wagner gegenüber innegehabt hat. Während des
Exils hatte Liszt schützend und fördernd, beruhigend und vermit-
telnd seine Hand über Wagner gehalten; er hatte die Mannesrolle
in einer Beziehung übernommen, in der Wagner die launisch-ex-
zentrische, anspruchsvolle und verschwenderische, leidende und
gebärmächtige Frau vorgestellt hatte. Noch, wenn Wagner, was
ihm zuweilen unterläuft, abfällig über Liszts Kompositionen
spricht, bleibt dieser gelassen:

Wagner ist krank und inkurabel, weshalb es notwendig ist, ihn
nur zu lieben und sich zu bemühen, ihm zu dienen, soviel man
kann

sagt er dann wohl. Nun tritt Liszt diese Rolle an seine in Inter-
naten erzogene Tochter ab, von der Wagner in dem Starnberger
Sommer des Jahres 1864 schreibt:

31 Franz Liszt mit seiner Tochter Cosima. Photographie

Eine junge, ganz unerhört seltsam begabte Frau, Liszts wunderbares Ebenbild, nur intellektuell über ihm stehend

— *und da sie eine Frau ist, spielt sie sie dem Mann Wagner gegenüber natürlich viel besser. Als im Juni 1865 unter Hans v. Bülows
Leitung in München »Tristan und Isolde« uraufgeführt wird, hat
sie ihm schon eine Tochter geboren, sie heißt Isolde. Und als drei
Jahre später die »Meistersinger« zur Uraufführung anstehen —
wieder ist Hans v. Bülow der Dirigent, es gibt keinen besseren
weit und breit —, ist eine weitere Tochter zur Stelle, Eva mit Namen. Denn die »Meistersinger« werden nun fertig, und keine
Nahtstelle ist bemerklich; das Werk, in dessen Ausführung den
Komponisten erst die Not, dann die Rettung unterbrach, ist wie*

aus einem Guß. Aber der es vollendet, ist ein anderer geworden, auch in seinem eigenen Werk; aus Hans Sachs, dem Entsagenden, der wieder in Mathilde Wesendonks Nähe ziehen wollte, weil er verzichtet zu haben glaubte, hat er sich in Walther von Stolzing verwandelt, den kühnen Sänger und ungestümen Freier. Die Rolle, die der Autor sich im Werk aufgab, hat er im Leben nicht durchgehalten — oder hat er sich von ihr freigeschrieben? Der Fünfzigjährige, der sich in der Rolle des verzichtenden Weltweisen gedacht hatte, verwandelt sich über der Arbeit in einen Tristan, der möchte, daß König Marke sich so beträgt wie in dem andern Stück Hans Sachs. Aber dieser Marke ist kein alter König, sondern sein Schüler, sein Zögling, der Sachwalter seiner Werke. Das ist eine vertrackte Konstellation; was Regel und Ordnung in Wagners Leben bringt, ist zugleich ein Herd schwerer Verwirrung; was Cosimas Triumph bedeutet, wirft zugleich einen schweren Schatten auf ihr Leben. In den Tagebuchaufzeichnungen, die sie von 1869 an mit der Treue und Kompetenz eines Eckermann führt, bleibt er lange drückend spürbar.

Die »Meistersinger« werden fertig, nicht ohne daß Wagner zuvor das Königreich Bayern ein bißchen durcheinandergebracht hat. Es bleibt nicht bei dem schönen Vorsatz vom August 1864:

München berühre ich eigentlich gar nicht: ich schwebe rein in den Wolken. Ich werde nützen und belehren, wo ich kann, aber immer nur aus den Wolken.

Wagner wäre nicht, der er ist: der Prototyp des engagierten Künstlers, der Mißstände, ob bei einem Hund oder in einem Staatswesen, nicht ansehen kann, ohne zu nützen und zu belehren, wenn er seine Position bei dem jungen König nicht dazu benutzen würde, etwas Durchzug in den Amtsstuben der reaktionären bayerischen Ministerialbürokratie zu machen. Dort erwidert man seine Gegnerschaft von Herzen und zahlt ihm vierzigtausend Gulden, die der König dem teuren Freund zur Begleichung alter Schulden bewilligt (die Gläubiger aus Jahrzehnten melden sich), einmal in Silbermünzen aus; ein Wagen voller Geldsäcke fährt vor seiner Villa in der Brienner Straße vor. Schon im Jahre 1864 hat Wagner vierzigtausend Gulden erhalten, zu einem festen Jahresgehalt von viertausend Gulden, das Ende 1865 auf das Doppelte erhöht wird; seine künstlerischen Projekte — ein Festspielhaus für den »Ring« und eine Kunstschule, in der der neue Sängerdarsteller erzogen werden soll — drohen die königliche Zi-

*villiste aufzuzehren, aus der die Kabinettsbeamten ihre Sporteln
beziehen. Aber primär ist der politische Konflikt; die klerikale
Partei würde dem nimmersatten Kunsterneuerer alles bewilligen,
wenn er sich beim König für ihre Zwecke einspannen ließe. Herwegh erfaßt die Situation aus der Ferne sehr genau:*

AN RICHARD WAGNER.

Januar 1866

Vielverschlagner Richard Wagner,
Aus dem Schiffbruch von Paris
Nach der Isarstadt getragner,
Sangeskundiger Ulyß!

Ungestümer Wegebahner,
Deutscher Tonkunst Pionier,
Unter welche Insulaner,
Teurer Freund, gerietst Du hier!

Und was hilft Dir alle Gnade
Ihres Herrn Alkinous?
Auf der Lebenspromenade
Dieser erste Sonnenkuß?

Die Philister, scheelen Blickes,
Spucken in den reinsten Quell;
Keine Schönheit rührt ihr dickes,
Undurchdringlich dickes Fell.

Ihres Hofbräuhorizontes
Grenzen überstiegst Du keck,
Und Du bist wie Lola Montez
Dieser Biedermänner Schreck.

»Solche Summen zu verplempern,
Nimmt der Fremdling sich heraus!
Er bestellte sich bei Sempern
Gar ein neu Komödienhaus!

Ist die Bühne, drauf der Robert,
Der Prophet, der Troubadour
Münchens Publikum erobert,
Eine Bretterbude nur?

Schreitet nicht der große Vasco
Weltumsegelnd über sie?
Doch Geduld — Du machst Fiasco,
Hergelaufenes Genie!

Ja, trotz allen Deinen Kniffen,
Wir versalzen Dir die Supp';
Morgen wirst Du ausgepfiffen —
Vorwärts, Franziskanerklubb!«

*Statt die »Meistersinger« zu komponieren, spielt Wagner das
Werk in der Wirklichkeit und besetzt den König als Stolzing, sich
selbst als Sachs; die Aussichten stehen aber schlecht:*

Rette ich den jungen König von seinem niederträchtigen Cabinet, so gelingt eben ein Wunder, auf das man, allen Erfahrungen der Welt nach, nicht zu rechnen berechtigt ist. Du kannst
Dir denken, welche Todfeinde ich dort habe: Diener, die er gelegentlich auszankt, denen er droht, die er aber nicht fürchtet.
So kennt er nicht das Gift, das ihm täglich gereicht wird. —
Und nun bin ich so müde und ruhebedürftig! In München lasse
ich nichts mehr vor: ich behandle alles als Verräter und Ver-
schworene und reserviere mir nur das Publikum, das Volk, mit
denen ich gut stehe.

*So schreibt er am 26. Oktober 1865 an August Röckel, der sich
seinerseits wieder in die Politik geworfen hat. Bald darauf spitzen
sich die Gegensätze zu; ein anonymer, aber leicht identifizierba-
rer Artikel, mit dem Wagner in einer Münchner Zeitung eine Ka-
binettsumbildung betreibt, gibt Ende November den Ausschlag:
Ludwig muß seinen Mentor bitten, das Land zu verlassen. Vom
Genfer See schreibt Wagner am 17. Dezember 1865 an Mathilde
Maier:*

Nun willst Du aber auch wissen, wie's gekommen ist? [...] Die
Jesuiten wollten mir 2 Festtheater, 2 Kunstschulen, Villas und
Renten geben, soviel ich wollte, ich sollte mich nur gefügig zeigen. Statt dessen riet ich zum Schluß dem König einfach, sich
einen ehrlichen Mann kommen und ein neues Cabinet bilden
zu lassen. In der zwölften Stunde suchte man mich nochmals
für den Plan einer vollständigen Reaktion und Umsturz der
1848er Verfassung zu werben. Nun endlich hetzte man die
Hunde auf mich: ich bekam's satt und denunzierte die Bestien
so ziemlich öffentlich. Der König [...] versäumte die rechte

Stunde, verriet sich und stürzte in die Falle. Alles wünsche ich jetzt nur für Ihn!

[...] Was mich betrifft, so betrachte ich mich als gerettet und hoffe nun auf meine Werke. Grundbedingung hierfür — aus-der-Welt-sein!

32 Richard Wagner. Bleistiftzeichnung von Auguste Renoir (nach einer Photographie von Pierson von 1867)

Abermals ist ein Ausflug Wagners in die Politik mit einem Rück-zug in die Schweiz geendet — in Gnaden freilich und mit gesicher-ten Bezügen. Wagner ist im tiefsten erleichtert; nahe Luzern, in dem Ort Triebschen am Vierwaldstätter See, findet er im April 1866 für sich und Cosima ein schönes Haus. Zwei Monate vorher ist Minna in Dresden gestorben. Fern der Welt, unter Cosimas Obhut, Kinder und Hunde um sich, kommt Wagner zur Ruhe, zur Arbeit; hier in Triebschen, über der »Meistersinger«-Partitur,

die er Anfang des Jahres nach zweieinhalbjähriger Unterbrechung
wiederaufgenommen hat, verbringt er die glücklichste Zeit seines
Lebens. 1869 stellt sich ein Sohn ein, wie anders als Siegfried
kann er heißen. Außerdem spricht ein vierundzwanzigjähriger
Gelehrter vor, Professor der Philologie an der Universität Basel;
er heißt Friedrich Nietzsche, stammt aus Naumburg und ist dem
persönlichen Charme und dem intellektuellen Zauber des Mei-
sters schon in Leipzig, im Hause von Wagners Schwager, dem
Professor Brockhaus, verfallen, wo er ihm im November 1868
zum ersten Mal begegnet:

Ich werde Richard vorgestellt und rede zu ihm einige Worte
der Verehrung: er erkundigt sich sehr genau, wie ich mit seiner
Musik vertraut geworden sei, schimpft entsetzlich auf alle Aufführungen seiner Opern, mit Ausnahme der berühmten Mün-
chener und macht sich über die Kapellmeister lustig, welche ihrem Orchester im gemütlichen Tone zurufen: »Meine Herren,
jetzt wird's leidenschaftlich«, »Meine Gutsten, noch ein bißchen leidenschaftlicher!« Wagner imitiert sehr gern den Leipziger Dialekt. —
[…] Vor und nach Tisch spielte Wagner und zwar alle wichtigen Stellen der »Meistersinger«, indem er alle Stimmen imi-
tierte und dabei sehr ausgelassen war. Er ist nämlich ein fabel-
haft lebhafter und feuriger Mann, der sehr schnell spricht, sehr
witzig ist und eine Gesellschaft dieser privatesten Art ganz heiter macht. […] Am Schluß, als wir beide uns zum Fortgehen
anschickten, drückte er mir sehr warm die Hand und lud mich
sehr freundlich ein, ihn zu besuchen, um Musik und Philosophie zu treiben, auch übertrug er mir, seine Schwester und
seine Anverwandten mit seiner Musik bekannt zu machen: was
ich denn feierlich übernommen habe.

Von Basel aus ist es nicht weit nach Luzern, Nietzsche wird bald
zu einem Freund der Familie. Vom Pilatus schreibt er im August
1869 an einen Freund:

Dazu habe ich einen Menschen gefunden, der wie kein anderer das Bild dessen, was Schopenhauer »das Genie« nennt, mir
offenbart und der ganz durchdrungen ist von jener wundersam
innigen Philosophie. Dies ist kein anderer als Richard Wagner,
über den Du kein Urteil glauben darfst, das sich in der Presse,
in den Schriften der Musikgelehrten usw. findet. *Niemand*

kennt ihn und kann ihn beurteilen, weil alle Welt auf einem andern Fundamente steht und in seiner Atmosphäre nicht heimisch ist. In ihm herrscht eine so unbedingte Idealität, eine solche tiefe und rührende Menschlichkeit, ein solcher erhabner Lebensernst, daß ich mich in seiner Nähe wie in der Nähe des Göttlichen fühle.

Dieser Mann mit der mächtigen Stirn, der markanten Nase, dem vorstrebenden Kinn unter dem kleinen Mund hat Macht über Töne und Macht über Menschen, nur über sich selbst hat er nicht immer Macht. Acht Jahre dauert die Gefolgschaft des Baseler Professors, der trotz einer tiefempfundenen Abneigung gegen seine Herren Brüder in Wagnero, *die* meistens doch gar zu dumm sind und ekelhaft schreiben, *seine Fähigkeiten ganz in den Dienst der von Wagner intendierten Kulturreformation stellt; dann hat er die Kraft, sich von ihm zu lösen. Aber noch über den Abtrünnigen bewahrt Wagner Seelenmacht, und auch auf den fast vierzigjährigen Bülow, der seine Fähigkeiten ganz an die Realisierung von Wagners revolutionären Partituren setzt, muß diese schier unentrinnbar wirken; spät kommt es zur Klärung, zum Bruch. Bülow erfährt aus der Zeitung, daß seine Frau Wagner in Triebschen einen Sohn geboren hat; nun erst — die Münchner »Meistersinger«, eine Musteraufführung, wie sie Wagner nicht vorher und nicht nachher wieder erlebt hat, liegen ein Jahr zurück — wird die Scheidung eingeleitet. Was Wagner und Cosima in diesen Jahren mit Bülow, aber auch mit dem König treiben, ist absurdes Theater in äußerster Konsequenz.*
Indessen kommt in Triebschen — Luzern am Weltmeer *unterschreibt Wagner einmal einen Brief, und ein Besucher hat das Gefühl:* Es ist mir, als ob ich Napoleon auf St. Helena gesehen hätte — *die Oper vom jungen Siegfried wieder in Sicht. Der Drachentöter, der in voller Unschuld alles niedermacht, was sich ihm in den Weg stellt, diese alte, noch von Revolutionserwartung geprägte Konzeption, ist nun Wagners Projektionsfigur. Das 1856 um des »Tristan« willen liegengelassene Werk tritt ihm schon in München, vor der Wiederaufnahme der »Meistersinger«, wieder nahe (er instrumentiert dort die alten Zürcher Partiturskizzen); es beherrscht ihn nach deren Vollendung. Zwei französischen Gästen, dem Schriftstellerehepaar Catulle und Judith Mendès, trägt er im Sommer 1869 aus der Partitur vor; die beiden sind hingerissen:*

33 Friedrich Nietzsche. Photographie (1868)

Wir, die wir betäubt, und außer uns, mit ihm lachten und weinten, in Ekstase seine Visionen mitschauten, wir ließen den Schrecken und den Zauber seines gebieterischen Wortes wie einen Staub- und Sonnenwirbelsturm über uns hingehen.

Zuvor haben ihn die Besucher wie einen Jüngling auf den Geländern und den Bäumen des Triebschener Gartens herumturnen sehen.— Wagner, von Jugend an ein leidenschaftlicher Kletterer, verblüfft die Seinen nicht selten durch akrobatische Balanceakte. Noch vor der Vollendung des »Siegfried« geht es im Oktober 1869 an »Götterdämmerung«, das Schlußstück des vierteiligen Werkes, das in mythischer Verhüllung die bürgerlich-kapitalistische Welt von ihrem Werden bis zu ihrem Untergang beschreibt — ein Unternehmen, vergleichbar Balzacs Vorhaben, die menschliche Komödie seiner Zeit in einem Romanzyklus von vierzig Bänden festzuhalten. Auch Balzac — Wagner kennt und schätzt seine Bücher — ist ein von Schulden und Spekulationen gehetzter Mann, sein Œuvre ist mit Expektorationen von uferloser Beredsamkeit durchsetzt, in denen Rückschlägiges und Zukunftweisendes sich oft abenteuerlich vermengen — dieses Jahrhundert ist eines der gigantischen Konzeptionen und der exzessiven Urheber. Am 5. Mai 1871 — Wagner arbeitet an der Orchesterskizze des ersten Aufzugs — schreibt er dem König aus Triebschen:

Die unglaubliche Arbeit der Wiederaufnahme und Vollendung der Nibelungen geht wirklich vor sich, mein huldvoller Freund. Wem das Werk endlich einmal zum Studium vorliegen wird, der mag es dann schwer zu begreifen haben, wie eine solche Ausführung möglich war. Natürlich lebt darin alles an den gesponnenen Urfäden des ersten Entwurfes fort, nur wird das Gewebe selbst immer reicher und mannigfaltiger, da immer neue Fäden hinzukommen und neue Lebensschicksale melodisch sich hineinweben. Was diese Arbeit heißt, kann leider nur *ich* ermessen! Vor der Nornenszene des Vorspieles der Götterdämmerung stand ich mit wahrem Grauen und glaubte lange Zeit, mich nicht überwinden zu können, damit mich einzulassen. […] Gern hätte ich alles Neue dafür übernommen und begonnen. Und doch mußte es sein, und aus Grauen und Angst wob ich endlich selbst an dem Seile, welches, wie es nun kunstvoll gesponnen vor mir liegt, mir allerdings zu seltsam erhebender Freude gereicht: so etwas hat doch noch keiner ge-

34 Richard Wagner mit seiner Tochter Eva in Triebschen. Photographie (1867)

sponnen, — so sage ich mir nun, und ich vermute, daß jeder mir das einst noch sagen wird. — So geht es nun aber eigentlich mit jeder neuen Szene fort: die Unermeßlichkeit der sinnvollsten Arbeit, die ungemeine Gedrängtheit des musikalischen Gewebes, weil sie hauptsächlich durch die lakonische Gedrängtheit des Dialoges gerade dieses Teiles des großen Dramas, wo alles

Handlung ist, bedingt wird, die genaue Bekanntheit mit meiner nun unveräußerlich gewordenen Art der zartesten und bedeutendsten Auffassung und Ausführung des anscheinend geringfügigsten Details, dies alles steht dann vor mir und erscheint mir wie eine übermäßige Anforderung an meine eigene Lebenskraft.

»Götterdämmerung« führt die drachentötende Unschuld in die Krise, ins Verderben. Zaubertrankbenebelt und ganz unheroisch führt der Unüberwindbare in fremder Gestalt seine verlassene Braut dem Manne zu, dessen Schwester ihn entflammt hat, und geht darüber zugrunde — ein Verwirrspiel von ähnlichem Kaliber wie dasjenige, das Wagner und Cosima mit Hans v. Bülow, aber auch mit dem jungen König getrieben haben. Aber der Text ist alt; was sich hier anschickt, Klang zu werden, ist in den meisten Versen und allen wesentlichen Zügen das Drama, das Wagner in der sächsischen Revolution als »Siegfrieds Tod« zu Papier gebracht hat, die Tragödie des an seiner Unwissenheit scheiternden Naturmenschen, über dessen Untergang das Herrschaftsgebäude der bestehenden Welt in Flammen aufgeht. Das zielte damals auf die Revolution, nun zielt es auf Weltende im Schopenhauerschen Sinne, vorübergehend jedenfalls, denn Wagner tilgt eine dahingehende Textstelle in Brünnhildes Schlußgesang wieder — der Sinn seines End-Spiels bleibt offen, wie die Musik, von der Ernst Bloch schreibt:

Das Ende der »Götterdämmerung«, nach der erhabenen Einsamkeit, der fast völlig erfüllten Größe des Schlußgesangs Brünnhildes, dieses in mehrerem Sinne polyphonsten Monologs, — das Ende des Werks setzt nochmals aufs Paradoxe. Indem es nämlich, mittels der hallenden Bogenbewegung, Perspektivenbewegung seines Erlösungsthemas, gar kein Ende findet; trotz den aufgelösten Dreiklängen und dem Fortissimo-Schlag zuletzt, diminuendo. Der strömende Urton, womit die Tetralogie im »Rheingold« ihren Anfang als den Anfang von allem nehmen wollte, macht sich im hochbauenden Abgesang der »Götterdämmerung« nicht fertig. [...] Das Erlösungsmotiv am »Götterdämmerungs«-Ende, obwohl an melodischen Triebkräften nicht reich, ist viel zu weithin-hallend, um ein Ende zu sein statt des Paradoxes einer Wiederholung hin ins Neue.

Im Sommer 1870 schiebt sich vieles zusammen: am 2. Juli vollen-
det Wagner die Orchesterskizze des ersten Aktes »Götterdämme-
rung«, am 18. Juli wird Cosima von Hans v. Bülow geschieden,
am 19. Juli erklärt Frankreich Preußen, das heißt dem Norddeut-
schen Bund, den Krieg; er führt zum Sturz des französischen und
zur Gründung eines deutschen Kaiserreichs. Auf der Spitze der
Bajonette, die 1849 die deutsche Volkserhebung niedergeworfen
haben, gründet Bismarck in Versailles unter Ausschluß Öster-
reichs sein Reich. Als sich vier Jahre zuvor der Antagonismus zwi-
schen Österreich und Preußen militärisch zuspitzte, hatte Wagner
auf einen dritten Weg gesonnen und Bayerns König an der Spitze
einer Vereinigung der übrigen deutschen Staaten gesehen, die den
beiden Großmächten Paroli bieten sollte. Aber noch vor der
Schlacht von Königgrätz war ihm das Illusionäre solcher Vorstel-
lungen klargeworden, er schrieb damals an Röckel:

Um Gottes Willen, lassen wir beide die Politik. Seit Du gefan-
gen wurdest in Dresden, haben sie drei Menschen verstanden
— Cavour — à la tête — dann: Louis Napoleon und Bismarck.
Von denen lernt! — Und Zündnadeln dazu, — so kommt 'was
heraus. Über den deutschen Bund hat Gott gesprochen: elen-
der als er kann nichts zugrunde gehen.

Nach dem deutsch-deutschen Krieg von 1866 votiert Wagner für
den preußischen Sieger, der ihn das kleinere Übel dünkt; wieder
ist Röckel der Adressat seiner Lagebeurteilung:

In allen deutschen Staaten — selbst (bis zu Bismarck) in Preußen — herrschte bisher Österreich, d. h. die Jesuiten. [...]
Diese Politik hat den schönen deutschen Privatstaat-Partiku-
larismus arrangiert und jede Wahrhaftigkeit eines Bundes-
wesens verhindert: den Fürsten weiszumachen, sie wären etwas ganz für sich, war die österreichische Kunst; dann sie
untereinander zu verhetzen und gemeinschaftlich gegen ihre
Völker mißtrauisch zu machen. Nicht *ein* Minister wurde in
diesen Staaten angestellt, ohne durch Österreich bezeichnet zu
sein. Auch Bayern war nichts als eine österreichische Depen-
dance. Von der Schmach des eigenen Landes konnte Bismarck
Preußen nicht emanzipieren als durch Hinauswerfen der
Habsburger. Für die übrigen Staaten heißt's nun allerdings, ob
mit Preußen oder Österreich? Schlimm ist's: Du kennst mein
Programm vom Juni. Nun steht's aber so [...] wer die Sache

genau kennt, muß finden, daß der Tat Preußens großer, großer Dank zu sagen ist.

Das ist im Januar 1867 geschrieben; Wagners Haltung ist von Einfluß auf die des Königs, der zu dieser Zeit einen Ministerpräsidenten beruft, der Bayern gegen den Widerstand der klerikalen Reaktion an die Seite Preußens führt. Als im Sommer 1870 die verblendete Politik Napoleons III. die deutschen Staaten um Preußen schart, ergreift König Ludwig die Initiative und verfügt drei Tage vor der Kriegserklärung die Mobilmachung der bayerischen Armee. Preußen, sich der Zumutungen Louis Napoleons erwehrend, hat für einige Monate das ganze deutsche Volk hinter sich; Herwegh dichtet im August 1870 auf den Kaiser der Franzosen:

Von den Thronen ward als Retter
Hochgepriesen der Tyrann; —
Endlich zieht das Donnerwetter
Eines Volks auf ihn heran!

Braust vernichtend ihm entgegen,
Schlachtenblitz auf Schlachtenblitz!
Aufgeweckt von deutschen Schlägen,
Rührt sich endlich die Justiz!

Auch Wagner ist Feuer und Flamme; ihm geht es um mehr als nur um den Protagonisten eines korrupten politischen Systems.

Die Franzosen sind die Fäulnis der Renaissance

sagt er am 17. Juli 1870 zu Cosima und ist peinlich berührt, als Pariser Freunde — das Ehepaar Mendès mit einem weiteren leidenschaftlichen Anhänger seiner Kunst — zu Besuch kommen. Bei Nietzsche in Basel geht es aus einem andern Ton:

Hier ein furchtbarer Donnerschlag: der *französisch-deutsche Krieg* ist erklärt, und unsre ganze fadenscheinige Kultur stürzt dem entsetzlichsten Dämon an die Brust. Was werden wir erleben! Freund, liebster Freund, wir sahen uns noch einmal in der Abendröte des Friedens.

In dem nach den Siegen der deutschen Truppen ausbrechenden Reichsenthusiasmus erweisen — außer Nietzsche — zwei von Wagners alten Freunden unbetrüglichen Scharfblick, es sind August Röckel und Georg Herwegh, der sieben Jahre zuvor sein berühm-

35 »Der Generalissimus der deutschen Armee.« Karikatur von Draner,
aus der Pariser Zeitschrift »L'eclipse« (1870)

*tes »Bundeslied für den Allgemeinen deutschen Arbeiterverein«
geschrieben hat, Hans v. Bülow hatte es komponiert. »Der
schlimmste Feind« überschreibt Herwegh im Februar 1871 ein
Gedicht; es beginnt mit den Versen:* Dies Volk, das seine Bäume
wieder / bis in den Himmel wachsen sieht / und auf der Erde
platt und bieder / am Knechtschaftskarren weiter zieht, *und es
endet mit der Strophe:*

> Gleich Kindern laßt Ihr Euch betrügen,
> Bis Ihr zu spät erkennt, o weh! —
> Die Wacht am Rhein wird nicht genügen,
> Der schlimmste Feind steht an der Spree.

*Zu der gleichen Zeit huldigt Wagner der patriotischen Hochstim-
mung mit einem Kaisermarsch für großes Orchester; dem deutschen Heer vor Paris widmet er im Januar 1871 ein hymnisches
Gedicht, das die Indifferenz der deutschen Literatur gegenüber
den historischen Begebenheiten geißelt:*

> Was schweigt es doch im deutschen Dichterwald?
> Versang »Hurra Germania!« sich so bald?
> Schlief bei der Liedertafel-Wacht am Rhein
> beruhigt sanft »lieb Vaterland« schon ein?
>> Die deutsche Wacht,
> da steht sie nun in Frankreichs eitlem Herzen;
>> von Schlacht zu Schlacht
> vergießt ihr Blut sie unter heißen Schmerzen:
>> mit stiller Wucht
>> in frommer Zucht
>> vollbringt sie nie geahnte Taten,
> zu groß für euch, nur ihren Sinn zu raten.

*Im November 1870 hat er eine Farce über die Kapitulation von
Paris geschrieben, die er, nach so vielen dort erlittenen Demüti-
gungen, als eine persönliche Genugtuung empfindet. Catulle
Mendès nennt dieses »Lustspiel in antiker Manier«, in dem Victor
Hugo und Jacques Offenbach aus dem Souffleurkasten kriechen,*
eine niederträchtige und blödsinnige Hanswurstiade:

Und in welchem Augenblick, gerechter Himmel! Wir wanden
uns vor Kummer und Not, und er, der Elefant, tanzte wie ein
Eichhörnchen auf uns herum!

Der Vergleich ist treffend; Wagner, der musikalische Elefant,

kann allezeit übergangslos in die Rolle des hüpfenden Eichhörn-
chens schlüpfen; dann tanzt er blindlings auf allem herum, was
ihn ärgert oder jemals geärgert hat. Mendès gerät bei der Lektüre
von Wagners »Lustspiel« in einen Zwiespalt, wie dieser Kompo-
nist, der verantwortlich nur mit Tönen, nicht mit dem Wort um-
zugehen weiß, ihn bei Lebenden und Nachlebenden immer wie-
der hervorgerufen hat; er löst ihn auf angemessene Weise:

Das alles weiß ich, ich habe es ausgesprochen, geschrieben,
ausgeschrien. Aber letzten Endes: macht eine Broschüre von
zwanzig Seiten ein Dutzend Partituren ungültig? Unterdrückt
die »Kapitulation« etwa »Tristan und Isolde«? [...] Ich war
sein Freund, ich bin es nicht mehr, aber ich bleibe sein glühen-
der Apostel; ich beschränke mich darauf, ihm die Hände nicht
mehr hinzustrecken, die ihm Beifall klatschen.

Was es mit Wagners Verhältnis zur Politik im innersten auf sich
hat, hat zwölf Jahre zuvor Otto Wesendonk erfahren. Aus
Deutschland, *schreibt Wagner ihm im Mai 1859, kurz vor der*
Schlacht von Solferino, einem furchtbaren Gemetzel zwischen
österreichischen und französisch-italienischen Heeren:

Aus Deutschland erfahre ich, daß es mit meinen Arbeiten nicht
eile; angesichts des großen germanischen Krieges könne man
sich doch um dergleichen Kunstallotria nicht sonderlich kümmern; mit derlei hätte es Zeit bis nach dem Kriege. Nun
wünschte ich doch, die Herren möchten in Italien ein wenig
ungenierter aufeinander losschlagen; denn ehe der Krieg nicht
recht angefangen hat, kann er doch auch nicht gut zu Ende
kommen, und übermäßig lange warten taugt mir nicht ganz.

Das ist wie im Scherz gesprochen; dennoch ist es erhellend. Ganz
ernsthaft gibt Wagner sich im November 1868 August Röckel ge-
genüber, der inzwischen in München Fuß gefaßt hat und es nicht
für nötig hält, der zum König gedrungenen »Klatschgeschichte«
um Wagner und Cosima bei Ludwig entgegenzutreten. Wagner
wirft es ihm — drei Tage, bevor Cosima nach einer Aussprache mit
Bülow für immer zu ihm zieht — als Treubruch vor und fügt
an:

Demnach habe ich Dir für jetzt nur für Deine eingehenderen
Berichte über den Stand der heutigen Politik zu danken; im
übrigen aber wirst Du Dir denken, was ich mir aus diesem

herz- und seelenlosen Unsinn mache, wenn ich von neuem Gelegenheit nehme zu erklären, daß selbst Louis Napoleon III nichts daran ändern wird, als daß das einzige, was noch diese Welt zusammenhält, Liebe und Freundschaft, immer seltener und unmöglicher werden.

Röckel antwortet am 17. November 1868:

Dir steht es zu, außer Deiner Zeit zu leben, zu fühlen, zu denken; Du wirkst doch *für* Deine Zeit und für alle späteren Zeiten. Wem aber nicht das gleiche gegeben ist, wem vielmehr eine ganz konkrete Aufgabe ward, der hat sie zu erfassen und zu erfüllen, und wenn er sie vernachlässigt, weil er sich über die Gegenwart erhaben wähnt, der sinkt tief unter sie hinab, der ist keiner Beachtung wert, vielmehr des Gegenteils.
Die von Dir so verachtete Politik bestimmt das Los von mehreren hundert Millionen Lebender und ungezählten Millionen Kommender; das ist denn doch nicht so gleichgültig.
Wenn die Politik im ganzen so *schlecht* gemacht wird, dürfte daraus nur hervorgehen, wie schwer es sei, sie *gut* zu machen, nicht aber doch, daß es nicht der Mühe lohne, sich darum zu bekümmern.
Wir stehen jetzt dicht vor einem furchtbaren Konflikt. Er wird viele Tausende dahinraffen, das Glück von zahllosen Familien zerstören — ich glaube, die wahre Liebe und Freundschaft müßte sich auch in einiger Teilnahme für diese Opfer bekunden und es könne keinem Denkenden und Fühlenden gleichgültig sein, ob jene Opfer sich lohnen sollen oder nicht.
Von diesem Gesichtspunkte aus erfasse ich die Politik und wirke nach meinen schwachen Kräften in Lauterkeit. Wenn ich dabei persönliche Klatschgeschichten mißachte, verzeih es mir — ich habe zuviel dergleichen erlebt.

Wagner, der immer prätendiert, mehr als alle und gleichsam für alle zu leiden, verwindet diesen Hinweis nicht; er hält es fortan für seine Ehrenpflicht, außer jedem Verkehr mit diesem früheren Freund aus sehr alter Zeit zu verharren. Röckel hat einen empfindlichen Punkt bei ihm berührt: Wagner, der einen so leidenschaftlichen Anteil an Politik und Gesellschaft nimmt, interessiert sich im tiefsten nur insoweit für beide, als sie seinen künstlerischen Zwecken frommen. Dieser engagierte ist in Wahrheit ein engagierender Künstler — einer, der die Politik zur Magd der

36 Richard Wagner im Kreise seiner Freunde, München 17. Mai 1865 (Photographie, Ausschnitt). Von links nach rechts: August Röckel, der Pariser Arzt Auguste de Gaspérini, Richard Wagner, Hans v. Bülow, der Komponist Adolf Jensen. Am 10. Juni fand unter Bülows Leitung die Uraufführung des »Tristan« statt.

Kunst machen möchte, das Gegenstück jenes Typus von Politiker, der eben dies mit der Kunst tun will. Von Bismarcks Einigungswerk verspricht er sich bessere Aussichten für die Gründung eines eigenen Theaters — mit seinem Kaisermarsch von 1871 hat es so viel und so wenig auf sich wie fünf Jahre später, als er Hoffnungen auf amerikanische Hilfsgelder setzt, mit einem Großen Festmarsch zur Jahrhundertfeier der amerikanischen Unabhängigkeit. In Berlin, wo er vor dem Kaiserpaar ein Konzert dirigiert, wird Wagner am 3. Mai 1871 von Bismarck empfangen; der sächsische Kapellmeister und der preußische Junker, der einstige Revolutionär und der einstige Konterrevolutionär, zwei der schöpfungsmächtigsten Gestalten ihrer Zeit, stehen einander gegenüber — es ist ein denkwürdiger Augenblick. Der Kanzler bezaubert und verblüfft seinen Gast; nahe kommen sich die beiden nicht. Cosima, seit acht Monaten Frau Wagner, schreibt in ihr Tagebuch:

R. fährt zum Fürsten, wo er eingeladen ist. Er kommt höchst befriedigt zurück, eine große, einfache Natur hat sich ihm dargestellt. Wie R. ihm seine Verehrung bezeigt, sagt Bismarck: »Das einzige, was ein Verdienst genannt werden kann, ist, daß ich ab und zu eine Unterschrift erlangt habe.« Und dann: »Ich habe nur in der Krone das Loch ausfindig gemacht, durch welches der Rauch durch kann.« R. ist ganz entzückt von der echten Liebenswürdigkeit dieses Naturells, keine Spur von Reticenz*, eine leichte Sprache, die herzlichste Mitteilsamkeit, alles Vertrauen und Sympathie einflößend. Aber, sagt R., wir können uns nur gegenseitig beobachten, jeder in seiner Sphäre, mit ihm etwas zu tun zu haben, ihn für mich zu gewinnen, meine Sache zu unterstützen ihn zu bitten, käme mir nicht bei. Aber diese Begegnung bleibt mir von höchstem Wert.

Weniger wertvoll erachtet der alte Freund Herwegh diese Verflechtungen. Als Wagner 1873 wiederum vor dem Kaiserpaar in Berlin dirigiert, richtet er ein Gedicht an den einstigen Exilgefährten:

---

* Verschweigung

AN RICHARD WAGNER

8. Februar 1873

Die nüchterne Spree hat sich berauscht
Und ihren Verstand verloren;
Andächtig hat Dir Berlin gelauscht
Mit großen und kleinen Ohren.

Viel Gnade gefunden hat Dein Spiel
Beim gnädigen Landesvater,
Nur läßt ihm der Bau des Reichs nicht viel
Mehr übrig für Dein Theater.

Wärst Du der lumpigste General,
So würd' man belohnen Dich zeusisch;
Genügen laß Dir für dieses Mal
Dreihundert Tälerchen preußisch.

Ertrage heroisch dies Mißgeschick
Und mache Dir klar, mein Bester,
Die einzig wahre Zukunftsmusik
Ist schließlich doch Krupps Orchester.

*Von dieser freundlichen Anmahnung hat Wagner eine sehr üble
Nacht; er schläft so schlecht, daß er aufsteht und eine Erwiderung
zu Papier bringt:*

Ja, lieber Herwegh, man wird alt;
doch stets noch aus dem Wald es schallt,
wenn spielt der kühne Rattenfänger;
und Du, ob Politik Du treibst,
ob Poesie, Physik, Du bleibst
der demokrat'sche Bänkelsänger.

Zu Cosima spricht er anderntags, Herwegh betreffend, von Elen-
digkeit des Tons *und setzt hinzu:*

Ja, diese deutschen Bauern, das ist das Richtige, wenn die nach
Paris kommen und sich den Kretinismus der Demokratie an-
eignen; ich bin überzeugt, der arme Herwegh ist trostlos bei
Sedan gewesen!

*Wo Wagner auf Widerstand trifft, verliert er schnell die geistige
und moralische Balance — es ist nicht weit her mit dem Selbstbewußtsein, das er zur Schau trägt. Wo dieser Autor in seinen*

Schriften Irrtümer aufdeckt, wirkliche oder vermeintliche Miß-
stände attackiert, fällt er in einen hämisch-abschätzigen Ton, der
humoristisch sein will, aber in Wahrheit schmähsüchtig ist. Aber
während er mit Preußens Glorie kokettiert und von klarblicken-
den Freunden halb als Narr, halb als Verräter apostrophiert wird,
wächst ihm, von Märschen und Krönungen, Audienzen und Hul-
digungen völlig unberührt, das düsterste seiner Werke, zugleich
eines der kunstreichsten und musikalisch tiefgründigsten, unter
den Händen — das Schau- und Klangspiel bürgerlicher Endzeit,
die Beschwörung des Unterganges jener Herrschaftswelt, die sich
in Deutschland scheinmächtig spreizt und spiegelt: »Götterdäm-
merung«, der Dritte Tag des Bühnenfestspiels »Der Ring des Nibe-
lungen«. Mehr als zwanzig Jahre nach dem Beginn der Arbeit
nähert der »Ring« sich der Vollendung, und sein Autor sucht
ihm ein Dach über den Kopf; sowenig wie am Anfang der Arbeit
ist er gewillt, das Werk den Hoftheatern auszuliefern. Aus seinem
Zürcher Exil hatte er im November 1851, drei Wochen vor dem
Pariser Staatsstreich, dem Dresdner Freund Uhlig geschrieben:

Mit dieser meiner neuen Konzeption trete ich *gänzlich* aus allem Bezug zu unsrem heutigen Theater und Publikum heraus:
ich breche bestimmt und für immer mit der formellen Gegenwart. [...]
— An eine *Aufführung* kann ich erst *nach der Revolution* denken: erst die Revolution kann mir die Künstler und die Zuhörer zuführen. Die nächste Revolution muß notwendig unsrer
ganzen *Theaterwirtschaft* das Ende bringen: sie müssen und
werden alle zusammenbrechen, dies ist unausbleiblich. Aus
den Trümmern rufe ich mir dann zusammen, was ich brauche:
ich werde, was ich bedarf, *dann* finden. Am Rheine schlage ich
dann ein Theater auf und lade zu einem großen dramatischen
Feste ein: nach einem Jahre Vorbereitung führe ich dann im
Laufe von *vier Tagen* mein ganzes Werk auf: *mit ihm* gebe ich
den Menschen der Revolution dann die *Bedeutung* dieser Revolution, nach ihrem edelsten Sinne, zu erkennen. Dieses *Pu-*
blikum wird mich verstehen: das jetzige kann es nicht.

Nun hat er eine stabilere Gründung im Sinn. Die Gründerzeit ist
angebrochen, und die Spekulation, an die Wagner seine Kräfte
setzt, heißt: ein Festspielhaus für den »Ring«. Das hat es noch nie
gegeben — einen Opernkomponisten, der sich selbst ein Theater
bauen will. Aber einen vierteiligen Opernzyklus, der mit der

37 Richard und Cosima Wagner. Photographie von Fritz Luckhardt
(München, 9. Mai 1872)

Gründung der Geldgesellschaft anhebt und mit ihrem Untergang endet — das hat es auch noch nicht gegeben. Wagners Absage an die von Hofintrigen und Geschäftsinteressen beherrschten Staatstheater hat sich in zwanzig Jahren nicht gemildert; sie findet noch Eingang in einen Brief an die Preußische Akademie der Künste, die ihr neugewähltes Mitglied 1869 um seinen Lebenslauf bittet:

Zur Ergänzung [...] habe ich [...] nur noch hinzuzufügen, daß meine Stellung und Titel darin zusammenfallen, daß ich weder eine Stellung noch einen Titel habe. Durch die Großmut des regierenden Königs von Bayern ist mir, solange Allerhöchst derselbe nicht anders beschließt, die für mich unschätzbare Wohltat zugesichert, mit keinem der deutschen musikalischen oder theatralischen Kunstinstitute in eine persönliche Berührung treten zu müssen.

In einer fünfzehnjährigen Kapellmeisterpraxis — sie hatte 1834 in Bad Lauchstädt begonnen und über Rudolstadt, Magdeburg, Königsberg und Riga nach zwei Pariser Hungerjahren 1842 nach Dresden geführt — hat Wagner die Unvereinbarkeit eines entschiedenen künstlerischen Willens mit der Beschaffenheit des bestehenden Theaterbetriebs unmittelbar erfahren. Seine ästhetischen Schriften hatten das Fazit dieser Erfahrung gezogen und auf die Entfremdung von Kunst und Volk unter dem Druck des Profitinteresses verwiesen — zu einer Zeit, da diese Entfremdung sich erst anbahnte. Webers »Freischütz« war, eine Generation vor Wagner, noch unmittelbar ins Volk gedrungen; die Melodien der Oper waren von einer ganzen Stadt nachgesungen und nachgepfiffen worden. Mit seinen Frühwerken hat Wagner Ähnliches erlebt. Dem Venedig-Reisenden von 1858 sind seine Ouvertüren vorausgeeilt, Militärkapellen spielen sie vor allem Volke. Gleichwohl: nach dem Scheitern der Revolution, die kein Scheitern des Kapitalismus ist, wird die Nivellierung der populären Musik unaufhaltsam; Wagner entgegnet ihr mit Werken, die sich der Vereinnahmung durch den Musikbetrieb von vornherein entziehen. Zugleich entziehen sie sich, anders als Verdis gleichzeitige Opern, dem breiteren Publikum — das »Tristan«-Vorspiel kann man nicht mehr auf dem Markusplatz spielen.
Natürlich hat es schon vor Wagner den Unterschied zwischen schwerer und leichter Musik gegeben und ebenso den zwischen leicht zugänglichen Früh- und schwerverständlichen Spätwerken

im Œuvre großer Meister. Bachs »Kunst der Fuge« opponierte dem Verfall des kontrapunktischen Bewußtseins in der zeitgenössischen Musik, Beethovens »Neunte« war auch eine Antwort auf den Rossini-Taumel der Zeitgenossen. Aber Wagner, bei dem solche Entgegensetzung auf eine Kunstform ausgreift, die a priori dem breiten Publikum gehört, hat es nicht nur mit einer Veränderung des musikalischen Bewußtseins, sondern mit einem grundlegenden Wandel der gesellschaftlichen Situation von Musik zu tun. Kunst, die sich an die vielen wendet, läuft Gefahr, an sich selbst, in ihrer eigenen Substanz in die Fänge der Unternehmer zu geraten; so muß die wahre Musik in sich — und das heißt in Hinsicht des Publikums: zu den wenigen, den Kennern — gehen. »Tristan« ist nicht nur eine Revolution der Musik nach ihren Mitteln und Formen, sondern auch eine Revolution der Oper in ihrem Verhältnis zum Publikum; aus einer gesellschaftlich elitären wird Oper zu einer intellektuell elitären Gattung. Auch in diesem Sinn trägt das Werk das Stigma der gescheiterten Revolution; wäre die Wende der gesellschaftlichen Entwicklung, die die Kämpfer von 1848 erträumten, gelungen, so hätte sich ein Werk wie dieses nicht nur seinem Gegenstand nach erübrigt.

Was Wagner theoretisch attackiert, die Entfremdung zwischen Kunst und Volk, vollzieht er auf seine Weise im eigenen Werk: als reine Kunst schließt dieses sich ab vor dem Verfall, den der Markt verhängt. Und doch will es nicht l'art pour l'art sein, sondern Kunst für das Volk, Kunst mit dem Volk — mit einem Kunst-Volk der Zukunft. Das Festspielhaus, das Wagner seit der Wiederaufnahme der »Ring«-Komposition im Sinn liegt, soll eine Bastion gegen die Nivellierung des öffentlichen Kunstbetriebs werden — ein alternatives Theater als Ausgangspunkt einer neuen, an der Kunst der athenischen Polis orientierten Kultur. Was wird die bürgerliche Welt aus dem Konzept machen? Es ist ihr Fluch, daß alle Konstruktionen, die sich aus ihr aussparen, sich nur um so tiefer in sie verstricken. Nur die unbedingte Negation, wie sie sie später Karl Kraus oder Arnold Schönberg dem bourgeoisen Kulturbetrieb entgegensetzen, hat eine Chance, davonzukommen. Wagner vollzieht diese Negation in immer neuen Varianten in seinem Werk, aber dieses Werk, als ein ausgreifend theatralisches, riesiger Apparate bedürfendes, zwingt ihn ins Konstruktive, in Gründungen, Unternehmungen, Verschuldungen — das Wort in seinem moralischen wie pekuniären Sinn genommen. Das sind bei Wagner zwei Seiten einer Sache; er macht, um seines Werkes

38 Das Bayreuther Festspielhaus. Photographie (1876)

willen, immer zugleich moralische und finanzielle Schulden. An markigen Worten dafür fehlt es nicht:

So ist mir denn nun alles vorgezeichnet: ich fühle meine Bestimmung und weiß, daß ich ihrer Erfüllung alles opfern darf und muß. Und — dazu bin ich entschlossen!

schreibt er im März 1869 dem König. Ludwig II. entzündet sich schon bald nach den ersten Begegnungen mit Wagner für den Bau eines Festspielhauses und betraut Ende 1864 Gottfried Semper, Wagners alten Freund und Mitstreiter, mit dem Entwurf.

Mit dem Theater ist's im Reinen: wir erwarten Sempers Skizzen und Pläne: es soll ein Prachtgebäude werden, rechts vom Maximilianeum auf dem hohen Isarufer zu stehen kommen

schreibt Wagner im Januar 1865 an Mathilde Maier. Zwei Jahre später ist Semper soweit, am 11. Januar 1867 führt er dem begeisterten Monarchen ein vollständiges Modell mit allen Plänen vor. Aber es kommt nicht zur Ausführung, mancherlei stellt sich in den Weg. In München ist von Anfang an Stimmung gegen den aufwendigen Bau gemacht worden; auch hat der König noch andere Liebhabereien als den kostspieligen Komponisten: in Bayerns Bergen errichtet er romantische Schlösser, die Unsummen verschlingen. Wagner selbst ist das Vorhaben inzwischen ferngerückt; am 29. Januar 1867 schreibt er aus Triebschen an August Röckel:

Mich hat der schnelle Entschluß des Königs, dieses Projekt sofort schon zur Ausführung zu bringen, [...] sehr erschreckt. Mir liegt jetzt alles mehr im Kopfe als Wagner-Theater und gar Wagnerstraßen. Doch habe ich mich gewöhnt, gegen solche feurige Beschlüsse mich ganz ruhig zu verhalten und abzuwarten, was ganz von selbst aus der Natur der so und so bewandten Dinge geschieht, um das Feuer zu dämpfen und das gehörige Wasser darüber zu gießen.

Das ist eine für Wagner ganz und gar ungewöhnliche Position. Ist ihm klargeworden, daß ein Festspielhaus, mit dem der König seine Residenz schmückt, immer ein königliches, zuletzt: ein Hof-Theater sein werde? Wagners demokratischer ebenso wie sein autokratischer Instinkt kehren sich gegen den Plan. Sempers Verbitterung über die 1868 von Ludwig verfügte Aufgabe des Baus ist

*groß, aber sein Münchner Festspielhaus wird dann doch gebaut:
in Dresden, wo im folgenden Jahr sein erster Theaterbau, Urauf-
führungsstätte dreier Wagner-Opern, in Flammen aufgeht; Sempers Neubau folgt äußerlich weitgehend dem Münchner Modell.*

*Indessen ist Wagner auf der Suche nach einem Theaterreich, das
ihm ganz eigen wäre — er findet es, abseits der Metropolen, in einem kleinen fränkischen Städtchen, das seit 1810 zu Bayern gehört: in Bayreuth. Dort steht noch das alte markgräfliche Opernhaus, ein Rokoko-Kleinod aus der Zeit, da Friedrichs II.
Lieblingsschwester hier hofhielt. Wagner nimmt es im April 1871
in Augenschein und erkennt es für den »Ring« als ungeeignet.
Aber die Stadt gefällt ihm;* er kommt im November wieder, um
mit den bürgerlichen Behörden Bayreuths selbst in unmittelbaren Verkehr zu treten. *Einige weitblickende Stadtväter erkennen die Gunst der Stunde und schenken ihm vor den Toren der
Stadt, auf einem sanft ansteigenden Gelände,* ein unvergleichlich
schönes und ausgiebiges Grundstück *für den Bau eines Theaters. In dem gleichen Jahr, das mit Bismarcks Reich anhob, gibt
Richard Wagner der Welt seine eigene Reichsgründung bekannt:
er kündigt den Bau des Bayreuther Festspielhauses an. Ein
deutsch-jüdischer Pianist, der geniale Karl Tausig, und eine preußische Ministersgattin, Marie v. Schleinitz, gründen eine Gesellschaft, die die Mittel beschaffen soll: tausend kleine Mäzene sollen Anteilscheine von je dreihundert Talern zeichnen. Zugleich
stellt ein tatkräftiger Enthusiast in Mannheim einen Richard-
Wagner-Verein auf die Beine, dem Filialen in vielen deutschen
und ausländischen Städten folgen — auf allen sozialen Ebenen
wird dem kulturellen Engagement des neuen Reichsvolks ein Ziel
eröffnet. Dennoch ist die Sache fast aussichtslos. Wagner kann auf
staatliche Hilfe nicht rechnen; er muß sich selbst helfen, gestützt
auf eine kleine Schar von Getreuen, in ständigem Kampf mit
einer Presse, die seine ihr konsequent bezeugte Verachtung mit
Haß und Ranküne erwidert. Unentmutigt erläßt er Bekannt-
machungen über seine Ziele, beruft Architekten und Ingenieure;
am 22. Mai 1872, seinem neunundfünfzigsten Geburtstag, wird
bei strömendem Regen der Grundstein des Festspielhauses
gelegt. Im Markgräflichen Opernhaus dirigiert Wagner Beethovens Neunte Sinfonie; in den Stein versenkt er einen
Spruch:*

128

Hier schließ ich ein Geheimnis ein,
da ruh' es viele hundert Jahr:
solange es verwahrt der Stein,
macht es der Welt sich offenbar.

*Seiner Bayreuther Villa aber — sie wird zwei Jahre später fertig —
setzt er den Spruch an die Stirn:*

39 Richard und Cosima Wagner mit ihrem Sohn Siegfried. Photographie von Adolf v. Groß (Bayreuth 1873)

Hier wo mein Wähnen Frieden fand —
WAHNFRIED sei dieses Haus von mir benannt.

Wagner, der Sechzigjährige, ist endlich ein Behauster geworden, mit Frau und Kindern, mit eigenem Haus und festem Einkommen. Von welchem Wähnen hat er Frieden gefunden? Ist es das Wähnen, Welt und Gesellschaft verändern zu können?

Und hast du mir die Sorge ganz genommen,
bin hold ich um mein Hoffen auch gekommen

hatte er schon im Sommer 1864 in einem Gedicht an seinen königlichen Erretter geschrieben. Die Parodie, die sich von Nestroy an, der 1857 eine hinreißende Persiflage des »Tannhäuser« schreibt, an die Fersen von Wagners Pathos heftet, macht aus dem Weihespruch alsbald: Was im Wahn mit wenig Witz ich erfand. *Die Zeitgenossen und Wagner — sie sehen sich gegenseitig wahnbefangen. Haben sie beide recht? Wagners »Wahn«, seine Exaltation, seine Bizarrerie, sind der Reflex der Anstrengung, auf eigene Faust, als Künstler, dem Wahn zu entrinnen, von dem er seine Zeit befallen sieht.*

Überall im neuen Reich schießen zu dieser Zeit Fabriken und Aktiengesellschaften in die Höhe. Wagners A. G. heißt Patronatverein *— ist es eine Schwindelgründung wie so vieles, was sich im Spekulationsfieber der Gründerjahre bläht? Bayreuth hat einen Januskopf wie fast alles, was dieser theaterbesessene Musikmeister in die Welt setzt. Was hier gewollt ist, kann nicht gelingen; was daraus wird, birgt Keime des Unheils. Nämlich in geistiger und gesellschaftlicher Beziehung; anders steht es um die künstlerischpraktische Seite des Unternehmens. Und so immer bei Wagner: wenn er sich in einer Schrift »Über das Dirigieren« äußert, so geschieht das, einige üble antisemitische Seitenhiebe abgerechnet, mit fesselndem Sachverstand; was er zwei Jahre zuvor über »Deutsche Kunst und deutsche Politik« zum besten gibt, ist eine ambitiöse Mischung von Wahn und Wirklichkeit. Wenn Wagner sich in Bayreuth ein literarisches Organ, die »Bayreuther Blätter«, schafft, so wird das eine reaktionäre Fatalität:* erbarmungswürdiges Zeug, mit Nietzsche zu reden; *wenn er ein Opernhaus bauen läßt, ist er in seinem Element. Mit dem Festspielhaus gelingt Wagner, was er will: ein vollkommen neuartiges Theater; nach seinen Vorstellungen, unter seiner Aufsicht errichten der Architekt Brückwald und der Maschinenmeister Brandt in entfernter An-*

40 »Das Wagner-Theater in Bayreuth im Jahre 1876.« Aquarell von Kirchhoff

lehnung an Sempers Münchner Projekt ein Opernhaus von fundamentaler Modernität. Das Team realisiert eine demokratische Architektur ohne Ränge, mit amphitheatralischer Staffelung des beherrschenden Parketts; Wagners Traum von der erneuerten Antike verbindet sich mit der Kulissentechnik des zeitgenössischen Guckkastentheaters zu einer perfekten Synthese. Das Orchester sitzt, unsichtbar und klanggedämpft, unter einem großen Schalldeckel; so sind die Sänger entlastet — die Musik soll hier dem Drama dienen, nicht umgekehrt. Sachlich, fast ohne Schmuck stellt das Gebäude sich von außen dar, ein unverkleideter Backsteinbau, dessen Proportionen beinahe schroff den Funktionscharakter der einzelnen Teile verdeutlichen.

Die Ornamente fort!

schreibt Wagner auf einen der Brückwaldschen Aufrisse. Dies ist nach allen Seiten, von innen und von außen, ein avantgardistisches Theater, ein einzig dastehendes Stück Revolutionsarchitektur. Auch das 1874 fertig werdende Wohnhaus bekundet den strengen architektonischen Geschmack des Bauherrn — Schnörkel und Windungen leistet sich dieser Komponist in seiner Prosa,

131

41 Haus Wahnfried (Straßenseite) mit dem Fresko von R. Krausse und der Büste Ludwigs II. von C. Zumbusch. Zustand nach der Restaurierung 1976, Photographie

nicht an seinen Gebäuden. Goethe glaubte, ein Zeichner zu sein, und war — seine Dichtung bezeugt es — viel mehr ein Musiker; Wagner wähnt, ein Schriftsteller zu sein, und ist viel mehr ein Mann der bildenden Künste und der Architektur; kaum je geht, in geschmacksverworrener Zeit, sein Urteil hier fehl.
Aber nur baulich-praktisch vermag das Konzept eines neuen Volkstheaters Gestalt anzunehmen. Die den Bau finanzieren, die ihn füllen, machen ihn unvermeidlich zu einem Bestandteil jener Gesellschaft, der Wagners Gründung zu entrinnen strebt. Was als Stätte einer alternativen Kultur gedacht ist, gerät zu einem exzentrischen Ableger der etablierten. Unter Frau Cosimas unerbittlich musealem Witwenregiment wird das nachwagnersche Bayreuth zu der Kultstätte einer Kunstgemeinde, die sich als eingeweiht versteht; sie brütet alle Keime des Unheils aus, die das Werk des Meisters auch enthält. Wagner selbst entwirft der Anpassung ein äußeres Zeichen: den 1882 ausgeführten Königsvorbau vor der glattgewölbten Vorderfront. Das ist als Huldigung an Ludwig II., den erhabenen Gönner, gedacht — es ist wie ein Symbol jener ästhetischen und sozialen Regression, der die Festspielgründung in dem Deutschland Wilhelms II. anheimfällt.

42 Haus Wahnfried (Gartenseite). Zustand nach 1976, Photographie

Schon bei den ersten, mit unsäglicher Mühe aller Beteiligten und einem rettenden Zuschuß des Bayernkönigs zustande gebrachten Festspielen des Jahres 1876 zeigen sich beunruhigende Symptome. Wagner ist sich der Zwiespältigkeit des Gelingens bewußt. Kaiser und Könige pilgern in sein Theater, High-Society mischt sich mit Kartenspekulanten und nationalistischen Schwarmgeistern — ist das das Publikum, das er sich erhofft hat?

Es erschien sehr wahrhaftig, daß so noch nie ein Künstler geehrt worden sei; denn hatte man erlebt, daß ein solcher zu Kaiser und Fürsten berufen worden war, so konnte niemand sich erinnern, daß je Kaiser und Fürsten zu ihm gekommen seien.

Aber dabei bleibt es zu Wagners Enttäuschung auch:

Es mußte mir deutlich werden, daß mehr die Verwunderung über dieses wirkliche Zustandekommen die Teilnahme der höchsten Regionen mir zugewendet hatte als die eigentliche Beachtung des Gedankens, der das Unternehmen mir eingab.

Man war nicht um der Kunst, sondern um der Sensation willen

43 Großer Empfangsraum in Haus Wahnfried. Photographie vom Ende des 19. Jahrhunderts

herbeigeströmt; keine Patrone *waren erschienen,* sondern nur Zuschauer auf sehr teuer bezahlten Plätzen. *Auch Kaiser Wilhelm hat die Reise angetreten und äußert zu Wagner:*

Ich habe nicht geglaubt, daß Sie es zustande bringen würden.

Denn Geld hat er für Bayreuth nur privatim übrig gehabt, und sein Kanzler hat den unterstützungsbedürftigen Theatergründer an den Reichstag verwiesen, was dieser als Zumutung empfand. Hängt das damit zusammen, daß die Initiatorin des Patronatvereins, Marie v. Schleinitz, die Gattin des Hausministers Wilhelms I., zu jener Gruppe von Bismarck-Gegnern gehört, die sich am Hof um die Kaiserin Victoria Augusta schart? Was Wilhelm, der Kartätschenprinz von 1849, nun ein nobler alter Herr von neunundsiebzig Jahren, Wagner sonst noch sagt, verrät Cosimas Tagebuch:

Montag 14ten [August] Walküre, diesmal ohne Not; außer einem Zwischenfall, welcher R. sehr erschreckt. Er wird vom Kaiser berufen, dieser rühmt alles sehr, sagt scherzend, wenn er Musiker gewesen, hätte ihn R. nicht dahinein bekommen (in das Orchester), bedauert, nicht länger als die zwei Aufführungen bleiben zu können, worauf R. erwidert: Die Gnade ist nicht an Zeit und Raum gebunden; die Großherzogin sagt aber, sie bliebe, R.: Dann dehnen Sie die Gnade aus; der Kaiser scherzend: Das war ein Hieb. Er nimmt Abschied, geht einen Schritt zurück, merkt die Schwelle nicht, strauchelt so arg, das R. nur mit dem größten Kraftaufwand ihn zurückhalten kann und überzeugt ist, daß dieser Fall rücklings der Tod des kaiserlichen Herrn gewesen wäre!

Wie, wenn er nicht reagiert hätte? Es scheint, als ob der Gedanke ihm nachgehe. Wagner steht mit Wilhelm von Preußen seit je auf dem Stolperfuße; im Oktober 1847, bei der Berliner Erstaufführung des »Rienzi«, war er der Ausgleitende gewesen, den die zupackende Hand des damaligen Kronprinzen vor einem Sturz bewahrt hatte. Gedenkt er der preußischen Spitzkugeln vom Turm der Dresdner Frauenkirche? SEID IHR MIT UNS GEGEN FREMDE TRUPPEN? Darüber spricht er nicht mehr, aber er hat es nie vergessen. Einer, der sich auf seine Weise mit Deutschlands Geschick befaßt, berührt Bayreuth in den Tagen der »Ring«-Uraufführung von weitem; es ist Karl Marx, der nach

44 Der Zuschauerraum des Bayreuther Festspielhauses. Holzstich (1876). Der Orchestergraben ist falsch wiedergegeben, die Szene eine Phantasie des Zeichners

Karlsbad zur Kur fährt und in Nürnberg kein anständiges Zimmer findet.

Zugleich kündete uns der Wirt die schauerliche Mär, daß wir schwerlich anderswo ein Unterkommen finden würden, indem die Stadt überschwemmt sei, teils infolge eines Müller- und Bäckerkongresses, teils durch Leute aus allen Weltteilen, die sich von dort zu dem Bayreuther Narrenfest des Staatsmusikanten Wagner begeben wollten.

Wer weiß, vielleicht hätte sich Wagner über Marx' Besuch mehr gefreut als über den des Kartätschenprinzen. Jedenfalls hätten beide sich mehr zu sagen gehabt. Ein schöner Gedanke: Karl Marx, der einen Abstecher nach Bayreuth macht und dort mit Wagner und Nietzsche über deutsche Kunst und deutsche Politik debattiert, vielleicht auch über Lassalle, den Wagner 1864 am Starnberger See kennengelernt und nicht sehr überzeugend gefunden hatte. Außer zwei Kaisern, einem König, diversen Fürsten, Großherzögen, Ministern sind auch einige wichtige Komponisten in Bayreuth erschienen, nicht eben Verdi, auch Brahms nicht, den der Komponist des »Ringes« publizistisch als heiligen Johannes apostrophiert hat, aber Bruckner, Tschaikowski, Saint-Saëns. Und Franz Liszt, der bei Cosimas Scheidung die Beziehungen für einige Zeit abgebrochen hatte; in Bayreuth ist er, längst versöhnt, dabei, und Wagner spricht ihn vor einer großen Gesellschaft mit den Worten an:

Hier steht der Mann, ohne den Sie heute vielleicht keine Note von mir gehört hätten!

Mit vielen andern hungert sich Tschaikowski durch die Tetralogie:

Die kleine Stadt gewährte zwar allen Fremden Obdach, aber für ausreichende Ernährung konnte sie nicht sorgen. [...] Jedes Stück Brot, jedes Seidel Bier muß mit unglaublichen Anstrengungen, durch List und eiserne Geduld erkämpft werden. Hat man glücklicherweise einen Platz an der Tafel erwischt, neue schwere Enttäuschung! Denn die lange erwartete Schüssel kommt in vollständig geleertem Zustande zu einem. Unter den Gästen herrscht eine chaotische Unordnung. Alles schreit durcheinander. Die ermatteten Kellner schenken selbst den berechtigsten Forderungen nicht die geringste Aufmerksamkeit.

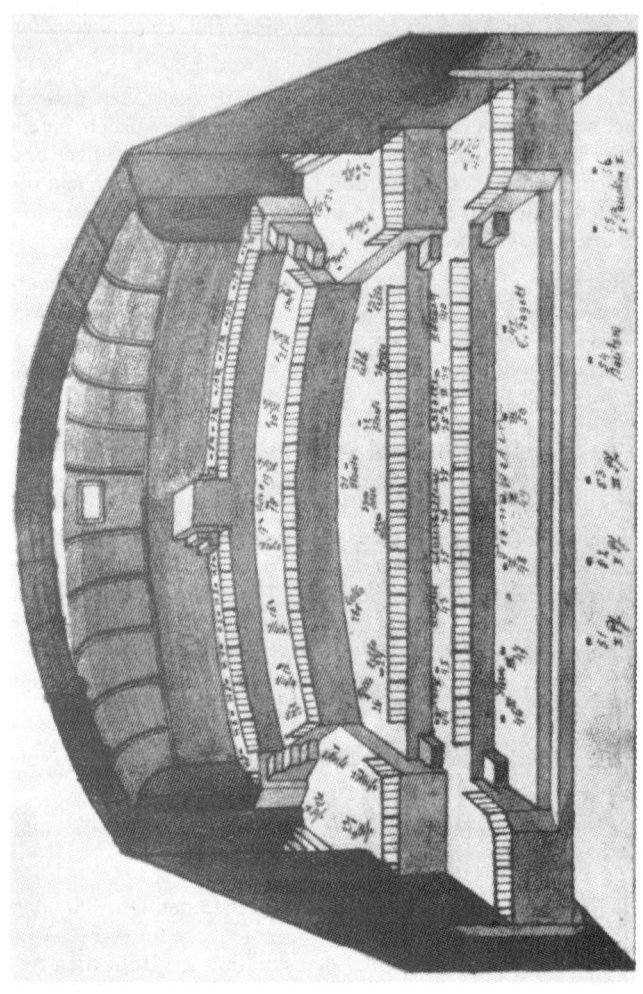

45 Der verdeckte Orchesterraum des Festspielhauses. Zeichnung (1876). Der Schalldeckel wölbt sich entgegen der Darstellung nach innen (vgl. Abb. 47). Die Musiker sitzen vom Dirigenten aus abwärts gestaffelt, ihre letzten Reihen befinden sich unterhalb der Bühne

[...] Während des ganzen ersten Zyklus der Vorstellungen der Tetralogie bildete das Essen das allgemeine Gesprächsthema und schwächte ganz bedeutend das Interesse für die Kunst ab. Man hörte mehr von Beefsteaks, Schnitzeln und Bratkartoffeln als von Wagners Leitmotiven.

Dieser Übelstand mag zu der kritischen Aufnahme der exzessiven Novität beitragen. In den »Russischen Nachrichten« schreibt Tschaikowski:

Wenn ich als Berufsmusiker nach der Aufführung der einzelnen Teile der Tetralogie das Gefühl vollständiger geistiger und physischer Erschöpfung empfand, wie groß muß da erst die Ermattung der zuhörenden Dilettanten sein? Sicherlich haben sich diese weit mehr mit den Wundern beschäftigt, die auf der Bühne vorgehen.

Aber es hapert anfangs noch heftig mit diesen Wundern. Cosima notiert am 13. August:

Erste Rheingold-Aufführung mit vollständigem Unstern, Betz verliert den Ring, läuft zweimal in die Kulissen während des Fluches, ein Arbeiter zieht den Prospekt zu früh bei der ersten Verwandlung heraus, und man sieht die Leute in Hemdärmeln dastehn und die Hinterwand des Theaters.

Plötzliche Erscheinung der Arbeiterklasse in der Festspielpremiere des Stückes, das in allegorischer Verkleidung die Verwandlung von Naturschätzen in Kapital beschreibt. Aber das hätte allenfalls Karl Marx bemerkt, wenn er den Abstecher nach Bayreuth gemacht hätte. Die Oberklasse des Reichs sah das einzige sozialistische Kunstwerk in Deutschland vor Anbruch des Naturalismus – und war entzückt, beschreibt Martin Gregor-Dellin, Wagners Biograph in unsern Tagen, den Hauptwiderspruch dieser Uraufführung:

So trügerisch ist Kunst, die nur Gleichnisse vorführt. Der Mythos zeigt, wie alles zerfällt und zuschanden wird und daß es das nächstemal anders kommt: nur merken die Zuschauer es nicht.

Als sie es, genau hundert Jahre nach der ersten »Ring«-Aufführung, in der Inszenierung eines jungen Franzosen in Bayreuth zum erstenmal merken, schreien sie laut auf vor Empörung. Da-

von ist das Publikum von 1876 entfernt; immerhin lauten die Presseberichte vom ersten Zyklus so abschreckend, daß es in den folgenden beiden Aufführungsserien leere Plätze gibt. Ein wagnerbegeisterter Opernregisseur zieht das Fazit, daß, könnten Stimmen gewogen werden, die Schale sich tief nach der Seite der Ablehnung gesenkt hätte. Cosima ist über die Kostüme des Berliner Professors Doepler entsetzt; sie notiert in der Probenzeit:

Nachmittags Kostüm-Probe, wenig Freude daran, viel Konventionelles, Unschönes, wenig Erfindung bei großer Überladung. [...] Die Kostüme erinnern durchweg an Indianer-Häuptlinge und haben neben dem ethnographischen Unsinn noch den Stempel der Kleinen-Theater-Geschmacklosigkeit.

Camille Saint-Saëns ist so klug, erst zur zweiten Serie zu kommen; da hat sich der riesige Apparat schon eingespielt:

Man hört den Schlag des Taktstocks von einem unsichtbaren Orchesterdirigenten; tiefe Stille tritt ein, die Gasflammen verlöschen bis zur völligen Abdunkelung. Ein leises Summen dringt aus der Tiefe, das Summen wird lauter, voller und erfüllt den Saal mit gesättigtem Wohllaut. Die da glauben, Wagner habe nur Dissonanzen geschrieben, sind aufs höchste überrascht, wenn sich im Rheingold durch 61 Takte hindurch nur der eine Es-Dur-Akkord aufbaut.

Der Vorhang teilt sich in der Mitte, er entfernt sich, und man sieht gar nichts. Ein unbestimmtes grünliches Licht erhellt den Schauplatz. Es beginnt ein Sirenengesang, allmählich werden die anmutigen Gestalten der Rheintöchter sichtbar, gleichsam flüssig und halb durchscheinend. Man kann sich nichts Entzückenderes denken. Sie haschen sich unter anmutigen Schwimmbewegungen; denn wir befinden uns auf dem Grunde des Rheins. Schier ein Wunder erscheint es, wie die Rheintöchter so mitten im Wasser schwebend gehalten werden. Das ist ein Triumph der bühnentechnischen Illusion. Ihre schelmische Flucht vor dem Zwerg Alberich, der sich ängstlich an den Felsen klammert, ihr jauchzender Gesang, wenn die aufgehende Sonne das Gold bestrahlt, das Farbenspiel der Meereswogen im Orchester — das alles läßt sich nicht mit Worten beschreiben. Die widerstrebendsten Zuschauer wer-

46 Richard Wagner im Festspielhaus bei einer Vorprobe zum »Ring
des Nibelungen«, 8. August 1875. Kohlezeichnung von Adolph Men-
zel (Putto und Ranken von 1876)

den gewonnen und hingerissen durch dieses Schauspiel in dem Paradies der Zukunftskunst.

[...] Dieser erste Abend beweist schon zur Genüge, daß die Aufgabe in Bayreuth in vollendeter Weise gelöst ist. Das Orchester deckt durchaus nicht die Stimmen, eher wird umgekehrt das Orchester durch die Stimmen gedeckt, genauer gesagt, durch die Stimme; denn außer den drei Rheintöchtern, die als Terzett auftreten, singt jede Person für sich allein, kämpft stets nur eine Stimme gegen das Orchester an, und doch ist jedes Wort außerordentlich gut hörbar und verständlich.

[...] Die Musik in der Bayreuther Gestaltung gibt der Dichtung ein Relief, mehr noch, sie gibt ihr eine Seele — eine Seele, die wie mit suggestiver Gewalt sich unseres Verstandes, unseres Herzens bemächtigt. Wie soll man denen, die es nicht erlebt, das Wunder begreiflich machen?

Von allen Stimmen zu diesem Festspiel-»Ring« ist die des französischen Komponisten die schönste und kundigste. Die überschwenglichste kommt aus dem Geäst einer Linde vor Schloß Linderhof. Dort sitzt am Tage der zweiten »Rheingold«-Aufführung Bayerns König, der der Premierenbegegnung mit Kaiser Wilhelm und seinen andern Standesgenossen ausgewichen ist und statt dessen die Generalprobe besucht hat; er schreibt an den Komponisten:

Herr meines Lebens! Göttlicher Freund!
Hoch auf einer selten schönen, astreichen Linde, auf welcher ich Tisch und Sitze mir herrichten ließ, schreibe ich Ihnen heute am Rheingold-Abend. [...] Wie neugeboren fühle ich mich seit dem Erleben jener Wonnetage, deren Wiederholung ich kaum erwarten kann. — Ihnen dienen will ich, solange ich lebe und atme. O leben und schaffen Sie, angebeteter Freund, noch *viele* Jahre! Wenn Sie dereinst nicht mehr sind, dann werfe ich es hin, dieses Leben, da sein Inhalt dann verschwunden. [...]
Ich *brenne* nach der dritten Aufführung, die mich der Erde entrückt und in ekstatische Wonnen mich Glücklichen erhebt. Segen, Heil Dir, der so zu erschüttern, so zu läutern, so zu erheben vermag! In Treue ohne Wanken, des angebeteten, großen, glühend verehrten Freundes und Herrn des Lebens

ewiges Eigen
Ludwig.

*Wagner hat volle zwei Jahre an die Vorbereitung der Aufführung
gewandt und in dieser Zeit nichts komponiert außer einem 5000-
Dollar-Festmarsch zur Jahrhundertfeier der Vereinigten Staaten.
Hans Richter ist der Dirigent seines »Ringes«, der Komponist fungiert als Regisseur, und er hat sich trainiert für dieses Geschäft: in
Wien hat er Ende 1875 »Tannhäuser« und »Lohengrin«, in Berlin im März 1876 »Tristan und Isolde« inszeniert, mit fulminan-
tem Erfolg bei Zuschauern und Mitwirkenden. In allen diesen
Szenen stand ein großer Schauspieler vor uns, berichtet ein
kompetenter Zeuge von Wagners Wiener Probenarbeit, bei der er
den Sängern szenenweise ihre Partien vorsingt und -spielt. In seinem Essay »Richard Wagner in Bayreuth« — er liegt pünktlich zu
den Festspielen im Druck vor — spannt Nietzsche diesen Befund
über Wagners ganze Erscheinung aus:*

Wenn man versucht hat, die großartigsten Entwicklungen aus
inneren Hemmungen oder Lücken herzuleiten, [...] so dürfte
man wohl in ihm eine schauspielerische Urbegabung annehmen, welche es sich versagen mußte, sich auf dem nächsten tri-
vialsten Wege zu befriedigen, und welche in der Heranzie-
hung aller Künste zu einer großen schauspielerischen Offenbarung ihre Auskunft und ihre Rettung fand. Aber ebensogut
müßte man dann sagen dürfen, daß die gewaltigste Musiker-
Natur, in ihrer Verzweiflung, zu den Halb- und Nicht-Musi-
kern reden zu müssen, den Zugang zu den andern Künsten ge-
waltsam erbrach, um so endlich mit hundertfacher Deutlichkeit sich mitzuteilen und sich Verständnis, volkstümlichstes
Verständnis zu erzwingen.

*Wagners Musik schöpft auf spezifische Weise aus mimetischen An-
trieben; aus dem Drang nach Darstellung erwachsen neue musikalische Möglichkeiten und Energien. Auch der Natur ist diese
Ausdruckskunst zugewandt, Nietzsche sagt es mit schönen Worten:*

Von Wagner, dem *Musiker*, wäre im allgemeinen zu sagen, daß
er allem in der Natur, was bis jetzt nicht *reden* wollte, eine
Sprache gegeben hat: er glaubt nicht daran, daß es etwas Stum-
mes geben müsse. Er taucht auch in Morgenröte, Wald, Nebel,
Kluft, Bergeshöhe, Nachtschauer, Mondesglanz hinein und
merkt ihnen ein heimliches Begehren ab: sie wollen auch tönen. Wenn der Philosoph sagt, es ist *ein* Wille, der in der beleb-

ten und unbelebten Natur nach Dasein dürstet, so fügt der Musiker hinzu: und dieser Wille will, auf allen Stufen, ein tönendes Dasein.

Eben weil die Musik bei Wagner zu einer darstellenden Kunst von ungeahnter Eindringlichkeit wird, ist sie der Szene gefährlich; das machtvolle Klanggewebe droht das Drama zu überwältigen. Wagner sieht die Gefahr und sucht ihr zu begegnen; theoretisch und praktisch insistiert er darauf,

Orchester-Probe.

47 Richard Wagner bei einer Orchesterprobe auf der Bühne des Festspielhauses (am Pult Hans Richter). Zeichnung von Ludwig Bechstein (1876)

144

Der Meister in der Probe

48 »Der Meister in der Probe.« Holzstich nach Ludwig Bechstein (aus der Zeitschrift »Über Land und Meer«, 1876)

daß im Theater nur die theatralische Kunst wirkt, und zwar einzig durch vortreffliche Darstellungen.

An diese wendet er in Bayreuth vornehmlich seine Arbeit, aber wer könnte an sechzig Probentagen das vierteilige Werk inszenatorisch bewältigen? Wie es zugeht in den Bühnenproben, beschreibt Wagners Verleger, der dreiundzwanzigjährige Ludwig

Strecker; er erlebt am 24. Juni eine Klavierprobe des ersten Akts
»Siegfried«:

Wagner anfangs rasend, warum weiß ich nicht. Schrie, lief mit geballten Fäusten herum, stampfte mit den Füßen etc. Dann sofort besänftigt, macht er Ulk, nahm Siegfrieds daliegendes Horn, hielt es vor den Kopf und rannte dem eben ankommenden Professor Döpler damit vor den Bauch.
Von der Probe war ich ganz aufgeregt; prachtvolle Dekorationen, famose Stimmen. Betz als Wanderer großartig; dabei Erz-Philister. Wagner, der von Quecksilber schien, offerierte ihm zwischendurch eine Prise, die Betz mit großem Behagen genoß. Dann bei Gelegenheit setzte der Wanderer seine Brille ab und legte sie vorsichtig, immer singend, auf den Amboß.
Nach der Probe ging ich mit Wagner in sein Zimmer, wo er sich mit Hilfe des Dieners, ganz gemütlich mit mir plaudernd, auszog — bis auf die Haut — und Kölnisch-Wasser-Abreibungen vornahm. Dann legte er andere Wäsche an; sehr vorsichtig und praktisch, denn während der ganzen Probe war er auf den Beinen; er ist unerschöpflich an guten Einfällen. Wie er alles das aushält, ist mir ein Rätsel.

Wagner leistet Übermenschliches, aber das Resultat bleibt weit hinter seinen Erwartungen zurück; zehn Tage nach der letzten Vorstellung macht sich sein Unmut Cosima gegenüber Luft:

R. will die Matadoren Betz und Niemann nicht mehr [...] Brandts* Leistungen bei weitem hinter dem zurück, was man erwarten konnte! Richter nicht eines Tempos sicher — — trübseligste Erfahrungen! [...] Kostüme, Dekorationen, alles muß für die Wiederholung wieder vorgenommen werden. R. ist sehr traurig, sagt, er möchte sterben! — — Sehr drollig nennt er Betz und Niemann Theaterschranzen!

Seine Hauptempfindung während der Aufführungen, *sagt er Monate später, sei* Nie wieder! *gewesen. In den Armen einer sechsundzwanzigjährigen Französin, Judith Gautiers, der Tochter Théophile Gautiers, erholt sich der Autor, Komponist, Regisseur von den Strapazen und Beklemmungen der gigantischen Unternehmung. Mit rundem Gesicht, kleiner Nase, vollen Schultern*

---

* Carl Brandt (1828–1881), berühmter Theatermaschinist, der Bühnentechniker des »Rings« und Mitprojektant des Festspielhauses.

49 Judith Gautier. Photographie von Nadar (Paris 1875)

*gehört sie zu jenem Frauentypus, der ihn mit einer Ausnahme, sie
heißt Cosima, ein Leben lang fasziniert hat. Judith, die geschie-
dene Frau von Catulle Mendès, kann Chinesisch, schreibt Ro-
mane und ist so schön wie begabt; Wagner kennt sie aus der
Triebschener Zeit. Der Dreiundsechzigjährige, der sich während
der Festspiele mit Hilfe von Chloral in den Schlaf bringt, findet in
der Pariserin*

den Überfluß meines armen Lebens [...], das nun so gut behü-
tet ist, seitdem ich Cosima habe.

Sie ist ihm der einzige Liebesstrahl in jenen Tagen, *die für* manche so erfreulich und für mich so unbefriedigend waren, *ist ihm* voll eines so süßen, einlullenden und berauschenden Feuers. *Dann bricht er mit Frau und Kindern nach dem Süden auf; in Italien will er ausruhen von der Mühsal, dem Widersinn der Realisierung.* Auch Nietzsche rät zu der Reise:

Hinter dem großen Ereignisse liegt ein Streifen schwärzester Melancholie, aus dem man sich gewiß nicht schnell genug nach Italien oder ins Schaffen oder in beides retten kann. Wenn ich Sie mir in Italien denke, so vergegenwärtige ich mir, daß Ihnen dort die Inspiration zum Anfange der Rheingold-Musik kam. Möge es für Sie immer das Land der Anfänge bleiben! Sodann werden Sie die Deutschen eine Zeitlang los, und es scheint dies hie und da nötig zu sein, um etwas Ordentliches für sie tun zu können.

Tschaikowski zieht in den »Russischen Nachrichten« ein optimistischeres Fazit:

Ich muß sagen, daß jeder, der an die ethische Kraft der Kunst glaubt, [...] von Bayreuth einen sehr erquickenden Eindruck mit fortnehmen muß. [...] Die Bayreuther Feier ist [...] eine Lehre für jene verstockten Feinde der Kunst, die in ihrer Hoffart glauben, daß fortgeschrittene Leute sich mit nichts anderem beschäftigen müssen, als was unmittelbaren praktischen Nutzen bringt. [...] Ob Richard Wagner recht getan hat, indem er im Dienst seiner Idee bis zum Äußersten gegangen ist, [...] und ob die Kunst noch weiter auf dem Wege, den er als Ausgangspunkt bezeichnet, fortschreiten wird oder ob der *Ring des Nibelungen* zugleich den Punkt bedeutet, von dem aus die Reaktion beginnen wird — wer wollte das heute entscheiden? Sicher ist nur, daß sich in Bayreuth etwas vollzogen hat, woran sich noch unsere Enkel und Urenkel erinnern werden.

Drittes Kapitel

DER ENTTÄUSCHTE SIEGER

September 1876

Zunächst bedarf ich wohl eines großen Vergessens, einer tiefen Beruhigung und Erholung meiner durch fünf Jahre rastloser Anstrengung sehr ermüdeten Nerven. Ich gedenke mit der Brenner-Bahn nächsten Donnerstag ohne Verzug nach Italien zu verreisen: mit meiner ganzen Familie wünsche ich dort, etwa in Sorrent, den Winter bis zum Frühjahr zu verleben, um im übrigen von der Welt, namentlich von unsren schrecklichen Opertheatern, nichts zu hören und zu sehen! So, neu gestärkt, gedenke ich im Mai nochmals die Arbeit aufzunehmen, um etwa vom 23 Juli bis 15 August die verbesserten Aufführungen vorzubereiten, welchen dann hoffentlich mein erhabener Freund und Wohltäter ungestört sämtlich beiwohnen können wird. Denn nun habe ich mir keine fürstlichen Patrone mehr zu werben, und — ungeworben wird wohl keiner mehr es der Mühe wert halten zu kommen. Daß Sie, mein hochgeliebter König, diesmal diese erlauchten Herrschaften, welche andererseits Ihnen den Genuß an meinem Werke verleideten, auch noch so herrlich als Gäste beherbergten und pflegten, ist so himmlisch, so tragisch schön, daß ein Dank meinerseits dafür Ihnen wohl sehr nichtig erscheinen müßte. [...]
Oh! Seien Sie gesegnet! Es gibt keine denkbare Heilsfülle, die ich nicht auf Ihr göttlich teures Haupt herabbete! In diesem Gefühle lassen Sie mich ersterben als
meines königlichen Erlösers
ewiges Eigen:
Richard Wagner

Geschrieben zu Bayreuth, am 11. September 1876. Drei Tage später wird die Reise angetreten. Mit Sack und Pack nach Italien, *ist die Losung; man fährt erst nach München, dann über den Brennerpaß — seit neun Jahren gibt es hier eine Eisenbahn. Denn nicht nur Richard Wagner ist vorwärtsgekommen seit seinem letzten Venedig-Besuch. Europa steht im Bann von Technik und Industrie; im Hintergrund von Wagners exzessiver Geniebehauptung steht eine explosive Entwicklung der materiellen Produktiv-*

50 Santa Maria della Salute, erbaut von Longhena 1631–1656, vom Hotel de l'Europe gesehen. Photographie

kräfte. Dieser Komponist lebt in einer Zeit, in der die Kunst von einer profitgepeitschten Industrialisierung an den Rand der gesellschaftlichen Triebkräfte gedrückt wird, und er revoltiert gegen diesen Zustand; die exzentrische Gebärde seines Genieimperialismus ist der Reflex der Ohnmacht, zu der er Kunst und Kultur in

der bürgerlichen Gesellschaft verurteilt sieht. Die Maßlosigkeit seiner Ansprüche hat damit zu tun, daß er sich auf verlorenem Posten findet; in Bayreuth sucht er ihn zur Festung auszubauen.
Zum zweitenmal fährt Wagner mit Cosima über die Alpen; das erste Mal liegt acht Jahre zurück, es brachte die Entscheidung über ihre Trennung von Hans v.Bülow. Am 15. September 1876 schreibt sie in ihr Tagebuch:

Fahrt über den Brenner. Begrüßung der Berge, welche mich geborgen! Die Alpen, die meinem Beruf die Weihe gaben; Gedenken des Abschieds in München, der Nachtfahrt mit Isolde und Eva, beide auf den Armen. Viel Gedenken und Weinen!

Cosima ist ihrem Beruf gefolgt, aber die Trennung von Bülow bleibt eine dauernde Last. Am 19. September trifft Wagner mit Frau und Kindern und seinem Faktotum, dem Barbier Schnappauf, in Venedig ein — fast fünfzehn Jahre sind seit der November-exkursion zu den Wesendonks vergangen. Man wohnt im Hotel de l'Europe am Ausgang des Canal Grande, gegenüber der Kirche Santa Maria della Salute, einem barocken Zentralbau, den Venedigs Einwohner im 17. Jahrhundert der Befreiung von einer Pestepidemie gestiftet haben. Angst und Schrecken, Greuel und Verbrechen liegen auf dem Grunde der Vergangenheit, deren Denkmäler den Gast durch ihre Schönheit berücken; sie sind auf-gehoben in dieser Schönheit — die Zeit läßt als Bleibendes nur die Form übrig: Geschichte als ein Prozeß der Verklärung, Kunst als ein Akt der Sublimation. Vor den Werkstätten des siebenhundert-jährigen Arsenals, einst des größten Schiffsbauplatzes der Welt, hört Cosima die Lieder des Volkes:

Arbeiter am Arsenal, welche uns entzücken, heitere, fromme und ernste Gesänge geben sie uns zum besten, ich bitte um die Canzone del Tasso, die mich sehr ergreift. Unaussprechliche Freude an dieser Musik, die Seele des Volkes!

Aber Richard ist nicht wohl, die Luft bekommt ihm nicht sehr gut. *Oder sind es die Nachrichten aus Bayreuth? Dort will er den unbefriedigenden »Ring« übers Jahr in sorgfältig korrigierter Ge-stalt herausbringen; nun muß er hören, daß die Festspiele mit ei-nem Defizit von hundertzwanzigtausend Goldmark abgeschlos-sen haben; in Venedig erreicht ihn die niederschmetternde Nachricht. Vor fünfzehn Jahren hat er hier Abschied von Ma-thilde Wesendonk genommen — heißt es nun, Abschied von den*

Bayreuther Festspielen zu nehmen? Von den zahlreichen Potentaten, die Bayreuth die Ehre gegeben haben, hat einzig der König von Bayern auch einen finanziellen Beitrag geleistet, und die Spenden der Wagner-Enthusiasten haben die Kosten so wenig decken können wie der Honorarverzicht aller Mitwirkenden. Wagner ist in Venedig auf dem Punkt, wie der Wotan der »Walküre«

»das Ende! das Ende!« zu beschließen und meinen Herren Verwaltungsräten aufzugeben, in Bayreuth aufzuräumen.

Da kommt Ludwigs Antwort auf seinen Brief vom 11. September und bewirkt einen Stimmungsumschwung. Der Brief ist in einer Jagdhütte auf dem Hochkopf, einem Alpengipfel über dem Walchensee, geschrieben; Ludwig tröstet den Komponisten:

Mein innigst geliebter, großer, angebeteter Freund!
[...] Mit wahrer Betrübnis [...] erfüllt mich die tief traurige Stimmung, die ich aus Ihrem teuren Briefe entnehme. Ach, es ist nur zu wahr, daß, wie Sie schreiben, Sie und Ihr Werk keinen Boden in dieser jammervollen Zeit, mit ihren nichtswürdigen, gemeinen Tendenzen, haben. [...] Der das Dunkel verscheuchende siegreiche Glanz, der Ihren gottentstammten Werken, heiligem Feuer gleich, entströmt, er hat eine Schar von Gläubigen, von treuen Jüngern Ihnen erworben, die nicht zu verachten sind, die die heilige Flamme nähren; eine Schar, die sich immer mehr und mehr ausbreiten und die wahre Heilslehre des Meisters, Christi Jüngern gleich, verkünden, allenthalben sie einpflanzen wird und jene überzeugen, die irgend guten Willens sind. Es ist ja gar nicht anders möglich, als daß der so liebevoll und sorgsam eingesenkte Samen dereinst die herrlichsten Früchte der Erkenntnis bringe. »Ich, Euer Herr und Meister habe Euch ein Beispiel gegeben«, können Sie getrost mit Jesus sagen, und wahrlich, dies sage ich: es wäre sehr unrecht, annehmen zu wollen, daß das große Ereignis umsonst geschah [...]
Mit wonnigem Entzücken gedenke ich des Erlebten; o es waren himmlische Eindrücke, die ich dort — Dank, feurigen Dank Ihnen, Unvergleichlicher! — erhalten habe, die niemals aus meiner Seele schwinden werden! Der hehre Genuß ward noch bedeutend dadurch gesteigert, ja erhielt erst seine wahre Weihe für mich dadurch, daß Wir vereint das herrliche Werk

51 Ludwig II. Photographie

mit durchlebten! Wären doch nur die Ovationen nicht! ich
habe eine wahre Antipathie vor dergleichen.

*Das ist nicht die Zuschrift eines kopflosen jungen Enthusiasten, es
ist ein Handschreiben des Königs von Bayern, der inzwischen ein-
unddreißig Jahre alt und nicht bloß ein Titularkönig ist. Ein kon-
sequenter Politiker ist er ebensowenig; immerhin zeigt er gegenüber den starken ultramontanen Kräften in seinem Lande
Haltung und Festigkeit und tritt dem politischen Klerikalismus,
der über die Landtagsmehrheit verfügt, in den Jahren 1875/76 mit*

Entschiedenheit entgegen. Der Brief, den er seinem angebeteten
Freund nach Venedig sendet, fällt nicht aus dem Rahmen der
wechselseitigen Korrespondenz, er ist geradezu der Typus dieses
Briefwechsels, der es in einem Zeitraum von neunzehn Jahren auf
441 Briefe, 16 Gedichte und 156 Telegramme bringt, von denen
zehn weitere Gedichte enthalten. Als »Gottmensch« erscheint der
»Wort- und Tondichter Meister Wagner« dem König nach der
»Ring«-Generalprobe, dieser kontert mit »Genius-Genosse«. Na-
türlich: solche Verbalekstasen sind auch Stil der Zeit; Wagner
und Ludwig II. leben in einer Periode allgemeiner Sprachaushöh-
lung, die dem Niedergang des Formgefühls in andern Lebensbe-
reichen an die Seite tritt. Neubarock ist der dernier cri des archi-
tektonischen Epigonalismus (Ludwig weiht ihm ein ganzes
Schloß), und auch der herrschende Briefstil gefällt sich in der
Nachahmung barocker Gebärden. Was im 18. Jahrhundert sou-
veräne Ornamentik war, wird nun schierer Überschwang: ohn-
mächtige Gegenwehr gegen die Übermacht der Realien. Auf die-
sem löcherigen Fundament errichten der König und der Kompo-
nist ein Gefühlsgebäude von sonderlich schwindelerregender
Architektur. Das von der ersten Begegnung an; schon im Mai
1864 schreibt Ludwig an Wagner:

Wenn ich Sie vor mir, wie neulich, gerührt durch die letztemp-
fangenen Eindrücke, sehe, wenn ich mir sagen darf: »Durch
Dich ist Er glücklich und zufrieden geworden!«, so bin ich so
über- und überglücklich, so erhoben durch wonnige Gefühle,
daß ich den Himmel auf Erden wähne. Oft sagen Sie mir, daß
Sie mir viel verdanken; aber das ist alles wie ein leeres Nichts
gegen das, was ich Ihnen zu verdanken habe. — Die schönsten
Augenblicke meines Lebens habe ich von Ihnen empfangen, alles, alles von Ihnen, jede Freude, jede Wonne!

Der König und sein Wort-Ton-Dichter — sie machen sich von
Anfang an gegenseitig verrückt. Mit dem Unterschied, daß Wag-
ner, der Mann des Theaters, dieser Verrücktheit Herr bleibt, als
einer Maske, die er, wenn es darauf ankommt, auch innerhalb der
Briefe selbst schnell ablegen kann, während der schwärmerische
Monarch, eine empfindsame, vielfach begabte Natur, den ein ho-
moerotisch bestimmtes Gefühlsleben in Menschenscheu und Ver-
stiegenheit treibt, sich ihr weitgehend ausliefert. Wagner als der
neue Christus, dessen Jünger die wahre Heilslehre *ausbreiten —*
diese Zeilen, die erst sechzig Jahre nach ihrer Niederschrift ans

Licht kommen, enthalten in nuce, was unter Cosimas starrer Wit-
wenherrschaft aus Bayreuth später wird, ungeachtet der erleuchte-
ten Geister, die sich auch dort einfinden: Bernard Shaw, Romain
Rolland, Albert Schweitzer. Nicht sie prägen den Geist der Fest-
spiele, sondern die von deutschtümelnden Reaktionären nachge-
betete Verzückung des königlichen Ekstatikers, der sich, entmün-
digt und entthront, drei Jahre nach Wagners Tod in den
Starnberger See stürzt. Von dem so liebevoll und sorgsam einge-
senkten Samen *verspricht er sich* dereinst die herrlichsten
Früchte der Erkenntnis; *das sind, im Licht der Geschichte, fast*
unheimliche Worte. Es ist Wagners Los, zu Lebzeiten von einem
verwirrten König gerettet und fünfzig Jahre nach seinem Tod von
einem wahnsinnigen Diktator zu jenem Staatsmusikanten er-
nannt zu werden, den Marx 1876 in ihm witterte.

Auf dem Hochkopfe, den ich seit Ihrem Geburtstage nicht
mehr bezog, hier wo Ihr Geist ewig wehen wird, schreibe ich
diesen Brief. Innigste Herzensgrüße den lieben Ihren! O
möchte der Anblick von Italiens holden Auen Sie recht fröh-
lich, recht lebenslustig stimmen! vergessen Sie das mit Recht
Sie so anekelnde Opernwesen, leben Sie der Freude allein und
verbannen Sie die Sorgen!

So endet des Königs Brief nach Venedig. Dankbar empfängt
Wagner den Zuspruch. Der siegreiche Glanz, der seinen gottent-
stammten Werken entströmt, hat ihm wie immer außer einer
Schar von Gläubigen auch eine von Gläubigern eingebracht; er
ist infolge der Festspiele tiefer verschuldet als zu der Zeit, da Lud-
wig ihn vor dem Schuldturm bewahrte. Wagner antwortet tele-
graphisch:

Seiner Majestät König Ludwig II von Bayern
            Hofsekretariat, München
Das gestern empfangene Allerhöchste Schreiben übte einen so
bedeutenden Eindruck auf mich aus, daß ich sehr ernstem Ent-
schlusse, zu welchem er mich bestimmt, besonnen nachzuge-
hen gedenke und hierüber nach einiger Sammlung meinem erhabenen Herrn mich mitzuteilen freue. Für heute treibt mich
jedoch ein Wunsch zu dieser Mitteilung: Oh! möchte der Erhabene bald Italien besuchen, wenn nur fürs erste Venedig, wo
wir gestern im Palazzo Giustiniani die Wohnung aufsuchten,
in welcher ich vor 18 Jahren den zweiten Akt des »Tristan«

ausführte. Wie würde Parzival dies alles anmuten, anders als anderes. Heil und Segen.

Allergetreulichst
Richard Wagner

Parzival, das ist der König — er hat den Namen des reinen Toren für sich angenommen. Der ernste Entschluß wird ein paar Wochen später zu Papier gebracht: es ist die Absicht, die bankerotten

52 Richard Wagner. Photographie von Elliott and Fry (London 1877). Judith Gautier verwandte dieses Photo als Titelbild ihres Buches »Richard Wagner et son œuvre poétique« (Paris 1882)

Festspiele in ein Staatstheater umzuwandeln. Vermittelst des Reichstags soll das geschehen, dessen Anrufung Wagner früher verschmäht hatte; nun denkt er an eine vom Reich getragene Stiftung, die ungefähr folgendermaßen *aussehen soll:*

Die deutsche Reichsregierung übernimmt das Bühnenfestspielhaus in Bayreuth mit allem Zubehör, gegen Entrichtung und Bezahlung der auf seine Herstellung verwendeten und bis jetzt noch nicht gedeckten Unkosten, als der Nation zugehöriges Eigentum und übergibt es als solches dem Magistrat der Stadt Bayreuth zur Verwaltung, mit dem Auftrag und der Verpflichtung, im Sinne des Gründers dieses Theaters und nach von demselben hierfür zu gebenden Anleitungen und Statuten alljährlich Aufführungen nach dem Vorbilde der 1876 von mir veranstalteten stattfinden zu lassen. Die Kosten der alljährlichen Aufführungen werden durch den jedesmaligen Verkauf von 1000 Plätzen sowie durch einen jährlichen Zuschuß von 100000 Mark von seiten des Reiches gedeckt; durch diesen Zuschuß erhält das Reich das Recht, die übrigen 5 bis 600 Plätze gratis an Unbemittelte der deutschen Nation zu vergeben.

Die Idee eilt ihrer Zeit voraus; was Wagner anstrebt, ein vom Staat getragenes Autorentheater, das jedermann finanziell zugänglich ist — erst Brecht wird es unter den Auspizien sozialistischer Theaterförderung gelingen. Und erst 1976, hundert Jahre nach jenem Brief, wird Wagners Theater aus einem Familienunternehmen eine freie Stiftung, getragen von staatlichen und städtischen Fonds. In Sorrent, wohin er sich Anfang Oktober wendet, formuliert Wagner sein Staatstheaterkonzept für den König. Viel Hoffnung macht er sich nicht:

»Oh! Fantasia!« So rief, bei einer kürzlich von uns ausgeführten Eselspromenade, der Treiber des Trägers meiner Frau seinem Tiere beständig ermunternd zu. Das gute Tier hieß wirklich »Fantasia«, wollte aber gar nicht recht vorwärts kommen; deswegen erklang das »Ah« immer vorwurfsvoll, bis der Treiber fortfuhr: »Corraggio Fantasia! Allegre! — Buoni maccaroni, tutto formaggio!« Wir frugen ihn erstaunt, ob er seinem Esel wirklich fette Makkaroni vorsetzen werde; worauf er erwiderte: ach nein, er wäre schon mit Heu zufrieden; mit den Makkaroni wolle er nur verlockt haben. »Ach Fantasia!« so rufe ich nun auch meiner müden Seele zu, und vielleicht war der von mir entworfene Plan und Antrag nicht viel anderes als die »buoni Maccaroni, tutto formaggio«, welche jener Eseltreiber seinem müden Tiere vorspiegelte.

In Sorrent in der Bucht von Neapel, im Hotel Vittoria, wo er die Nacht zuvor Schreckliches geträumt hat, Cosima schreibt es auf:

R. träumt von meiner Hinrichtung, ich hätte mit meinem Vater abgemacht, daß, um meine Verheiratung mit R. zu büßen, ich mich hinrichten lassen müsse, nur Lulu* sollte mich begleiten; er hatte anfangs nicht daran geglaubt, wie er mich aber auf einer Bahre habe tragen sehen, weil ich nicht gehen konnte, habe er laut geschrien und sei von seinem Schrei aufgewacht. Vorher hatte er geträumt, daß Siegfried aufgeführt würde und daß etwas Unrichtiges auf der Bühne — »Brandt, die Beleuchtung geht ein«, mit diesen Worten sei er aufgewacht!

In Sorrent, wo er ein paar Tage später Friedrich Nietzsche zum letztenmal sieht, den Freund und langjährigen Mitstreiter; der enragierte Gegner des neuen Reiches ebenso wie aller antisemitischen Wahnvorstellungen ist im Begriff, sich von Wagner zu emanzipieren. Er arbeitet an einem neuen Buch: »Menschliches, Allzumenschliches«, das er zwei Jahre später mit deutlicher Spitze gegen Wagner dem Andenken Voltaires zur Gedächtnis-Feier seines Todestages, des 30. Mai 1778, widmet. Verehrtestes Fräulein, schreibt er 1878 an Mathilde Maier, die ihm einen Brief über das Buch gesandt hat:

Verehrtestes Fräulein, es ist nicht zu ändern: ich muß allen meinen Freunden Not machen — eben dadurch, daß ich endlich ausspreche, wodurch ich mir selber *aus* der Not geholfen habe. Jene metaphysische Vernebelung alles Wahren und Einfachen, der Kampf mit der Vernunft *gegen* die Vernunft, [...] — dazu eine ganz entsprechende Barockkunst der Überspannung und der verherrlichten Maßlosigkeit — ich meine die Kunst Wagners —, dies beides war es, was mich endlich krank und kränker machte und mich fast meinem guten Temperamente und meiner Begabung entfremdet hätte. [...] Im Bay-

---

* Daniela v. Bülow (1860—1940), Cosimas und Hans v. Bülows Tochter.

reuther Sommer wurde ich mir dessen völlig bewußt: ich flüchtete nach den ersten Aufführungen, denen ich beiwohnte, fort ins Gebirge

In Venedig fühlt Wagner sich trotz des königlichen Briefes anhaltend unwohl. Plagt ihn die Schuldenlast, gedenkt er alter Zeiten? Rekapituliert er den langen, zwiespältigen Weg, der ihn aus der Misere des Jahres 1861 in den Glanz des Jahres 1876 geführt hat? Oder denkt er an Judith Gautier? Teure Seele! *schreibt er ihr einige Monate später:*

Nicht mehr schreien und protestieren! An das Erlebnis Ihrer Umarmungen denke ich als an den berückendsten Rausch, an den höchsten Stolz meines Daseins. Es ist ein letztes Geschenk der Götter, die mich nicht unter dem Gram des falschen Ruhms der Nibelungen-Aufführungen wollten erliegen lassen. Aber wozu von elendem Zeug reden! Ich schreie nicht, aber in meinen besten Momenten bewahre ich in mir eine so süße, wohltuende Sehnsucht, jene Sehnsucht, Sie noch zu umarmen und Ihre göttliche Liebe nie zu verlieren. Sie sind mein, nicht wahr?

Aber Judith entzieht sich einer Wiederbegegnung; die dolcissima amica *lebt mit einem jungen Musiker namens Benedictus zusammen und begnügt sich damit, Wagners Bitten um die Übersendung von Pariser Seiden und Parfüms zu erfüllen. Erst am letzten Tag des siebentägigen Aufenthalts geht Wagner mit Cosima in die Galleria dell'Accademia und steht nun mit* ihr *vor dem Tizianschen Bilde, das ihn vor fünfzehn Jahren an Mathilde Wesendonks Seite ergriffen hatte. Cosima mutet die Assunta an, als höre sie zum erstenmal eine Beethoven-Sinfonie. Auf Venedigs Straßen sieht sie nicht nur Architektur:*

Diese Wanderungen zu Fuß mit den Kindern gewähren die lebhafteste Freude; nur ist auf der Straße beinahe nur Armut zu sehen.

Es sind fünf Kinder, zwei Bülowsche, drei Wagnersche, zwischen sieben und sechzehn Jahren, Wagner ist ihnen allen ein leidenschaftlicher Vater. Am folgenden Tag geht es weiter gen Süden, Cosima bliebe gern länger:

Von wenigen Menschen wurde mir der Abschied so schwer wie von dieser Stadt, sie tat es mir an, und ich weiß, wie keine es mehr tun wird.

53 Blick von San Marco auf die Inseln San Giorgio und Giudecca.
Links der Dogenpalast, rechts die Bibliothek des Sansovino (erbaut
1536–1582). Photographie

54 Der Dogenpalast, erbaut von der Architektenfamilie Buon (erste
Hälfte des 15. Jahrhunderts). Photographie

Viertes Kapitel

GEISTERGESPRÄCH
UND FLIEGENDE BLÄTTER

Oktober 1880

Vier Jahre später, im Oktober 1880, kehrt Wagner nach Venedig zurück. Er hat acht Monate in Süditalien verbracht und Taktstriche auf leeren Notenblättern gezogen – Vorarbeiten für die Instrumentierung des »Parsifal«.

Am Vormittag hat er Linien gezogen und sagt, wie fremd ihm das Partiturwesen sei. / Nach Tisch liniiert er wieder / Richard liniiert am Vormittag. / Er liniiert 12 Seiten. / Er liniiert und ist heiter. / Er liniiert sehr fleißig und ruminiert den Plan nach Amerika

— so geht es noch durch den ganzen September, in Siena, wohin Wagner sich zur Ausheilung einer Gesichtsrose begeben hat. Er weiß, »Parsifal« ist sein letztes Werk, und er hat es nicht eilig mit der Vollendung; lieber schreibt er zwischendurch einen Essay, etwa »Über das Dichten und Komponieren« oder (gleich darauf) »Über das Opern-Dichten und -Komponieren«; beide entstehen im Sommer 1879 nach der Fertigstellung der Orchesterskizze. Wagner hat sich über sein Hauptgeschäft, das Komponieren, immer nur spärlich ausgelassen; der über so vieles rodomontiert, hüllt sich über seine eigentliche Arbeit in Schweigen. Cosima nur erhält gelegentlich Einblicke; er erzählt ihr einmal, daß ihm die ganze Apostrophe von Loge an die Rheintöchter (Worte und Musik) eingefallen sei, als ihn ein Freund bei einer Alpenpartie, als er Zeichen von Ermüdung zeigte, grob vorwärts gestoßen habe. Und er fügt an:

Ja wie einen das anfliegt! Das kann man nicht sagen! Wie der Zusammenhang dasteht. Wenn ich am Klavier sitze, so ist es nur, um mich zu erinnern, da fällt mir nichts Neues ein, ich suche das zu finden, was mir zuweilen in den ärgerlichsten Momenten beikam! Das empörte Minna, meine erste Frau, daß während der fürchterlichsten Szenen, die sie mir machte, ich ruhig blieb, weil mir für Tristan oder Walküre etwas einfiel. [...] Nur zur Ausführung bedarf es der Ruhe und eines gewissen Behagens, die künstlerische Arbeit erfordert diese, die Inspiration lacht aller Nöte wie alles Wohlseins.

Er schließt mit dem Satz:

Das Komponieren ist ein Suchen nach dem, was einem Gott weiß wie, wo und wann einfällt.

Was nicht immer leicht von der Hand geht:

Ein paar Takte sind es manchmal, die einen furchtbar aufhalten, bis die Tonart, die man braucht, eingeführt ist, so daß sie nichts Auffallendes hat, denn immer mehr scheue ich mich vor allem, was als Seltsamkeit und Grelles wirkt; nun stellen sich gleich vier bis fünf Möglichkeiten vor, bis ich die gefunden habe, welche sanft überleitet! Da richte ich eine Falle, gebe mich mit Dummheiten ab, bis es gefunden.

So spricht er im November 1878 zu Cosima bei der Arbeit am dritten Akt »Parsifal«. Als die Orchesterskizze fertig ist, läßt er sich auch öffentlich einmal über sein musikalisches Tun aus. Er kommt dabei auf erlauchte Vorgänger zu sprechen; Mozarts »Figaro« huldigt er mit Worten, die auf sein eigenes Werk gemünzt sein könnten:

Der Dialog wird hier ganz Musik und die Musik selbst dialogisiert, was dem Meister allerdings nur durch eine Ausbildung und Verwendung des Orchesters möglich wurde, von welcher man bis dahin, und vielleicht noch bis heute, keine Ahnung hatte.

In Form eines Ratschlags an den dramatischen Komponisten gibt Wagner Einblick in seine innerste Werkstatt:

Dieser sehe sich nun z. B. die eine Person, die ihn gerade heute am nächsten angeht, recht genau an: trägt sie eine Maske — fort damit; ist sie in das Gewand der Figurine eines Theaterschneiders gekleidet — herab damit! Er stelle sie sich in ein Dämmerlicht, da er nur den Blick ihres Auges gewahrt; spricht dieser zu ihm, so gerät die Gestalt selbst jetzt wohl auch in eine Bewegung, die ihn vielleicht sogar erschreckt, — was er sich aber gefallen lassen muß; endlich erheben ihre Lippen, sie öffnet den Mund, und eine Geisterstimme sagt ihm etwas ganz Wirkliches, durchaus Faßliches, aber auch so Unerhörtes (wie etwa der »steinerne Gast«, wohl auch der Page Cherubin es

Mozart sagte), so daß — er darüber aus dem Traume erwacht. Alles ist verschwunden; aber im geistigen Gehöre tönt es ihm fort: er hat einen »Einfall« gehabt, und dieser ist ein sogenanntes musikalisches »Motiv«; Gott weiß, ob es andere auch schon einmal so oder ähnlich gehört haben. Gefällt es dem oder mißfällt es jenem? Was kümmert ihn das! Es ist *sein* Motiv, völlig legal von jener merkwürdigen Gestalt in jenem wunderlichen Augenblicke der Entrücktheit ihm überliefert und zu eigen gegeben.

So schöne Dinge schreibt Wagner nach der Vollendung der Kompositionsskizze des »Parsifal«. Aber noch mit andern Betrachtungen dehnt er die Zeit bis zum Beginn der Instrumentationsarbeit — Betrachtungen über »Religion und Kunst« etwa; das Thema paßt zu der Gralsoper, die er feierlicherweise »ein Bühnenweihfestspiel« nennt. Der Aufsatz ist die verbale Auslegung dessen, was er dort in seiner eigenen, der musikalischen Sprache sagt. Wie immer in Wagners Schriften: Phantastisches und Reales sonderbar vermischt; dazu eine geschweifte Umständlichkeit der Diktion, als erlege er sich auf, den schlechten Professor zu spielen. In solch angestrengter Verhüllung: manch scharfer Blick in das Getriebe einer Welt, von der er in den Sieneser Tagen zu Cosima sagt,

daß kein Mensch den wahren Zustand empfände, sondern man sich im Fortschritt wähne.

Wagners Essay ist ein leidenschaftlicher Mahnruf zum Frieden in einer Welt, die den technischen Fortschritt auf die Mühlen der Kriegsindustrie leitet. Der Autor spricht der auf Gewalt und Eroberung gegründeten Welt des Besitzes die christliche Legitimation ab; er teilt Schläge aus nach allen Seiten:

Die Gewalt kann zivilisieren, die Kultur muß dagegen aus dem Boden des Friedens sprossen [...] Aus diesem Boden, der einzig dem tätig schaffenden Volke gehört, erwuchsen zu jeder Zeit auch einzig Kenntnisse, Wissenschaften und Künste, genährt durch jeweilig dem Volksgeiste entsprechende Religionen. Zu diesen Wissenschaften und Künsten des Friedens tritt nun die rohe Gewalt des Eroberers und sagt ihnen: was von euch zum Kriegshandwerk taugt — mag gedeihen, was nicht — mag verkommen. [...] Es stehe nur irgendwo ein guter Kopf auf, der es zugleich von Herzen redlich meint; die Wissenschaften und Künste der Zivilisation wissen ihm bald die Wege zu weisen. [...] Von den sogenannten Naturwissenschaften, namentlich der Physik und Chemie, ist den Kriegsbehörden weisgemacht worden, daß in ihnen noch ungemein viel zerstörende Kräfte und Stoffe aufzufinden möglich wäre, wenn auch leider das Mittel gegen Frost und Hagelschlag so bald noch nicht herbeizuschaffen sei. [...] Alle Künste aber werden herbeigezogen und gepflegt, sobald sie zur Abwendung vom Gewahrwerden des Elendes, in dem wir uns etwa begriffen fühlen könnten, dienlich erscheinen. Zerstreuung, Zerstreuung! Nur keine Sammlung, als höchstens Geldsammlungen für Feuer- und Wasserbeschädigte, für welche die Kriegskassen kein Geld haben. Und für diese Welt wird immerfort gemalt und musiziert.

Tiefer Schauder erfaßt ihn vor dieser Zurichtung der Menschheit für unerfindbare Zwecke; *er versetzt sich in das Erstaunen,*

welches Friedrich der Große einmal [...] geäußert haben soll, als er einem fürstlichen Gaste, der ihm bei einem Parademanöver seine Verwunderung über die unvergleichliche Haltung seiner Soldaten ausdrückte, erwiderte: »Nicht dies, sondern daß die Kerle uns nicht totschießen, ist das Merkwürdigste.«

Wagners Ausblick auf eine Welt, in der die fortschreitende Kriegskunst immer mehr [...] sich auf die Ausbildung mechanischer Kräfte hinwendet, *ist düster:*

Man sollte glauben, dieses alles, mit Kunst, Wissenschaft, Tapferkeit und Ehrenpunkt, Leben und Habe, könnte einmal durch ein unberechenbares Versehen in die Luft fliegen. Zu solchen Ereignissen in großartigstem Stile dürfte, nachdem unser Friedenswohlstand dort verpufft wäre, nur noch die langsam, aber mit blinder Unfehlbarkeit vorbereitete allgemeine Hungersnot ausbrechen: so stünden wir etwa wieder da, von wo unsere weltgeschichtliche Entwicklung ausging, und es könnte wirklich den Anschein erhalten, »als habe Gott die Welt erschaffen, damit sie der Teufel hole« [...] Da herrsche dann der Wille in seiner vollen Brutalität. Wohl uns, die wir *den Gefilden hoher Ahnen* uns zugewendet!

Wagner sieht die Leiden des Proletariats, und er sieht den Widerstand der Ausgebeuteten; er sieht und er benennt ihn in seinem

Essay, der in diesen Herbsttagen des Jahres 1880 im Druck erscheint:

Dem Grollen des Arbeiters, der alles Nützliche schafft, um davon selber den verhältnismäßig geringsten Nutzen zu ziehen, liegt eine Erkenntnis der tiefen Unsittlichkeit unserer Zivilisation zum Grunde, welcher von den Verfechtern der letzteren nur mit in Wahrheit lästerlichen Sophismen entgegnet werden kann; denn gesetzt, der leicht zu führende Beweis dafür, daß Reichtum an sich nicht glücklich macht, könnte vollkommen zutreffend geliefert werden, so würde doch nur dem Herzlosesten ein Widerspruch dagegen ankommen dürfen, daß Armut elend macht.

Dieser Komponist kennt die Armut, er hat ihr Elend durchmessen. Finis. Richard Wagner Meudon, 22 August 1841 in Not und Sorgen, *hatte er einst unter die letzten Takte des »Fliegenden Holländers« gesetzt. Er hat diese Zeit der Armut und Erniedrigung nie vergessen; zu Cosima sagt er in Siena:*

Nur das Geld muß aufhören, es müssen für Geld gewisse Dinge nicht mehr zu haben sein, und darauf ist, wie mir scheint, das Augenmerk der soz. Ökonomisten nicht genügend gerichtet.

Er ist der Alte geblieben, der von jeher auf der Seite der Leidenden und Geschundenen war, seien es Menschen, seien es Tiere — das sieht er immer zusammen. »Religion und Kunst« ist ein leidenschaftlicher Appell gegen Vivisektion und für vegetarische Ernährung; mit Genugtuung verweist Wagner auf die

in gewissen amerikanischen Gefängnissen angestellten Versuche […], durch welche die boshaftesten Verbrecher vermöge einer weislich geleiteten Pflanzendiät zu den sanftesten und rechtschaffensten Menschen umgewandelt wurden. […] Führen wir uns hiermit ein Phantasiebild vor, welches uns verwirklicht zu denken durch keine vernünftige Annahme außer der des absoluten Pessimismus uns verwehrt dünken darf, so kann es vielleicht als nicht minder ersprießlich gelten, auf die weitergehende Wirksamkeit des gedachten Vereines zu schließen, da wir hierbei von der einen alle Regeneration bestimmenden Grundlage einer religiösen Überzeugung davon ausgehen, daß die Entartung des menschlichen Geschlechtes durch seinen Abfall von seiner natürlichen Nahrung bewirkt worden sei.

*Um die Europäer, die Hungers halber sowieso in Massen auswandern, auf den vegetarischen Weg zu bringen, erwägt er eine ver*nunftgemäß angeleitete Völkerwanderung in solche Länder unseres Erdballes [...], welche [...] *vermöge ihrer überwuchernden Produktivität die heutige Bevölkerung aller Weltteile zu ernähren imstande sind. Wie ein Alptraum lastet die kapitalistische Welt auf diesem Komponisten, als ein Undurchdringlich-Schreckenerregendes, dessen er sich mit Phantasiebildern erwehrt — sie sind wie ein traumbeschwertes In-die-Luft-Greifen. Der Auswanderungsgedanke gehört dazu, Wagner wandelt damit in den Spuren von Goethes »Wanderjahren«; überhaupt hat sein Gralsorden eine gewisse Ähnlichkeit mit der Turmgesellschaft dieses Romans. Hinter beiden Werken steht die Idee des Freimaurertums — Goethe gehörte ihm in Person an, Wagner, der in seiner Jugend Verbindung zu dem Orden hatte, bemüht sich während der »Parsifal«-Arbeit um Aufnahme. Aber die Loge »Eleusis zur Verschwiegenheit«, der sein Freund und Bankier, der Reichstagsabgeordnete Feustel, vorsteht, verschließt sich seinem Begehren — wegen notorischer Unverschwiegenheit? Oder hat man Angst, vegetarisch missioniert zu werden? Wagners Kampf für Pflanzenkost und gegen Vivisektion mutet phantastisch an, aber er hat einen rationalen Kern; Wagner nimmt den Laboratoriumsversuch an Tieren als Indiz für ein tiefgestörtes Verhältnis zwischen Mensch und Kreatur in der modernen Gesellschaft. Die Befriedung des Menschen ist ihm eins mit der Befreiung der Natur — Karfreitagszauber heißt die Musik, die diese Einheit in »Parsifal« zu tönender Erscheinung bringt. Noch ist kein Wort des Textes orchestriert; nur das Vorspiel ist seit langem fertig, und es ist auch schon aufgeführt, Weihnachten 1878 in Haus Wahnfried. Wieder ist ein Instrumentalstück die Keimzelle des Werkes, und vor der szenischen Komposition steht die hörend erprobende Vergegenwärtigung des neuen Klanges. In Bayreuth erklärt Wagner den Seinen,*

daß die Instrumentation eine ganz verschiedenartige werden würde wie die des Ring, keine solche Figurationen, wie Wolkenschichten, die sich teilen und wieder bilden, würde es sein.

Hier nichts und da nichts, aus nichts hat Gott die Welt gemacht, *sagt er in Siena über das Vorspiel und fügt hinzu,* er habe die Themen wie der Prediger seine Stellen aus der Bibel nebeneinandergestellt. *Danach verlangt es ihn, in Luthers kleinem Katechismus zu lesen; am nächsten Morgen möchte er Liszt, der gerade zu Besuch ist, am liebsten zum Lutheraner machen. Da dafür wenig Aussichten bestehen, musiziert man lieber zusammen aus der Orchesterskizze des »Parsifal«. Liszt spielt, Wagner singt — ob die Sienesen draußen zuhören? Wagner ist eifersüchtig auf seinen fast gleichaltrigen Schwiegervater:*

Kaum habe ich eine vernünftige Frau gefunden, so muß sie deine Tochter sein und mir dadurch abwendig gemacht werden,

so sagt er scherzend. Anderntags, es ist der 24. September, ist die noch ungeschriebene Partitur fertig liniiert, dreihundertvierund-

55 Palazzo Contarini dalle Figure am Canal Grande, rechts Palazzo Erizzo. Photographie

dreißig Seiten, und nun zieht es Wagner mit Macht nach Venedig,
wo es keine Bäume gibt und also auch keine fallenden Blätter;
sechs Ochsen ziehen das Gepäck der Familie zum Bahnhof. Wie-
der quartiert man sich am Canal Grande ein, in einem graziösen
Renaissancebau, dem Palazzo Contarini dalle Figure; Wagner ist
mit den Jahren nicht ruhiger geworden:

R. wie immer etwas angegriffen, wenn unser engster Kreis sich
erweitert. Er will die Kinder, welche ein letztes Mal im Lido
baden, an der Piazzetta treffen; daß die Gondel sich dort nicht
einfindet, versetzt ihn in die größte Heftigkeit; wie ich mich
entschuldige und ihm sage, wie die Sache stand, meint er, ich
müßte ihn nur immer rasen lassen, es sei Bedürfnis, und keine
Vernunft könne er anhören, er sei wie Othello, den Desdemo-
nas Unschuld um so wütender mache.

Der Siebenundsechzigjährige, seit langem gefährlich herzkrank,
ist der alte Hitzkopf; er preist die Sanftmut der Inder und steht im
nächsten Augenblick in hellen Flammen. Bei mir ist alles
Krampf, *sagt er zu Cosima:*

Ich kenne keine Gleichgültigkeit, und alles ist mir Krampf der
Freude oder des Leidens.

Schopenhauer und die Inder sind diesem überhitzten Tempera-
ment so nötig wie dem Kranken die Medizin; Hegel, der Dialek-
tiker, würde ihn zugrunde richten. Mit Schopenhauer kann er
sich, wenn die Spannung des Augenblicks ihn wieder einmal zu
zerreißen droht, philosophisch sagen: Es lohnt nicht, es ist nichts —
Schleier der Maya. Wagner, der rastlos und unbändig Umgetrie-
bene, der nur in der Kunst, beim Komponieren frei wird, folgt mit
psychologischer Notwendigkeit einem Denker, der das Glück der
Kunst als eines der Befreiung von den Schrecknissen des Willens
preist:

Dadurch verschwindet, beim Eintritt einer ästhetischen Auffassung, der Wille ganz aus dem Bewußtsein. Er allein aber ist die
Quelle aller unserer Betrübnisse und Leiden. [...] Wie wir wissen, ist die Welt als *Wille* die erste (ordine prior) und die als
Vorstellung die zweite Welt (ordine posterior). Jene ist die
Welt des Verlangens und daher des Schmerzes und tausendfäl-
tigen Wehes. Die zweite aber ist an sich selbst wesentlich
schmerzlos: dazu enthält sie ein sehenswertes Schauspiel,

56 Blick auf die Salute und die Punta della Dogana am Ausgang des Canal Grande. Photographie (um 1880)

durchweg bedeutsam, aufs wenigste belustigend. Im Genuß desselben besteht die ästhetische Freude.

So tröstet der Philosoph, aber die Schrecknisse der Willenswelt ereilen Wagner überall. Auf der Hinfahrt nach, der Rückfahrt von Venedig gibt es phantastische Exaltationen betreffs eines Salonwagens, den er für sich und die Seinen von der italienischen Eisenbahn fordert und nicht gleich bekommt. Zwischen Salonwagen und Salonwagen: Devotion der Assunta, dem Tizianschen Altarbild. Cosima deutet das Bild nun anders als vor vier Jahren; sie schreibt:

Es ergreift uns beide zu Tränen, ich sage, Isolde! Er meint, nein, denn hier sei noch viel Entzückung des Schmerzes, Isolde sei erlöst.

Entzückung des Schmerzes, Erlösung vom Schmerz – das hat Wagner zu »Tristan«-Zeiten beschäftigt, das beschäftigt ihn in »Parsifal«, dem Werk, das schon in der ersten venezianischen Zeit in ihm gespukt hatte. Am 2. März 1859 hatte er an Mathilde Wesendonk geschrieben:

Der Parzival* hat mich viel beschäftigt: namentlich geht mir eine eigentümliche Schöpfung, ein wunderbar weltdämonisches Weib (die Gralsbotin) immer lebendiger und fesselnder auf. Wenn ich diese Dichtung noch einmal zustande bringe, müßte ich damit etwas sehr Originelles liefern. Ich begreife nur gar nicht, wie lange ich noch leben soll, wenn ich all meine Pläne noch einmal ausführen soll. Wenn ich recht am Leben hinge, könnte ich mir durch diese vielen Projekte noch ein recht langes Dasein gewährleistet glauben. Doch trifft's nicht notwendig ein.

Es ist eingetroffen – dieses Dasein wird von den Werken regiert, deren Organ es ist. Abends musiziert man zusammen, Liszt, der nicht nach Venedig mitgekommen ist, wird würdig vertreten: durch seinen einstigen Schüler, Joseph Rubinstein, Kammerpianisten der Großfürstin Helene von Rußland. Rubinstein begleitet Wagner in diesen Jahren ständig, in des Wortes doppelter Bedeutung; mit ihm trägt der Komponist abends im Familienkreis seine Werke vor. Rubinstein spielt den Klavierauszug, Wagner, dessen Tenor laut Cosima immer noch wunderbar hell ist, singt die Par-

---

* Erst später von Wagner »Parsifal« geschrieben.

tien. »*Tristan*« *erklingt so in Venedig, und bei einer deutschen Freundin einmal die* »*Meistersinger*«. Wie wir heimkommen, sagt er mir, er könne seine Musik nicht anhören, *notiert Cosima hinterher. Die Aversion geht zuweilen ins Allgemeine:*

R. empfängt den Brief eines Dänen, welcher ihn um Rat anfleht, er will alles aufgeben und sich der Musik widmen. R. spricht sich verstimmt über die verheerenden Wirkungen der Musik aus; es sei eine Form der Nichtstuerei.

Mit Beethoven ist die Welt dann wieder in Ordnung:

Das Thema Allegretto (2tes Tempo) des cis moll Quartetts erfüllt heute seinen Sinn: »Diese heitere Klage«, ruft er aus, und: »Wie einen Gott könnte ich den Menschen anbeten, der so etwas erfindet.«

Wagner fordert Verehrung, und er zollt sie. Bach, Mozart, Beethoven, Weber, dazu die Dichter: Shakespeare, Cervantes, Schiller, Goethe – immer wieder kommen sie auf den mehr als zweitausend Druckseiten der Cosimaschen Tagebücher vor, immer wieder hört er, liest er, erwägt er ihre Werke. Und das seit je; als er 1867 die »*Meistersinger*«*-Partitur vollendet hat, heißt es an Mathilde Maier:*

Ich lese immer nur Schiller und Goethe, wie ein gebildeter Gymnasiast.

Es ist nicht leicht ein Musiker denkbar, der um das überlieferte Gute in Dichtung und Musik besser, tiefer, umfassender Bescheid wüßte als der Sohn des Leipziger Polizeiaktuarius. In Bayreuth, mitten in der »*Parsifal*«*-Komposition, verschmelzen ihm Geschichte und Gegenwart einmal auf charakteristische Weise:*

R. liest weiter in Lichtenberg und immer mit größerem Vergnügen. Von einzelnem sagt er lachend gestern, es ist, als ob es aus meinen Gesammelten Schriften entnommen wäre. Abends Plauderei mit unserer Freundin[*], dann etwas Musik, Vorspiel zum dritten Akt der Meistersinger, »da war ich der einsame Mann«, sagt R., »diesen Trost brauche ich nicht mehr«. Erinnerung an die Aufführung der »Meistersinger« in München, »das Schönste, was ich in meinem künstlerischen Leben gehabt; sie war beinahe vollendet«. Darauf spielt R. aus dem

[*] Marie v. Schleinitz.

Wohltemperierten Klavier das cis-moll-Präludium zu unsäglichem Eindruck. [...] R. sagt, er habe sich das komponiert von der Kindheit an, er wisse nicht, ob er es richtig spiele. Über die Verflachung, welche auf diese Form des Prälude und der Fuge die Sonate hervorgebracht [...] Und siehe dir an, wie Bach aussieht, mit den halb blinden, ängstlichen Augen, wie Beethoven, die Musiker sind so, merkwürdige Wesen! Vorher hatte R. einzelne italienische Themen gespielt, aus »Romeo und Juliet«, »Straniera«, »Norma«, und gesagt: »Das ist bei aller Pauvretät* wirkliche Passion und Gefühl, und es soll nur die richtige Sängerin sich hinstellen und es singen, und es reißt hin. Ich habe davon gelernt, was die Herrn Brahms & Cie nicht gelernt haben, und was ich in meiner Melodie habe.« Nachdem er das cis moll Prälude gespielt, sagt er, auf die italienischen Melodien, deren eigentümliche Passion wir eben anerkannt, anspielend: »Das ist pour le monde**, aber dies hier (das Prälude), das ist die Welt.«

Bach, der musikalische Wundermann, kommt immer wieder zur Sprache. In Tristan und Isolde kann man es nicht besser machen, *sagt Wagner einmal* bei einer gewissen Stelle *in dem zweiten B-Dur-Präludium des Wohltemperierten Klaviers. Und ruft — Rubinstein ist ein exzellenter Bach-Spieler — nach dem Anhören der ersten d-Moll-Fuge aus:*

Nie kann das erreicht werden. Was ist da Berechnung? Die Gewalt über alle Mittel, daß er sich ihrer bediene nach dem Bedürfnis seiner Inspiration.

So setzt er mit Goethe, mit Beethoven sich ins Vernehmen — Geistergespräch auf den Gipfeln. Die Künste des Sehens kommen hinzu. Tizian, Raffael, Rembrandt sind Wagner ein Höchstes, und in der Architektur ist sein Urteil unbestechlich. Roms Petersdom empfindet er auf der Reise nach Siena als einen verfehlten Cäsarenpalast; sehr anders den Dom von Siena, der ihn zu Tränen hinreißt; er macht eine Skizze des Innern als Studie zu Parsifal. Oder Venedigs Hauptkirche — die Appassionata bringt ihn darauf:

Abends spielt uns Rubinstein Sonaten von Beethoven, bei dem

* Armut.
** für die Welt

1ten Satz der f moll sagt R., es sei ein Dialog zwischen anstän-
diger Güte und Polterei. Er kommt auf die Markus-Kirche zu
sprechen und sagt, es sei einfach eine Zauberei, jedesmal, daß

57 San Marco von der Piazza aus gesehen. Ölgemälde von Auguste
Renoir (1881)

er sie erblicke, meinte er, sie konnte ebensogut über Nacht verschwinden.

*Vier Wochen zwischen Salonwagen und Salonwagen: ein Sich-
Ergehen in den Gefilden hoher Ahnen; zwischendurch gelegent-
lich die »Fliegenden Blätter«, das liberale Münchner Witzblatt, das
Wagner sehr gefällt. Die Reichs-Euphorie von 1871 ist längst von
ihm abgefallen; was er gesprächsweise über Bismarcks florierende
Gründung äußert, unterscheidet sich nur wenig von der beißen-
den Kritik, die Nietzsche dieser entgegenstellt. Den Berliner Kon-
greß von 1878 findet Wagner schändlich; eines Morgens spricht er
Cosima in Venedig seine ganze Antipathie gegen Bismarck aus.
In einem Nachtrag zu »Religion und Kunst«, den er in diesen ve-
nezianischen Tagen für seine Hauszeitschrift, die »Bayreuther
Blätter«, schreibt, fällt der Name Bismarcks nicht, aber dieser ist*

174

gemeint, wenn von den stets mißratenden Schöpfungen der Staatenlenker *die Rede ist. Mit nicht eben stichhaltigem Vergleich glossiert Wagner die Politik des neuen Reiches:*

Die deutsche Einheit wurde [...] erkämpft und kontraktlich festgesetzt: *was* sie aber sagen sollte, war wiederum schwer zu beantworten. Wohl wird es uns aber für dereinst in Aussicht gestellt, hierüber Aufschluß zu erhalten, sobald nur erst noch viel mehr Macht angeschafft worden ist: die deutsche Einheit muß überallhin die Zähne weisen können, selbst wenn sie nichts damit zu kauen mehr haben sollte. Man glaubt Robespierre im Wohlfahrtsausschusse vor sich sitzen zu sehen, wenn man das Bild des in abgeschiedener Einsamkeit sich abmühenden Gewaltigen sich vergegenwärtigt, wie er rastlos der Vermehrung seiner Machtmittel nachspürt.

Wagner erhebt einen Haupteinwand gegen Bismarcks Politik:

Wir glauben seinen Versicherungen der Friedensliebe gern; hat es sein Mißliches, diese durch Kriegführung bewähren zu müssen, und hoffen wir aufrichtig, daß uns dereinst der wahre Frieden auch auf friedlichem Wege gewonnen werde, so hätte dem gewaltigen Niederkämpfer des letzten Friedensstörers* es doch aufgehen dürfen, daß dem freventlich heraufbeschworenen furchtbaren Kriege ein anderer Friede zu entsprechen habe, als diese zu steter neuer Kriegsbereitschaft geradezu anleitende Abmachung zu Frankfurt a. M.** Hier würde dagegen die Erkenntnis der Notwendigkeit und Möglichkeit einer wahrhaftigen Regeneration des der Kriegszivilisation verfallenen Menschengeschlechtes einen Friedensschluß haben eingeben können, durch welchen der Weltfriede selbst sehr wohl anzubahnen war: es waren demnach nicht Festungen zu erobern, sondern zu schleifen, nicht Pfänder der zukünftigen Kriegssicherheit zu nehmen, sondern Pfänder der Friedenssicherung zu geben; wogegen nun historische Rechte gegen historische Ansprüche, alle auf das Recht der Eroberung begründet, einzig abgewogen und ausschläglich verwendet wurden. [...] Sie phantasieren alle vom Weltfrieden; auch Napoleon III. hatte

---

* Gemeint ist Napoleon III.
** In dem Frieden zu Frankfurt am Main am 10. Mai 1871 hatte Frankreich Elsaß-Lothringen an Deutschland abtreten müssen.

ihn im Sinne, nur sollte dieser Friede seiner Dynastie mit Frankreich zugute kommen: denn anders können diese Gewaltigen sich ihn doch nicht vorstellen als unter dem weithin respektierten Schutze von außerordentlich vielen Kanonen.

Mit sicherem Instinkt erkennt Wagner in dem preußischen Friedensdiktat von 1871 die Wurzel künftiger Kriege. Er sieht sich in einer heillosen Welt, und er weiß ihr keinen Rat als ein Amalgam aus dem Neuen Testament und »Die Welt als Wille und Vorstellung«. Nicht Machtdenken und Verbotstafeln, sondern das Gebot der Liebe im erhabenen christlichen Sinne, den er schopenhauerisch interpretiert, schwebt ihm als Maß der gesellschaftlichen Dinge vor. Und er treibt eine Fußnote zum 209. Paragraphen von Schopenhauers »Parerga und Paralipomena« auf, in der der Philosoph, gleichsam im Keller seines Denkens, das Licht der Utopie entzündet: die Kunst als Vor-Zeichen menschlicher Erfüllung:

Das vollkommene Genügen, die finale Beruhigung, der wahre wünschenswerte Zustand stellen sich uns immer nur im Bilde dar, im *Kunstwerk*, im Gedicht, in der Musik. Freilich könnte man hieraus die Zuversicht schöpfen, daß sie doch irgendwo vorhanden sein müssen.

Die Kombination aus Christentum und Brahmanismus, die Wagner in seinem venezianischen Aufsatz bereitet, nimmt den philosophischen Synkretismus vorweg, den der Goetheforscher Rudolf Steiner wenig später ausbildet; sie gibt sich ebenso elitär. Von dem Volk, dem wir leider so jammervoll fernestehen, ist einmal in Wagners Text die Rede; der Verfasser läßt es bei dieser Einsicht bewenden. Und predigt den Seinen eine gralsbündlerische Abkehr von dem Gebiete der Politik:

Es muß uns von Wichtigkeit erscheinen, dem Gebiete der Politik, als einem durchaus unfruchtbaren, bei unseren Untersuchungen gänzlich abseits zu gehen. Dagegen hätten wir jedes Gebiet, auf welchem geistige Bildung zur Bestätigung wahrer Moralität anleiten mag, mit äußerster Sorgsamkeit bis in seine weitesten Verzweigungen zu erforschen. Nichts anderes darf uns am Herzen liegen, als von jedem dieser Gebiete her uns Genossen und Mitarbeiter zu gewinnen. Bereits sind diese auch schon vorhanden; so hat uns z. B. unsere Teilnahme an der Bewegung gegen die Vivisektion auf dem Gebiete der Physiologie die verwandten Geister kennen gelehrt, die, mit spe-

58 Richard Wagner. Photographie von Josef Albert (München 1880)

zialwissenschaftlicher Sachkenntnis ausgerüstet, uns gegen
freche Behauptungen staatlich autorisierter Schänder der Wissenschaft hilfreich, wenn auch — wie leider jetzt nicht anders
möglich! — erfolglos zur Seite standen. Der durchaus friedlichen Vereinigungen, denen die praktische Durchführung unserer Gedanken ganz wie von selbst zuerteilt erscheint, erwähnten wir bereits anderen Ortes, und haben wir jetzt nur zu
wünschen, aus ihnen die Nutzarbeiter sich uns zuwenden zu
sehen, welche ihre besonderen Interessen in dem einen großen

wiederzufinden vermögen, dessen Ausdruck etwa folgendermaßen zu bezeichnen wäre:

Wir erkennen den Grund des Verfalles der historischen Menschheit sowie die Notwendigkeit einer
Regeneration derselben; wir glauben an die Möglichkeit dieser Regeneration und widmen uns ihrer
Durchführung in jedem Sinne.

*Das sind so die Nebelbomben, die dieser Musiker sprachohnmäch-
tig unter die Leute wirft: eine Verbindung von Politikverachtung
und Vereinsidealismus, die nicht wenig zu der geistigen Verwirrung des wilhelminischen Bürgertums beiträgt. Wagners späte
Wendung zum Christentum ist derjenigen vergleichbar, die Tol-
stoi im Alter vollzieht; beide bewegt ein tiefer Unwille, sich mit
der imperialistischen Welt, wie sie ist, einer* Kriegszivilisation,
*abzufinden. Aber in ihrem Sinnen auf Auswege jenseits politi-
scher und theoretischer Konkretion bieten sie das halb komische,
halb traurige Schauspiel verirrter Giganten, die unter dem Druck
der Zeit sich von dem Boden ablösen, auf dem sie einzig groß sind:
dem der Kunst. Ist aber Tolstois Christentum ein unmittelbar-tä-
tiges, Absage an die Kunst als an ein gleichsam parasitäres Tun, so
sind Wagners Expektorationen Absonderungen des Kunstwerks,
das ihn gefangenhält: Gesellschaftspredigt als Ausgeburt von
Oper.*

Die venezianische Nachschrift zu »Religion und Kunst« *füllt
die Pause zwischen dem vollendeten Liniieren und dem Beginn
der Instrumentation des* »Parsifal«. *Was Wagner zum Traktat-
schreiben beflügelt, ist eine gute Nachricht aus München, von
dem Hofsekretär Ludwigs II.:*

Vortrefflicher Brief von Herrn von Bürkel, unsere Angelegenheit ist in Ordnung, Parsifal für 1882 gesichert, Orchester und
Chor von München zu unserer Disposition

*schreibt Cosima am 16. Oktober in ihr Tagebuch. Der König hat
eingewilligt,* das Orchester und den Gesangschor *seiner Hof-
bühne* dem Bayreuther Unternehmen von 1882 ab alljährlich
auf je zwei Monate des Jahres zur Verfügung zu stellen. *Den*
»Ring« *hat Wagner in Bayreuth nicht wieder aufführen können,
aber die Schulden von 1876 sind, zum Teil aus Ludwigs Privat-
schatulle, getilgt; mit* »Parsifal« *soll es nun die zweiten Festspiele
geben. Wagner denkt sich die Gralsoper als das Monopolstück*

Bayreuths, und auch das bewilligt der König; aus Schloß Linder-
hof schreibt er am 24. Oktober — man ist immer noch unerschöpf-
lich in der Erfindung von Anreden und Schlußfloskeln — seinem
in Treuen innig geliebten, teuren Freund:

Wenn auch Ihr Vorhaben, sich auf ein halbes Jahr nach Amerika begeben zu wollen, mir ganz und gar nicht gefällt, da die
Strapazen, die dort Ihrer harren, Ihnen schaden könnten, so
bin ich doch vollkommen damit einverstanden, daß der Parsifal, Ihr heiliges Bühnenweihfestspiel, nur in Bayreuth gegeben
werden soll und nicht auf einer anderen profanen Bühne ent-
weiht werden darf, da »die Welt es liebt, das Strahlende zu
schwärzen und das Erhab'ne in den Staub zu ziehn«.

Das erlebt dieser hochherzige, verdrehte Monarch immer wieder.
Wagner kann nun getrost seinen Salonwagen bestellen, der ihm,
als er ihn am 30. Oktober besichtigt, sehr mißfällt; seine Empfin-
dungen steigern sich bis zur Wut. Dann geht es unter Gesang
heimwärts:

Die Sänger kommen, die so oft R. unwillig gemacht haben, die
uns aber jetzt wirklich erfreuen und schön stimmen, indem sie
immer singend unserer Gondel voranfahren und bis an die Eisenbahn das Geleite geben. Leb wohl, Venedig! Um 6 Uhr Ab-
fahrt. Der Salon-Wagen viel besser, als man geglaubt hat.

Kann Wagner ihn bezahlen? Seit Monaten ruminiert er den Plan
einer Konzertreise nach den Vereinigten Staaten, die ihn vor De-
fiziten ein für allemal sicherstellen soll. Vorübergehend faßt er so-
gar eine vollständige Übersiedelung ins Auge und trägt seinem
Zahnarzt, Dr. Jenkins, einem in Dresden lebenden US-Bürger,
an, mit meiner ganzen Familie und meinem letzten Werke für
immer nach Amerika auszuwandern — *zum Preise von einer*
Million Dollar, die eine zu gründende Association *aufzubringen*
hätte. Aber aus der Expedition in die amerikanischen Goldgründe
wird nichts, und auf der Bahnfahrt nach Norden gedenkt Wag-
ner

seines Schwagers Brockhaus, der ihm einmal gesagt hat: Schulden seien keine Schande. Auch seiner Schwester Rosalie, welche bei seinen Torheiten sagte: Wenn man sie macht, dann
aber auch nicht so schrecklich darunter leiden.

EXKURS: JOSEPH RUBINSTEIN

Ungefähr sooft wie Goethe — und mehr als Shakespeare und Schiller — kommt in der getreuen Buchführung, die Cosima über Wagners letzte Lebensjahre führt, der Pianist Joseph Rubinstein vor. Das macht: Rubinstein gehört von Ende 1878 an gewissermaßen zu Richard Wagners Haushalt, in Bayreuth wie auf den Reisen, die den von chronischen Brustkrämpfen geplagten Komponisten nun fast jeden Winter nach Italien führen. Zwei andere Mitglieder von Wagners Reisefamilie stoßen etwas später dazu; es sind der zweiundzwanzigjährige Heinrich v. Stein, ein Poet und Philosoph, dem Wagner ebenso wie in späteren Jahren Nietzsche zugetan ist (er fungiert als Hauslehrer des zehnjährigen Siegfried Wagner), und der russische Maler Pawel Shukowski, der sich Paul v. Joukowsky schreibt, Sohn eines bedeutenden Dichters und Übersetzers der Puschkin-Zeit — ein nobler, kultivierter Mann von fünfunddreißig Jahren, immer wohlgebildet, zart, edel und liebenswürdig, *der in Neapel Wagners Sympathie gewinnt und rasch zum Hausfreund und Reisebegleiter avanciert. Ein Maler, ein Dichter, ein Musiker — das Gesamtkunstwerk ist in Wagners Hofstaat vollständig vertreten, regiert, inspiriert, tyrannisiert von der sprudelnden Regsamkeit des sächsischen Cholerikers. Dreifach ist auch das Spektrum der Nationalitäten: ein Russe, ein Deutscher, ein Jude. Rubinstein, aus Rußland gebürtig, ist jüdischen Stammes wie so viele, die Wagner den Weg bereiten, trotz seiner polemischen Äußerungen über »Das Judentum in der Musik«, die er 1869 erneut hat drucken lassen. Für seine Werke* habe er die Juden und die Jugend, *sagt er 1882 zu Cosima. Jüdischer Herkunft war Karl Tausig gewesen, Wagners Freund, der frühverstorbene Initiator des Bayreuther Patronatvereins, und Jude ist Angelo Neumann, der Leipziger Operndirektor, der seit 1878 den »Ring« zu einem kaum glaublichen Erfolg führt. Wagner hat ihm, als seine Hoffnung auf eine zweite Bayreuther Aufführungsserie sich zerschlug, das Werk gegen eine Tantieme von zehn Prozent der Bruttoeinnahme zur Verfügung gestellt, und nun — man lebt im Eisenbahnzeitalter — führt Angelo Neumann das riesenhafte Werk mit einem reisenden Opernensemble über Deutschlands und später über Europas Bühnen. Höhepunkt seiner Arbeit ist ein Gastspiel im Berliner Victoria-Theater, zu dessen erster Vorstellung der Kronprinz und zu dessen letzter, am 29. Mai 1881, an der Spitze des Hofes der vierundachtzigjährige*

Kaiser erscheint. Auch Wagner mit den Seinen ist zugegen, und zum Schluß kommt es zu einem fürchterlichen Eklat: Angelo Neumann setzt nach dem Verklingen des Schlußbeifalls auf der Bühne zu einer Dankrede an, die pflichtschuldigst mit den erhabenen Mitgliedern unseres Kaiserhauses *anhebt — da macht Wagner, der unter den Künstlern steht, auf dem Absatz kehrt und verläßt die Bühne. Wie hatte er einst über sein Werk geschrieben:* Mit ihm gebe ich den Menschen der Revolution dann die Bedeutung dieser Revolution, nach ihrem edelsten Sinne, zu erkennen. Dieses Publikum wird mich verstehen: das jetzige kann es nicht. *Mit dem Hinweis auf einen Herzanfall entschuldigt er sich am nächsten Tag für den Affront.*

Auch Hermann Levi ist Jude, der Dirigent der für 1882 vorgesehenen »Parsifal«-Uraufführung. Was also hat es auf sich mit Wagners Antisemitismus, der im Wort — Cosima verzeichnet ein jedes — böse Blüten treibt? Levi, der Leiter des Münchner Hoforchesters, wird ihm von den Verhältnissen aufgezwungen; er kann die Münchner Kapelle für den »Parsifal« entweder mit ihrem Chefdirigenten oder gar nicht bekommen. So will es der König, der nichts von Antisemitismus hält; Wagner ergibt sich in einem Brief vom 19. September 1881 an seinen huldreichsten Herrn und hochgeliebten Freund *in das Unvermeidliche:*

Trotzdem nämlich häufig verwunderungsvoll Beschwerden darüber mir zukommen, daß gerade der »Parsifal«, dieses allerchristlichste Werk, von einem jüdischen Kapellmeister dirigiert werden solle, und Levi selbst darüber sich in Verwirrung und Betroffenheit befindet, halte ich an dem einen fest, daß mein gnadenvoller königlicher Herr mir Seine musikalische Kapelle und Gesangschor zur Verwendung für außerordentliche Aufführungen eines ungewöhnlichen Werkes, als einzig ermöglichende Mitwirkung, grenzenlos großmütig und freigebig zuweist, daß ich demnach die Meister dieses musikalischen Körpers, so wie der königliche Herr sie selbst in Seinem Dienste verwenden läßt, ebenfalls dankbar annehme, ohne zu fragen, ob der eine ein Jude ist, der andere ein Christ sei; und ich glaube, durch diese sehr einfache Berufung aller Ungehörigkeit zuvorzukommen. Zudem muß ich wirklich gestehen, daß ich mit der musikalischen Direktion meiner Opern, bei meinem letzten Besuche, in München zufriedener war als irgend sonst wo; und wenn ich hiervon auch viel auf die gerade in

München erhaltene Tradition verweisen kann, so ist es doch eben sehr erfreulich, daß diese dort gut erhalten wurde.

Levi ist, da Bülow sich abgekehrt hat, der Beste, den es gibt, außerdem führt kein Weg um ihn herum — Wagner fügt sich in die Lage. Aber früher und intensiver bekommt Joseph Rubinstein mit dem Werk zu tun, er begleitet Wagner bei Vorträgen aus der Kompositionsskizze, er stellt parallel zur Instrumentation einen Klavierauszug her, und ihn verpflichtet Wagner aus freien Stükken und gleichsam als Hausgenossen. Ist er die praktische Widerlegung von Wagners theoretischem Antisemitismus? Rubinstein, als Sohn begüterter Eltern 1847 in Staro-Konstantinow geboren, von seinem elften Jahr an in Wien ausgebildet, als Kammerpianist der Großfürstin Helene 1869 nach Rußland zurückkehrend, hat 1870 in Sankt Petersburg jenes Erweckungserlebnis, das Wagners Musik in vielen empfänglichen Geistern der Zeit, von Baudelaire bis Nietzsche, von Verlaine bis Shaw, auslöst. Wagner hat, wie einst Haydn und Beethoven, einen neuen Klang in die Welt gebracht, und die junge Generation erkennt sich in ihm. Aus seiner Heimatstadt Charkow wendet sich Rubinstein im Februar 1872 mit einem Brief an den Komponisten. Dieser Brief ist ein Hilferuf — der exzellente junge Musiker wird mit seinem Judentum nicht fertig und trägt sich mit Selbstmordgedanken; er bittet Wagner, seine Mitarbeit an der Vorbereitung des »Ringes« anzunehmen. Wie kommt der Fünfundzwanzigjährige auf so verzweifelt abwegige Gedanken? Hat er, entflammt von Wagners Musik, nach dessen Schriften gegriffen, etwa nach der neuerschienenen Broschüre über »Das Judentum in der Musik«? Sie stammt von 1850 und war, vom Künstlerischen und Persönlichen her, eine Abrechnung mit Mendelssohn und Meyerbeer gewesen; Heine und Börne waren ihnen als positive Erscheinungen deutsch-jüdischer Kultur gegenübergestellt worden. Um das Jahr 1880 verfährt der Historiker Treitschke umgekehrt: er erklärt Heine für den Prototyp schädlichen jüdischen Kultureinflusses und Mendelssohn für das Muster produktiver Assimilation. Wagner und Treitschke, der revolutionäre Musiker und der preußische Staatshistoriograph — beide transportieren mit ihrem antisemitischen Komplex jeweils nur die eigene gesellschaftlich-politische Position. Wagner läßt 1850 die revolutionär-demokratischen Literaten gelten und er opponiert den preußischen Generalmusikdirektoren — sie halten den Boden besetzt, auf dem er selbst wirken möchte:

Wir gewahren nun zu unserem Erstaunen, daß wir bei unserem liberalen Kampfe* in der Luft schwebten und mit Wolken fochten, während der schöne Boden der ganz realen Wirklichkeit einen Aneigner fand, den unsere Luftsprünge zwar sehr wohl unterhielten, der uns aber doch für viel zu albern hält, um hierfür uns durch einiges Ablassen von diesem usurpierten realen Boden zu entschädigen. Ganz unvermerkt ist der »Gläubiger der Könige« zum Könige der Gläubigen geworden, und wir können nun die Bitte dieses Königs um Emanzipierung nicht anders als ungemein naiv finden, da *wir* vielmehr uns in die Notwendigkeit versetzt sehen, um Emanzipierung von den Juden zu kämpfen. Der Jude ist nach dem gegenwärtigen Stande der Dinge dieser Welt wirklich bereits mehr als emanzipiert: er herrscht und wird so lange herrschen, als das Geld die Macht bleibt, vor welcher all unser Tun und Treiben seine Kraft verliert. Daß das geschichtliche Elend der Juden und die räuberische Roheit der christlich-germanischen Gewalthaber den Söhnen Israels diese Macht selbst in die Hände geführt haben, braucht hier nicht erst erörtert zu werden.

Hat Wagner den jungen Marx studiert? Ein Exemplar der von Ruge und Marx 1844 herausgegebenen »Deutsch-französischen Jahrbücher« hat ihn in Dresden erreicht; davon zeugt auch ein Gedächtniszitat aus dem dort abgedruckten Briefwechsel zwischen Ruge und Marx, das ihm 1873 in die Feder läuft. Wagner konnte in Ruges »Jahrbüchern« von Karl Marx einen Aufsatz »Zur Judenfrage« lesen, dessen stilistische wie theoretische Verve nicht darüber hinwegtäuscht, daß die darin vollzogene Identifikation des jüdischen Kapitalisten mit »dem Juden« schlechthin eine unhaltbare Abstraktion vorstellt:

Suchen wir das Geheimnis des Juden nicht in seiner Religion, sondern suchen wir das Geheimnis der Religion im wirklichen Juden.
Welches ist der weltliche Grund des Judentums? Das *praktische* Bedürfnis, der *Eigennutz.*
Welches ist der weltliche Kultus des Juden? Der *Schacher.* Welches ist sein weltlicher Gott? Das *Geld.*
Nun wohl! Die Emanzipation vom *Schacher* und vom *Geld,*

* für die Emanzipation der Juden

also vom praktischen, realen Judentum wäre die Selbstemanzipation unsrer Zeit.

Eine Organisation der Gesellschaft, welche die Voraussetzungen des Schachers, also die Möglichkeit des Schachers aufhöbe, hätte den Juden unmöglich gemacht. Sein religiöses Bewußtsein würde wie ein fader Dunst in der wirklichen Lebensluft der Gesellschaft sich auflösen. Andrerseits: wenn der Jude dies sein *praktisches* Wesen als nichtig erkennt und an seiner Aufhebung arbeitet, arbeitet er aus seiner bisherigen Entwicklung heraus, an der *menschlichen Emanzipation* schlechthin und kehrt sich gegen den *höchsten praktischen* Ausdruck der menschlichen Selbstentfremdung.

Wir erkennen also im Judentum ein allgemeines *gegenwärtiges antisoziales* Element, welches durch die geschichtliche Entwicklung, an welcher die Juden in dieser schlechten Beziehung eifrig mitgearbeitet, auf seine jetzige Höhe getrieben wurde, auf eine Höhe, auf welcher es sich notwendig auflösen muß.

Die *Judenemanzipation* in ihrer letzten Bedeutung ist die Emanzipation der Menschheit vom *Judentum.*

[...] Der Jude hat sich auf jüdische Weise emanzipiert, nicht nur, indem er sich die Geldmacht angeeignet, sondern indem durch ihn und ohne ihn *das Geld* zur Weltmacht und der praktische Judengeist zum praktischen Geist der christlichen Völker geworden ist. Die Juden haben sich insoweit emanzipiert, als die Christen zu Juden geworden sind.

Eben dies ist, mit einer Ressentiment-Beimischung von instinktmäßiger Abneigung, natürlichem Widerwillen, *die Wagnersche Position, bis in deren späteste Äußerungen. Sie führt Wagner 1850 auf folgendes Resümee:*

Noch einen Juden haben wir zu nennen, der unter uns als Schriftsteller auftrat. Aus seiner Sonderstellung als Jude trat er, Erlösung suchend, unter uns: er fand sie nicht und mußte sich bewußt werden, daß er sie nur *mit auch unserer Erlösung zu wahrhaften Menschen* finden können würde. Gemeinschaftlich mit uns Mensch werden, heißt für den Juden aber zu allernächst soviel als: aufhören, Jude zu sein. *Börne* hatte dies erfüllt. Aber gerade Börne lehrt auch, wie diese Erlösung nicht in Behagen und gleichgültig kalter Bequemlichkeit erreicht werden kann, sondern daß sie, wie uns, Schweiß, Not, Ängste und

Fülle des Leidens und Schmerzes kostet. Nehmt rücksichtslos an diesem durch Selbstvernichtung wiedergebärenden Erlösungswerke teil, so sind wir einig und ununterschieden! Aber bedenkt, daß nur eines eure Erlösung von dem auf euch lastenden Fluche sein kann: die Erlösung Ahasvers, — der *Untergang*!

In diesem prekären Satz geht eine merkwürdige Selbstidentifikation um. Denn Ahasver hatte Wagner ja komponiert; der Fliegende Holländer, eine Gestalt, die er von Heinrich Heine entlehnt hatte,* war der Ahasver der Meere gewesen, der Ewige Jude des Ozeans (Heine) und zugleich die deutlichste dramatische Projektion seines eigenen Selbst. Erlösung durch Untergang — diese zweideutige Formel, die unvermittelt aus der Börne-Reflektion hervorbricht, ist Wagners persönliche dramatisch-projektive Vision, die er hier auf das »Judentum« überträgt. Im übrigen übernimmt er die Marxsche Losung und exemplifiziert sie an dem revolutionären Demokraten Börne: nur der Jude, der sich vom Judentum emanzipiert, ist der emanzipierte Jude. Joseph Rubinstein aus Staro-Konstantinow weiß nichts von Revolution und revolutionärer Emanzipation, er nimmt die Vokabel vom Untergang, die er bei Wagner findet, wörtlich; seine Haltung hat der deutschjüdische Schriftsteller Theodor Lessing später einmal als jüdischen Selbsthaß definiert. Nicht Literatur ist ihre Wurzel — ihre Wurzel ist die Judenfeindlichkeit seiner Umgebung. Rußland ist immer noch das Land der Pogrome; es verweigert seinen jüdischen Bürgern jene rechtliche Emanzipation, die in West- und Mitteleuropa längst vollzogen ist. Jener jüdische Selbsthaß ist der Reflex jahrhundertelangen Ausgestoßen-Seins; es gibt ihn in aggressiver Form, als einen spezifisch jüdischen Antisemitismus, und es gibt ihn in der depressiven, von der Rubinsteins Brief an Wagner erschreckend Zeugnis ablegt. Wagner antwortet dem jungen Musiker; in Triebschen kommt es im April 1872 zu einer Begegnung. Cosima notiert:

Abends meldet sich plötzlich Herr Josef Rubinstein aus Charkow — — seltsame Erscheinung und Erfahrung; zugleich mit ihm ein Dr. Cohen, sein Begleiter, der, in der Schiffshütte versteckt ohne Kenntnis des jungen Mannes, uns sagen will, daß er großer Schonung bedürftig sei! — — — R. ist unendlich gütig

---

* »Aus den Memoiren des Herrn von Schnabelewopski«, Kapitel VII.

59 »Ein Abend bei Richard Wagner.« Holzstich (Ausschnitt) nach
Ludwig Bechstein (aus der Zeitschrift »Über Land und Meer«, 1876).
Von links nach rechts: die Sängerin Lilli Lehmann, Joseph Rubin-
stein, Hans Richter, Richard Wagner

gegen den jungen Mann und rät ihm zur Ruhe, bietet seinen Umgang in Bayreuth an.

Rubinstein ist ein Jude nach Wagners Sinn: einer, der seiner eigenen Rasse den Untergang prophezeit und durch Wagner davon befreit sein will. Außerdem ist er ein vorzüglicher Musiker; mit Bach findet er Eingang in Wahnfried:

Mit den Kindern gearbeitet; nachmittags und abends Feustels, dazu J. Rubinstein, von München kommend. Das Klavierspiel des letzteren freut uns sehr, eine Fuge von Bach namentlich [...] stimmt uns ganz ekstatisch.

So schreibt Cosima am 13. Juli 1872 in ihr unermüdliches Tagebuch. Rubinstein, fünfundzwanzig Jahre alt, gehört fortan zu Wagners engerem Kreis; er bleibt elf Wochen in Bayreuth. Bei seinem Abschied Ende September wirft Wagner seiner Frau vor, ihn kalt entlassen zu haben, was diese sogleich bereut. Zwei Jahre später tritt Rubinstein in die Bayreuther »Nibelungen-Kanzlei« ein, einen Stab von jungen Musikern, der Wagner bei der Vorbereitung des »Rings« zur Hand geht. Es folgen anderthalb Jahre intensiver Zusammenarbeit; ein Klavierarrangement aus dem »Ring«, das Rubinstein anfertigt, entzückt Wagner so, daß er diese Arbeit dem Verlag Schott als die beste, welche in dieser Art vorgekommen ist, empfiehlt. Der neue Chef des Verlagshauses, Dr. Strecker, der im Januar 1876 in Haus Wahnfried vorspricht, findet in dem Pianisten, der ihn durch das Haus führt, den nahezu krankhaft anhänglichen Verehrer und damaligen Adlatus Wagners; abends erlebt er alle zusammen:

Als ich wiederkam, fand ich außer Rubinstein auch Frau Cosima, die zur Schonung ihrer Augen einen großen grünen Schirm vorhatte, den sie jedoch abnahm — ich vermute ein bißchen aus Eitelkeit, denn ihre Augen sind sehr schön. Ein interessantes, schmales Gesicht, große Nase, ebensolchen Mund mit prächtigen Zähnen, blonde einfach geknotete Haare, sehr schöne, aristokratische Hände und eine sehr magere Figur. Wenn sie lebhaft wird, ist ihre Stimme angenehm tief, gewöhnlich aber ist der Ton etwas blasiert. In jedem Fall ist sie eine kluge interessante Frau, die sehr charmant sein kann, wie sie im Lauf des Abends und folgenden Tages bewies.
[...] Den Meister verehrt sie abgöttisch; sie verfolgt ihn fortwährend in all seinen Bewegungen und nimmt ihm fast mit den

Augen das Wort von den Lippen — er lohnt ihr dafür durch ausgesuchte und, wie es scheint, von Herzen kommende Galanterie und Aufmerksamkeit. Diesmal war er auch in dem bekannten altdeutschen Kostüm, das ihn nicht gerade verschönt, jedenfalls aber an ihm nicht auffallend wirkt und entschieden bequem sein muß: schwarze, weite Tuchjacke, schwarze Kniehosen, ebensolche Strümpfe und Tuchschuhe. Das von seinen Bildern bekannte Barett trug er in der Hand und legte es neben sich auf einen Stuhl. [...] Nach dem Essen, bei der Zigarre, forderte er Rubinstein auf, mir eines seiner Tonbilder zu spielen, was dieser meisterhaft ausführte. Als er aufhörte, sprang Wagner auf ihn zu und machte ihm Elogen über das glückliche Arrangement dieses Bildes aus »Walküre«, das er noch nicht gehört hatte. Dann wandte er sich zu mir und sagte: »Sehen Sie, das ist die einzige Art, in der ich wünschte, meine Werke in einer Bearbeitung für das Klavier allein veröffentlicht zu sehen. Es gibt den Leuten das Wesentliche des Dramas, und zwar *alles,* soweit es ohne Worte nicht allein interessant, sondern auch verständlich ist.«

Sechs Monate später, mitten in den Vorproben, bricht die Beziehung jäh zusammen; es kommt zu einem Krach, dessen Deutung Cosima zweifellos von Wagner entlehnt:

Die Klavierproben endigten mit vollständiger Entlassung von Herrn Rubinstein, welcher die traurigsten Eigenschaften seines Stammes hier wiederum bewährt.

Es war Wagner gewesen, der seine traurigsten Eigenschaften bewährt hatte. Am 13. Juli, nach dem Ende des ersten Probenzyklus, hatte er vor versammeltem Personal eine Dankesrede auf den hingebungsvoll für ihn tätigen Assistenten gehalten, die in einen antisemitischen Erguß umgeschlagen war; Rubinstein ergreift die Flucht und kehrt der Aufführung, der all seine Arbeit gegolten hat, den Rücken. Erst im Februar 1877 läßt er wieder von sich hören, mit einem Entschuldigungsbrief; zehn Monate später läßt er ein Klavierarrangement des Siegfried-Idylls folgen, das den Beifall des Komponisten findet: R. freut sich des wunderbaren teuren Werkes! (seines eigenen natürlich) Im Mai 1878 spricht Rubinstein wieder in Wahnfried vor und wird zum Essen eingeladen; es geht aber nicht gut, Wagner äußert hinterher:

So ein Jude benimmt sich doch ganz anders wie wir Deutschen, die wissen, ihnen gehört die Welt, wir sind *des hérités!*

Des hérités — die Beerbten. Wagner verfolgt die Vorstellung, daß die Juden, die in Deutschland am Anfang des Jahrhunderts mit Napoleons Hilfe die bürgerlich-rechtliche Gleichstellung erlangt haben und, von der allgemeinen kapitalistischen Entwicklung begünstigt und sie befördernd, binnen zweier Generationen aus verachteten Ghettobewohnern zu bestimmenden Erscheinungen in Wirtschaft und Presse, Kunst und Wissenschaft geworden sind, insgeheim die Entmündigung ihrer Völker betreiben: eine Minderheit, die die Mehrheit zu dominieren strebt. Die Ressentiments des jungen Komponisten finden ihre Kristallisationsfigur in dem vier Jahre älteren Felix Mendelssohn Bartholdy, dem gefeierten Komponisten und Beherrscher des Berliner und Leipziger Musiklebens, Sproß einer ebenso reichen wie kultivierten Berliner jüdischen Familie. Wagner, dürftigen Familienverhältnissen mühsam Bildung und Selbstbewußtsein abringend, stets von Geldnöten geplagt, leidet unter der künstlerischen und gesellschaftlichen Superiorität des Altersgenossen, dem alles in den Schoß fällt; ein Mendelssohn-Komplex verfolgt ihn, dessen Spuren sich noch im Alter zeigen: Als Fünfundsechzigjähriger träumt er von Mendelssohn, daß er ihm du sagte. Ähnliche Empfindungen flößt in Paris der erdrückend erfolgreiche Giacomo Meyerbeer dem hungernden Komponisten ein; anders als Mendelssohn, der eine ihm von Wagner zum Geschenk gemachte Sinfonie-Partitur verschusselt, nimmt Meyerbeer sich des namenlosen jungen Kollegen tatkräftig an. Rubinstein muß bei seinem Besuch im Mai 1878 an den Nerv von Wagners tiefverwurzeltem Unterlegenheitsgefühl gegenüber dem Typus des weltmännischen, begüterten, gebildeten und begabten jüdischen Musikers gerührt haben, und offenbar hat Wagner empfindlich reagiert — anderntags, als er mit dem Besucher musizieren will, ist dieser plötzlich fort. Und kommt erst im November wieder — im Bann alter Depressionen? Cosima findet, daß er sich als ganz derselbe wie vor einigen Jahren erweist, d. h. entschieden krank. *Wagner für sein Teil macht am gleichen Tag eine Bemerkung über die Juden, einsichtiger als vieles, was er über dieses ihn komplexhaft beherrschende Thema zu äußern pflegt:*

Wenn ich noch einmal über die Juden schriebe, würde ich sagen, es sei nichts gegen sie einzuwenden, nur seien sie zu früh zu uns Deutschen getreten, wir seien nicht fest genug gewesen, um dieses Element in uns aufnehmen zu können.

*So meinen zu dieser Zeit viele unter den Deutschen, der verspäte-*ten Nation, *die ihre nationalstaatliche Identität nicht wie Eng-länder oder Franzosen lange vor der Emanzipation der Juden, sondern erst danach gefunden hat. Auch prononcierte Nicht-Anti-semiten teilen diese Ansicht, so Friedrich Nietzsche, der in »Jen-seits von Gut und Böse« auf das Problem zu sprechen kommt, in jenem Kapitel »Völker und Vaterländer«, das mit einer subtilen Huldigung an die »Meistersinger«-Ouvertüre anhebt. Nietzsche fragt 1887:*

Was Europa den Juden verdankt? — Vielerlei, Gutes und Schlimmes, und vor allem eins, das vom Besten und Schlimm-sten zugleich ist: den großen Stil in der Moral, die Fruchtbar-keit und Majestät unendlicher Forderungen, unendlicher Be-deutungen, die ganze Romantik und Erhabenheit der morali-schen Fragwürdigkeiten — und folglich gerade den anziehend-sten und ausgesuchtesten Teil jener Farbenspiele und Verfüh-rungen zum Leben, in deren Nachschimmer heute der Himmel unsrer europäischen Kultur, ihr Abend-Himmel, glüht — viel-leicht verglüht. Wir Artisten unter den Zuschauern und Philo-sophen sind dafür den Juden — dankbar.

Und er fährt fort:

Man muß es in den Kauf nehmen, wenn einem Volke, das am nationalen Nervenfieber und politischen Ehrgeize leidet, lei-den *will* —, mancherlei Wolken und Störungen über den Geist ziehn, kurz, kleine Anfälle von Verdummung: zum Beispiel bei den Deutschen von heute bald die antifranzösische Dummheit, bald die antijüdische, bald die antipolnische, bald die christ-lich-romantische, bald die Wagnerianische, bald die teutoni-sche, bald die preußische (man sehe sich doch diese armen Hi-storiker, diese Sybel und Treitschke und ihre dick verbunde-nen Köpfe an —), und wie sie alle heißen mögen, diese kleinen Benebelungen des deutschen Geistes und Gewissens. Möge man mir verzeihn, daß auch ich, bei einem kurzen gewagten Aufenthalt auf sehr infiziertem Gebiete, nicht völlig von der Krankheit verschont blieb und mir, wie alle Welt, bereits Ge-danken über Dinge zu machen anfing, die mich nichts angehn: erstes Zeichen der politischen Infektion. Zum Beispiel über die

Juden: man höre. — Ich bin noch keinem Deutschen begegnet, der den Juden gewogen gewesen wäre; und so unbedingt auch die Ablehnung der eigentlichen Antisemiterei von seiten aller Vorsichtigen und Politischen sein mag, so richtet sich doch auch diese Vorsicht und Politik nicht etwa gegen die Gattung des Gefühls selber, sondern nur gegen seine gefährliche Unmäßigkeit, insbesondere gegen den abgeschmackten und schandbaren Ausdruck dieses unmäßigen Gefühls — darüber darf man sich nicht täuschen. Daß Deutschland reichlich *genug* Juden hat, daß der deutsche Magen, das deutsche Blut Not hat (und noch auf lange Not haben wird), um auch nur mit diesem Quantum »Jude« fertig zu werden — so wie der Italiener, der Franzose, der Engländer fertig geworden sind infolge einer kräftigeren Verdauung —: das ist die deutliche Aussage und Sprache eines allgemeinen Instinktes, auf welchen man hören, nach welchem man handeln muß. »Keine neuen Juden mehr hineinlassen! Und namentlich nach dem Osten (auch nach Österreich) zu die Tore zusperren!« also gebietet der Instinkt eines Volkes, dessen Art noch schwach und unbestimmt ist, so daß sie leicht verwischt, leicht durch eine stärkere Rasse ausgelöscht werden könnte. Die Juden sind aber ohne allen Zweifel die stärkste, zäheste und reinste Rasse, die jetzt in Europa lebt; sie verstehen es, selbst noch unter den schlimmsten Bedingungen sich durchzusetzen (besser sogar als unter günstigen), vermöge irgendwelcher Tugenden, die man heute gern zu Lastern stempeln möchte — dank vor allem einem resoluten Glauben, der sich vor den »modernen Ideen« nicht zu schämen braucht [...] Das, was heute in Europa »Nation« genannt wird und eigentlich mehr eine *res facta* als *nata** ist (ja mitunter einer *res ficta et picta*** zum Verwechseln ähnlich sieht —), ist in jedem Falle etwas Werdendes, Junges, Leicht-Verschiebbares, noch keine Rasse, geschweige denn ein solches *aere perennius****, wie es die Juden-Art ist: diese »Nationen« sollten sich doch vor jeder hitzköpfigen Konkurrenz und Feindseligkeit sorgfältig in acht nehmen! Daß die Juden, wenn sie wollten — oder, wenn man sie dazu zwänge, wie es die Antisemiten zu wollen scheinen —, jetzt schon das Übergewicht, ja ganz wörtlich die Herr-

---

* ein geschaffenes statt ein ursprüngliches Ding
** ein vorgespiegeltes und gemaltes Ding
*** dauernder als Erz (nach Horaz)

schaft über Europa haben *könnten*, steht fest; daß sie *nicht* darauf hinarbeiten und Pläne machen, ebenfalls. Einstweilen wollen und wünschen sie vielmehr, sogar mit einiger Zudringlichkeit, in Europa, von Europa ein- und aufgesaugt zu werden, sie dürsten darnach, endlich irgendwo fest, erlaubt, geachtet zu sein und dem Nomadenleben, dem »ewigen Juden« ein Ziel zu setzen —; und man sollte diesen Zug und Drang (der vielleicht selbst schon eine Milderung der jüdischen Instinkte ausdrückt) wohl beachten und ihm entgegenkommen: wozu es vielleicht nützlich und billig wäre, die antisemitischen Schreihälse des Landes zu verweisen.

Das ist eine Entgegnung auf Wagner aus dessen eigener Sphäre, der Sphäre eines völkerpsychologisch statt ökonomisch-soziologisch orientierten Geschichtsdenkens. — Von seiner Rückkehr nach Bayreuth im November 1878 an ist Joseph Rubinstein wieder Wagners musikalischer Hausgenosse. Am 28. November spielt man zusammen die »Faust«-Ouvertüre von 1840; bei Tisch findet Wagner gute Worte für Mendelssohns »Meeresstille und glückliche Fahrt«. Was er hinsichtlich Levis zum größeren Teil vorspiegelt: nicht zu fragen, ob der eine ein Jude ist, der andere ein Christ sei, könnte er bei Rubinstein mit Recht in Anspruch nehmen. In Ludwigs Antwort auf jenen Brief Wagners, der sich mit schönen Worten in das Engagement Levis schickt, lobt der König seinen Komponisten. Ludwig, der nach dem Vorbild seines Vaters Maximilian die Emanzipation der jüdischen Bürger des bayerischen Staates sichert und fördert, schreibt am 11. Oktober 1881 aus Schloß Berg an seinen großen Freund:

Hoffentlich werden die Münchner Kräfte, deren Mitwirkung Sie wünschen, ihrem Rufe Ehre machen! Daß Sie, geliebter Freund, keinen Unterschied zwischen Christen und Juden bei der Aufführung Ihres großen, heiligen Werkes machen, ist sehr gut; nichts ist widerlicher, unerquicklicher als solche Streitigkeiten; die Menschen sind ja im Grunde doch alle Brüder, trotz der konfessionellen Unterschiede.

Ein königlicher Hinweis; Ludwig II. nimmt die Humanitätspredigt des »Parsifal« gegenüber dessen Autor beim Wort. Das aber geht über Wagners Kräfte. Aus Palermo, wo sich ihm Rubinstein am Ankunftstag planmäßig zugesellt hat, schreibt er seinem holden, herrlichen, stäts neu mir aufgehenden Königs-Stern:

Eine sonderbare Fügung des Zufalles hat es bewirkt, daß ich gerade hier auch den Verfasser des Klavierauszuges von Parsifal antraf [...] Ich arbeite ihm somit in die Hand, was die Arbeit vortrefflich fördert. Dies ist der sonderbare Joseph Rubinstein, der einst vor zehn Jahren sich an mich nach Triebschen wandte, um Rettung aus dem Judentume, dem er angehörte, mich anflehend. Ich gewährte ihm, der sonst ein vorzüglicher Musiker war, meinen persönlichen Umgang, in welchem er mir allerdings — nicht minder als der gute Levi — große Not gemacht hat. Diesen Unglücklichen fehlt eben allen die Grundlage einer christlichen Erziehung, welche uns andere, mögen wir noch so verschieden sein, unwillkürlich sich gleich geartet erscheinen läßt, was zu den peinlichsten Seelenquälereien veranlaßt. Diesen Umständen gegenüber, in welchen sehr oft die Neigung zum Selbstmord zu bekämpfen ist, habe ich meine Geduld ungemein zu üben gehabt, und wenn von Humanität gegen die Juden die Rede ist, darf ich getrost Anspruch auf Lob erheben. Auch werde ich sie gar nicht mehr los: der Direktor Angelo Neumann hält sich für berufen, meine Anerkennung durch die ganze Welt durchzusetzen. (Die Juden haben eben — vom Bilder-Juwelen-Meuble-Handel her — einen Instinkt für das Echte, dauernd zu Verwertende, welcher den Deutschen so ganz verlorengegangen ist, daß sie von den Juden sich das Unechte eintauschen.) Ich kann gar nichts mehr dazu sagen und muß mir die Energie der jüdischen Protektion gefallen lassen, so wunderlich mir dabei zu Mut wird, denn — das gewogene Urteil meines erhabenen Freundes über die Juden kann ich mir doch nur daraus erklären, daß diese Leute nie Seine königliche Sphäre streifen: sie bleiben dann ein Begriff, während sie für uns eine Erfahrung sind. Der ich mit mehreren dieser Leute freundlich mitleidvoll und teilnehmend verkehre, konnte dies doch nur auf die Erklärung hin ermöglichen, daß ich die jüdische Race für den geborenen Feind der reinen Menschheit und alles Edlen in ihr halte: daß namentlich wir Deutschen an ihnen zugrunde gehen werden, ist gewiß, und vielleicht bin ich der letzte Deutsche, der sich gegen den bereits alles beherrschenden Judaismus als künstlerischer Mensch aufrechtzuerhalten wußte.

Geschrieben am 22. November 1881 im Hôtel des Palmes. Des Königs in ein Lob verkleidete Anmahnung hat den antisemi-

tischen Schreihals in ihm losgemacht. Die Schlußsätze dieser Brief-
stelle präsentierten sich, säuberlich ausgezogen von Otto Strobel,
dem Archivar des Hauses Wahnfried, in dem Bayreuther Festspiel-
führer von 1936. Zwei Wochen nach diesem Brief kommen bei der
Premiere von Offenbachs nachgelassener Oper »Hoffmanns Er-
zählungen« im Wiener Ringtheater bei einem der furchtbarsten
Theaterbrände der Geschichte vierhundert Zuschauer ums Leben.
Am 16. Dezember ergeht sich Wagner vor Cosima über seinen
Mangel an Anteil an der Katastrophe von Wien:

Es klingt hart und geht fast über die Natur hinaus, aber die
Menschen sind zu schlecht, um daß es einem nahegehen kann,
wenn Massen untergehen. Wie gesagt, wenn in Kohlengruben
Menschen verschüttet werden, da kommt mich das Entsetzen
an über eine Gesellschaft, die sich mit solcher Hülfe Heizung
verschafft; und ob so oder so viele, die einer Offenbachschen
Operette beiwohnen, aus dieser Gesellschaft dabei umkom-
men, wobei sich auch nicht ein Zug von moralischer Größe
zeigt, das läßt mich gleichgültig. [...] Vorher bei der irischen
Frage hat er es ausgerufen: Wir werden alle solche Sklaven
werden, denn das Eigentum ist heiliggesprochen, und nun
kommen die Herrn von der Börse daran.

Bei Juden, die Offenbach hören, verbietet sich dieser Komponist
Menschlichkeit. Zwei Tage später geht er noch ein Stück weiter.
Er hat, wie immer häufiger in diesen Jahren, morgens einen Herz-
anfall gehabt; nach dem Frühstück, berichtet Cosima,

erzählt er von einer neulichen Aufführung des »Nathan«, wo
bei der Stelle, Christus war auch ein Jude, ein Israelit im Par-
terre bravo gerufen habe. Er wirft Lessing diese Fadheit sehr
vor, und wie ich ihm erwidere, daß mir schiene ein eigener
deutscher Zug der Humanität in dem Stück zu liegen, sagt er:
»Aber gar keine Tiefe« — er erinnert sich Bernays', der Holtz-
mann es vorwarf, Lessing zu mißachten. »Man nährt den
Hochmut dieser Kerle dadurch, daß man mit ihnen umgeht,
und z. B. wir sprechen vor Rubinstein unsere Empfindung über
die Juden im Theater nicht aus, 400 ungetaufte und wahrscheinlich 500 getaufte.« Er sagt im heftigen Scherz, es sollten
alle Juden in einer Aufführung des »Nathan« verbrennen.

Das ist, herausgepreßt von einer krankhaft affizierten Morgen-
stunde, der Schrei nach dem Mittelalter, nach der Zurücknahme

*der Aufklärung. Ist es der Klartext zu den nebulosen Wendungen,
mit denen Wagner im Januar 1881 eine zweite Nachschrift zu
»Religion und Kunst« beschlossen hat? »Erkenne dich selbst« ist
dieser Aufsatz überschrieben — eine Inschrift gleich jener, die die
Insassen der Konzentrationslager bei ihrem Eintritt zu durchlau-
fen hatten: »Jedem das Seine«? Nach wie vor ist Wagner des Zu-
sammenhangs der jüdischen Frage mit der des bürgerlichen Eigentums inne:*

Eine fast größere Heiligkeit als die Religion hat in unsrem
staatsgesellschaftlichen Gewissen das »Eigentum« erhalten:
für die Verletzung jener gibt es Nachsicht, für die Beschädi-
gung dieses nur Unerbittlichkeit. Da das Eigentum als die
Grundlage alles gesellschaftlichen Bestehens gilt, muß es wiederum desto schädlicher dünken, daß nicht alle Eigentum be-
sitzen und sogar der größte Teil der Gesellschaft enterbt zur
Welt kommt. Offenbar gerät hierdurch vermöge ihres eigenen
Prinzipes die Gesellschaft in eine so gefährliche Beunruhigung,
daß sie alle ihre Gesetze für einen unmöglichen Ausgleich dieses Widerstreites zu berechnen genötigt ist und Schutz des Eigentums [...] in Wahrheit nichts anderes heißen kann als Be-
schützung der Besitzenden gegen die Nichtbesitzenden. [...] es
scheint wohl, daß mit dem an sich so einfach dünkenden Be-
griffe des Eigentums durch seine staatliche Verwertung dem
Leibe der Menschheit ein Pfahl eingetrieben worden ist, an welchem sie in schmerzlicher Leidenskrankheit dahinsiechen
muß.

*Wagner weiß natürlich, daß die von Bismarcks Sozialistengesetz
unabgeschreckte Arbeiterbewegung deutliche Vorstellungen davon hat, wie dieser Pfahl aus dem Leib der Menschheit herausgezo-
gen werden könne. Aber er zieht die Revolution nicht in Betracht,
ja er nennt sie in den Tagen, da er an diese »zweite Nachschrift«
geht, mit Carlyle gesprächsweise eine toll gewordene Trivialität.
Tief und traumatisch sitzt in ihm die Quittung, die ihm die herrschende Klasse für seine Teilnahme an den Kämpfen von 1849
ausgestellt hat: ein zwölfjähriges Abgeschnittensein von seinen
Produktionsmitteln, den Opernhäusern. Was aber bleibt von der
Marxschen These, die diejenige Wagners war und ist, der
These: Die gesellschaftliche Emanzipation des Juden ist die
Emanzipation der Gesellschaft vom Judentum, ohne revolutio-
näre Perspektive? Marx hatte Judentum und jüdischen Kapitali-*

sten miteinander verwechselt; fügt nun Wagner den Trugschluß hinzu, daß es nicht das Kapital schlechthin, sondern nur das jüdische Kapital sei, das die Gesellschaft bedrohe? Er wirft dem letzteren vor, das Geld für das Militär herbeizuschaffen, *aber er ist nicht so dumm, die Deutschen als von rassischer Entartung bedroht darzustellen; deutlich genug sieht er, ein wie gemischtes Volk das seine seit Jahrhunderten ist. Wagner hißt die Fahne der nationalen Kultur: er beruft sich auf die* deutsche Sprache, das einzige echt erhaltene Erbteil unserer Väter, *und denkt sich die Deutschen* nicht mehr als eine Rasse, als eine Abart der Menschheit, sondern als einen Urstamm der Menschheit selbst, *der an dem* Geiste reiner Menschlichkeit *zu erkennen sei. Wagner, der Revolutionär, der die Revolution verschworen hat, ohne seine revolutionären Impulse loszuwerden, ist im tiefsten Sinn ratlos; konfus greift er mal in diesen, mal in jenen Winkel der großen Ideologiekiste, die er, ein beschwerter Zwerg, mit sich herumschleppt und in der fast alles Platz gefunden hat, was das Jahrhundert an geistigen Konzepten hervorgebracht hat, von Feuerbach und Bakunin bis zu Schopenhauer und neuerdings zum Grafen Gobineau. Er beschwört den* Geist reiner Menschlichkeit als *den wahrhaft deutschen, und er attackiert zugleich die staatsbürgerliche Gleichstellung, die die Juden in das gesellschaftliche Leben integriert hat: Das sei* ungefähr wie die Schwarzen in Mexiko durch ein Blankett autorisiert wurden, sich für Weiße zu halten. *Was stellt er sich vor?*

R. ist für völlige Ausweisung

notiert Cosima am 11. Oktober 1879 nach der Lektüre einer antisemitischen Rede des Berliner Parteigründers Stoecker. In den gewundenen Schlußsätzen seines Aufsatzes von 1881 schlüpft er in Gesinnung und Tonfall seines Mime, der Siegfried, seinem Ziehsohn, dem er den tödlichen Trank bereitet hat, in winselnd-tückischer Rede, zugleich verdrückt und hemmungslos, ausplappert, was er mit ihm vorhat. Dieser Mime, Alberichs Bruder, kann für eine semitische Figur gelten; sie ist zugleich eine Selbstkarikatur ihres Autors — ein Umstand, der Licht auf die innere Verknäuelung auf dem Grunde von Wagners Rassenressentiment wirft. Auch sein Antisemitismus ist eine Form von Selbsthaß. Wenn man bedenkt, daß jener Mime zugleich eine Anspielung auf Wagners Stiefvater Ludwig Geyer ist, der »Mime« (nämlich Schauspieler) und Kunsthandwerker (Miniaturmaler) dazu war, so eröffnet sich eine wei-

*tere Dimension der Verhexung, der er in Hinsicht auf das, was er
Judentum nennt, unterliegt. Wagner, der seinen Stiefvater sehr
liebte (noch die altdeutsche Tracht, in die er sich kleidete, war
von ihm entlehnt), scheint Ludwig Geyer für jüdischer Abkunft
gehalten zu haben; andererseits hegte er zuweilen den Gedanken, sein leiblicher Sohn zu sein – eine Situation von brisanter
Gefühlszweideutigkeit, die sich in Werk und Leben vielfach
entlud. Nietzsche, der Wagner besser als andere kannte, sah in
der trüben, ebenso unfreien als ratlosen Schriftstellerei von
dessen letzten Jahren etwas Mittelalterlich-Rückschlägiges am
Werk; er zog das Fazit:*

Man tut gewiß am besten, einen Künstler insoweit von seinem
Werke zu trennen, daß man ihn selbst nicht gleich ernst nimmt
wie sein Werk. Er ist zuletzt nur die Vorausbedingung seines
Werks, der Mutterschoß, der Boden, unter Umständen der
Dünger und Mist, auf dem, aus dem es wächst — und somit, in
den meisten Fällen, etwas, das man vergessen muß, wenn
man sich des Werks selbst erfreuen will. [...] Dem Dichter
und Ausgestalter des Parsifal blieb ein tiefes, gründliches,
selbst schreckliches Hineinleben und Hinabsteigen in mittel-
alterliche Seelen-Kontraste, ein feindseliges Abseits von
aller Höhe, Strenge und Zucht des Geistes, eine Art intel-
lektueller *Perversität* (wenn man mir das Wort nachsehn
will) ebensowenig erspart als einem schwangeren Weibe
die Widerlichkeiten und Wunderlichkeiten der Schwanger-
schaft.

*Das ist die eine Seite: Künstlerpsychologie. Nietzsche, der an sich
selbst sehend geworden war über Wagners Verhältnis zum Mit-
menschen, durchschaut sie wie kein anderer. Die andere, überpsy-
chologische Seite ist die des gescheiterten Revolutionärs, der die
bürgerliche Welt als verlorene erkennt, ohne eine Gegenkraft zu
gewahren. In dem geschundenen und geknechteten Proletariat
sieht Wagner kein Subjekt des Geschichtsprozesses, sondern nur
ein Objekt des Mitleids, wie auf andere Weise in dem Tier, das
um eines fragwürdigen Wissenschaftsbegriffs willen im Laborato-
rium gefoltert wird; gegenüber beiden übermannt ihn die
Hilflosigkeit des bloß Mitleidenden. Kein wesentlicher Diagnose-
punkt, wo er über die kapitalistische Gesellschaft nicht klarsähe;
er ist leidenschaftlich für die Arbeiter und gegen den Krieg — ge-*

*gen die, die ihn machen und die an ihm verdienen. Aber er weiß
keine Therapie und möchte doch kein absoluter Pessimist sein; so
flüchtet er sich teils in Buddhismus, teils in Rassenwahn. Die soziale Minderheit als revolutionäres Ersatzobjekt — diesem Kurzschluß war schon der Siebzehnjährige erlegen; von der Höhe seines Lebens blickt Wagner auf die Episode vom September 1830
zurück:*

Ehe ich jedoch zur weiteren Ausführung meiner politisch-mu-
sikalischen Entwürfe gelangte, brachen in Leipzig selbst Unru-
hen aus, welche mich vom Gebiete der Kunst ab zu unmittelbarer Beteiligung am Staatsleben beriefen. Dieses Staatsleben
hatte nun in Leipzig keine andre Bedeutung als die eines Antagonismus der Studenten mit der Polizei; die Polizei war das
Urverhaßte, an welchem sich der Freiheitssinn der Jugend
übte. Bei irgendeinem Straßenexzeß war es zu Verhaftungen
einiger Studenten gekommen: diese sollten befreit werden.
Die akademische Jugend, unter welcher es bereits seit einigen
Tagen unruhig herging, versammelte sich eines Abends auf
dem Markte; [...] man sang das »Gaudeamus igitur«, bildete
sich in Kolonnen und zog nun, verstärkt durch alles Junge, was
es mit den Studenten hielt, ernst und entschlossen vom Markte
aus nach dem Universitätsgebäude, um dort die Karzer zu
sprengen und die verhafteten Studenten zu befreien. Mir
klopfte das Herz in unglaublicher Erregtheit, als ich zu dieser
Bastillestürmung mitmarschierte. Doch nahm es eine andere
als die erwartete Wendung: im Hofe des Paulinums ward der
feierliche Schwarm vom Rektor Krug, welcher mit entblößtem
Greisenhaupte herabgekommen war, aufgehalten; seine Versi-
cherung, daß die Verhafteten bereits auf seine Veranlassung
entlassen seien, brachte ihm ein donnerndes Vivat ein, und die
Sache schien nun beendigt.
Allein die Spannung auf eine Revolution war zu groß gewesen,
als daß nicht irgend etwas ihr zum Opfer hätte fallen müssen.
Plötzlich verbreitete sich der Ruf nach einer berüchtigten
Gasse, in welcher gegen eine verhaßte Magistratsperson, welche dort der Volksmeinung nach ein übelberufenes Etablisse-
ment in willkürlichen Schutz genommen hatte, populäre Justiz
geübt werden sollte. Als ich im Gefolge des Schwarmes an jenem Ort anlangte, fand ich ein erbrochenes Haus, in welchem
allerhand Gewalttaten verübt wurden. Ich entsinnne mich mit

Grauen der berauschenden Einwirkung eines solchen unbegreiflichen, wütenden Vorganges und kann nicht leugnen, daß ich, ohne die mindeste persönliche Veranlassung hierzu, an der Wut der jungen Leute, welche wie wahnsinnig Möbel und Geräte zerschlugen, ganz wie ein Besessener mit teilnahm. Ich glaube nicht, daß die vorgebliche Veranlassung zu diesem Exzeß, welche allerdings in einem das Sittlichkeitsgefühl stark verletzenden Vorfalle lag, hierbei auf mich Einfluß übte; vielmehr war es das rein Dämonische solcher Volkswutanfälle, das mich wie einen Tollen in seinen Strudel mit hineinzog. Auch daß solche Wutanfälle nicht so schnell sich verlaufen, sondern nach gewissen natürlichen Gesetzen erst durch ihre Ausartung zur Raserei zu dem ihnen eigentümlichen Abschluß gelangen, sollte ich an mir selbst erfahren. Kaum erscholl der Ruf nach einem andern derartigen Orte, als ich auch schon in der Strömung mich befand, welche nach einem entgegengesetzten Ende der Stadt sich bewegte; dort wurden die gleichen Heldentaten verübt und die lächerlichsten Verwüstungen angerichtet. Ich entsinne mich nicht, daß der Genuß geistiger Getränke zu meiner und meiner unmittelbaren Genossen Berauschung beigetragen hätte; nur weiß ich, daß ich schließlich in den Zustand gelangte, der für gewöhnlich einem Rausche folgt. Ich erwachte des andern Morgens wie aus einem wüsten Traume und mußte mich erst an einer Trophäe, dem Fetzen eines roten Vorhanges, welchen ich als Zeichen meiner Heldentaten mit mir geführt hatte, daran erinnern, daß die Vorgänge dieser Nacht wirklich von mir erlebt worden seien. Sehr beruhigte es mich, daß allgemein, und namentlich auch in meiner Familie, eine günstige Meinung für die jugendlichen Exzedenten sich geltend machte: die Tollheit der jungen Menschen ward ihnen als sittliche Entrüstung über wirklich empörende Zustände angerechnet.

Die Geschichte ist aufschlußreicher als viele Abhandlungen. Man hat in ihr alles beisammen: das abstrakte Revoltieren studentischer Bürgerjugend gegen die staatlichen Gewalten, das Ins-Leere-Laufen dieses pubertären Freiheitsdranges, die Substituierung eines Ersatzobjektes für die aufgeputschten Emotionen: die Studenten stürmen die Bordelle. Statt Freiheit für sich selbst Freiheit von anderen — Pogrom statt Revolution. Und da im Bewußtsein des Bürgertums die Prostituierten ebenso an der Unsitt-

lichkeit schuld sind wie die Juden am Wucher, findet der Exzeß die nachträgliche Billigung einer ganzen Klasse. Mühelos werden die losgelassenen Studenten in den folgenden Tagen ein zweites Mal umfunktioniert; nun fungieren sie als Schutzgarde der Besitzenden gegen Arbeiterunruhen, die in der Stadt ausgebrochen sind:

Der Student ward der Schutzgott Leipzigs; von den Behörden aufgerufen, sich zum Schutz des Eigentums zu waffnen und zu scharen, sammelten sich dieselben jungen Leute, welche zwei Tage vorher sich selbst in die Wut des Zerstörens versetzt hatten, im Universitätshof. Die verpönten Namen der Landsmannschaften und der Burschenschaften riefen laut aus dem Munde der Stadträte und Polizeidirektoren die wunderlich ausgerüsteten Jünglinge auf, welche nun in mittelalterlich naiver Kriegsgliederung sich über die Stadt verteilten, die Wachstuben der Tore bezogen, Schutzmannschaften in die Grundstücke einzelner reicher Kaufleute legten.

Binnen weniger Tage erliegen diese jungen Leute, und der siebzehnjährige Wagner mit ihnen, einer zwiefachen Manipulierung: erst wird ihr revolutionärer Affekt gegen eine schutzlose Minderheit gelenkt, dann werden sie als die junge Garde der Konterrevolution angeheuert. Dasselbe Verfahren wendet das Großkapital hundert Jahre später im nationalen Stil an.
Wagner beschreibt seine Jugenderlebnisse im Rückblick nicht ohne kritische Bestürzung, zugleich mit der Gelassenheit eines, der sich vor Studententorheiten in Sicherheit weiß. Dieses Gefühl trügt ihn; der sich verstärkende antisemitische Komplex seines Alters zeigt, daß er die Jugendanfälligkeit nur verschoben hat: als seniles bricht das pubertäre Verhaltensmuster wieder über ihn herein. Hinter dem Kultur-Heros liegt ein ressentimentgeladener Kleinbürger auf der Lauer und macht sich hinter dem Rücken seines Werkes in Verbalexzessen Luft. Bei allen Ressentiments, mit denen Wagner die jüdische Frage belädt, bleibt ihm ein Gefühl für deren ökonomische Wurzeln:

Er geht dann über zur Besprechung der jetzigen Börsenverhältnisse, und daß dieser Macht der Juden nur beizukommen sei, wenn alles das aufhörte

sagt er im November 1880 zu Cosima, und einen Monat später:

Nach Tisch liest er uns die Debatte über die Juden-Frage vor und spricht sich dahin aus, daß alle Regeln und Maßregeln unnütz seien, solange der Besitz da sei.

Er weiß es wohl, daß die jüdische Frage die Frage des Kapitals ist, aber er betrügt sich auch immer wieder um diese Einsicht. August Bebels Wort, der Antisemitismus sei der Sozialismus der Dummen, ist, wenn man das Wort »dumm« durch »verblendet« ersetzt, wie für Wagner geschaffen. Der Antisemitismus ist auch der Patriotismus der Dummen. Heinrich Heine hatte einst auf die Schicksalsgemeinschaft von Deutschen und Juden hingewiesen — zweier an Absonderung krankender, zum Leiden auserwählter Völker von einander ergänzenden Talenten, die sich in einer revolutionären Anstrengung verbinden sollten und würden. In Wagners Musik gewinnt solche Verwandtschaft Tongestalt; daß so viele seiner Vorkämpfer in Deutschland jüdischer Abstammung sind, hat damit zu tun. Wagner spürt das, und er wehrt sich dagegen; Verbindungen, die er als Künstler eröffnet, dementiert er als Subjekt. Die Beziehung bleibt auch darin existentiell: wenn Wagner jüdisches Wesen attackiert, projiziert er auf andere, was ihm an sich selbst unheimlich ist; wenn er Ahasvers Untergang beschwört, meint er die eigene Erlösung.

Joseph Rubinstein stellt fortlaufend mit Wagners Orchestrierungsarbeit den Klavierauszug des »Parsifal« her; 1882, im Jahr der Uraufführung, ist er Wagner in Bayreuth zur Hand. Zu den Festspielen kommt aus Rußland sein Vater, an dem Wagner Gefallen findet; Cosimas Aufzeichnungen deuten auf Konflikte zwischen Vater und Sohn. Dann begleitet Rubinstein die Wagners nach Venedig, wo er fünf Wochen bleibt. Am 21. Oktober musiziert man noch einmal aus den »Meistersingern«; anderntags nimmt er Abschied. Nur um anderthalb Jahre überlebt Rubinstein seinen Meister: am 23. August 1884 erschießt er sich in der Nähe von Triebschen am Vierwaldstätter See. Hat Cosima ihn von Bayreuth zurückgestoßen? Ihr Kommentar — drei Jahre später, in einem Brief an Levi, den sie gekränkt hat und zu versöhnen trachtet — ist pathetisch und unaufrichtig:

Das Unglück des armen, außerordentlichen (die meisten der unserigen tief beschämenden) Freundes war, daß er, ohne Talent, unserer Sache nicht dienen konnte. Und ohne ihr zu dienen, wollte er nicht in dieser Welt sein — ein Gefühl, vor welchem ich die größte Verehrung habe.

Fünftes Kapitel

HEIMFAHRT MIT »PARSIFAL«

April 1882

In Palermo, im Hôtel des Palmes, wird am 13. Januar 1882 die Partitur des »Parsifal« vollendet. Am gleichen Tag spricht, von Pariser Freunden empfohlen, ein französischer Maler bei Wagner vor, um ihn zu porträtieren; er heißt Auguste Renoir. Joukowsky nimmt sich des Kollegen an und vermittelt ihm einen Termin für den nächsten Tag, die Porträtsitzung findet am übernächsten statt. Wagner, der keine Ahnung hat, wer ihm da gegenübersitzt, ist von dem Ergebnis wenig befriedigt:

Um 12 Uhr ist Sitzung für den französischen Maler Renouard, mit dem R. sich den Scherz macht, ihn mit dem Victor Noir[*] zu verwechseln. Dieser Künstler, der Schule der Impressionisten angehörend, die alles hell und inmitten der Sonne malen, unterhält R. dadurch, daß er mit vielen Grimassen und Aufregung also arbeitet, daß ihm R. sagt, er sei der Maler aus den Fliegenden Blättern. Von dem sehr wunderlichen, blau-rosigen Ergebnis meint R., es sähe aus wie der Embryo eines Engels, als Auster von einem Epikureer verschluckt.

Das ist eine so komplizierte wie tiefsinnige Auslegung; vor einem impressionistischen Bild erfindet Wagner den Surrealismus. Dem Maler gegenüber drückt Wagner sich anders aus; in einem Brief hat Renoir seine beiden Besuche im Hôtel des Palmes beschrieben:

Ich höre ein durch die dicken Teppiche gedämpftes Geräusch von Schritten. Es ist der Meister, in seinem Samtrock mit breiten, mit schwarzem Atlas gefütterten Ärmeln. Er ist sehr schön und sehr liebenswürdig und reicht mir die Hand, lädt mich ein, mich wieder zu setzen, und dann beginnt die unsinnigste Unterhaltung, durchflochten mit »hi!«, mit »oh!«, halb französisch, halb deutsch mit gutturalen Endungen. [...] Wir sprechen über alles Mögliche. Wenn ich »wir« sage, so muß ich beifügen, daß ich immer nur »Lieber Meister«, »Gewiß, lieber

Meister« sagte. [...] Wir haben von den Impressionisten in der Musik gesprochen. Was muß ich nicht alles für absurdes Zeug gesagt haben! Schließlich war mir kochend heiß, war ich vollkommen taumlig und rot wie ein Hahn. Kurz, der Schüch-

60 Richard Wagner. Ölbildnis von Auguste Renoir, entstanden am 15. Januar 1882 in Palermo

terne, der loslegt, geht zu weit. Immerhin weiß ich, daß ich ihm viel Vergnügen gemacht habe, womit eigentlich, weiß ich nicht mehr. [...] Am nächsten Tag war ich mittags dort. Das übrige wissen Sie. Er war sehr heiter, ich sehr nervös, und ich bedauerte, daß ich nicht Ingres bin. Kurz, ich glaube, ich habe meine

Zeit gut angewandt: fünfunddreißig Minuten, das ist nicht viel, aber wenn ich vorher aufgehört hätte, wäre es sehr schön geworden, denn mein Modell verlor schließlich seine Heiterkeit ein wenig und wurde steif. Ich habe diese Änderungen zu sehr mitgemacht. Nun, Sie werden sehen.

Schließlich wollte Wagner es sehen. Er sagte: »Ah! Ah! Ich sehe aus wie ein protestantischer Pfarrer.« Was auch wahr ist. Kurz, ich war sehr froh, daß ich nicht allzusehr Fiasko gemacht hatte. Es ist doch eine kleine Erinnnerung an diesen wundervollen Kopf.

Im Laufe der Jahre leitet Renoir eine malerische und zwei graphische Varianten von diesem Bild ab. — Drei Monate nach der »Parsifal«-Vollendung zieht Wagner mit den Seinen heimwärts, über Venedig, wo für zwei Wochen Station gemacht wird. »Faust«-Lektüre begleitet die Reise; Goethes letztes Werk verschmilzt Wagner mit seinem eigenen:

Goethe konnte ruhig sterben, nachdem er dieses Bild der Nichtigkeit der Welt und diese Verherrlichung der Liebe und des christlichen Gedankens gegeben.

Eben das will er mit »Parsifal«. In der Eisenbahn, zwischen Neapel und Venedig, kommt ihm ein anderes Spätwerk in Sicht: Beethovens letzte Streichquartette; der Reisende findet,

das sei das Gegenstück zum »Faust«, das vollständig freie Spielen mit der Sache, nur durch die Musik verklärter, ein Spielen mit Seelen!

Er ist im Bann der beiden Meister, zu denen er zeitlebens aufgeblickt hat. Und er ist im Bann von Cosima, in diesen Reisetagen mehr denn je:

Wie wir die Lombardei berühren, erklärt mir R. die Entstehung dieses Alluvial-Bodens, »das hat Zeit gebraucht«, sagt er scherzend, worauf ich: »Das geschah gewiß, bevor die Kalender erfunden waren«, und heiter blitzend blickt er mich an, dann ernst, und: »Dich habe ich, und nur dich konnt ich, nur dich sollt ich haben, alles übrige ist Maskenspiel.«

Dann kommt man an, Wagner ist wieder im Bann der Stadt:

Nach einer guten Nacht Behagen an Venedig, unsre seltsame Wohnung erfreut uns, und ein Gang, den er um die Mittags-

61 Die Gruppe der Tetrarchen an der Torre de Tesoro des Markusdoms. Porphyr, vermutlich eine syrische Arbeit des 4. Jahrhunderts. Photographie

Zeit zu San Marco macht, entzückt ihn vollständig; für uns ist kein Zweifel, daß hier der schönste Ort sei.

Cosima notiert es am 16. April. Man wohnt im Hotel Danieli und sieht sich nach einer Wohnung für den Herbst um; dann will man hierhin zurückkehren. Zusammen besichtigen die beiden Longhenas berühmte Barockkirche S. Maria della Salute, zusammen gehen sie zum Arsenal, dessen Tor zwei große Marmorlöwen, Beutestücke aus Athen, flankieren:

Der eine der antiken Löwen entzückt ihn, »so ein ideales Wesen, was man nie gesehen hat; so sollten mein Fafner und Fasolt aussehen«.

Fafner und Fasolt sind die beiden nordischen Riesen, die Wotan in »Rheingold« die verhängnisvolle Burg bauen. Zu Hause, im Baedeker nachlesend, geht Wagner noch einen Schritt weiter, er ruft aus:

Der Löwe ist mein Wotan.

Wieder übt Tizians Assunta, diese magische Vergegenwärtigung Isolde-Mathildes, ihren Reiz aus, wieder stört ihn Gottvater auf dem Bild, der die Aufschwebende mit einem ausgebreiteten Tuch empfängt. Das letzte Mal hatte er das einen Klecks *genannt, jetzt spricht er von der* Fledermaus. *Aber das Bild als ganzes ist ihm ein Gipfel, und als Cosima davor wieder einmal an Beethoven denkt, erwidert er:*

O, in der Musik haben wir nichts so Vollendetes, es sind Versuche.

Auf dem Markusplatz bittet Wagner die Militärkapelle — es ist längst eine italienische, die Österreicher sind mit preußischer Nachhilfe vertrieben — um die Ouvertüre zur »Diebischen Elster«. Mit Rossini hat er in Paris, vor zweiundzwanzig Jahren, einmal lange gesprochen; der Maestro hatte sich die Musik der Zukunft *erklären lassen. Mit Verdi, dem Altersgenossen, tut Wagner sich schwerer; immerhin kommt es vor, daß er à la Verdi auf dem Klavier improvisiert, und hier, auf dem Canal Grande, hört er* duettartig *ein Verdisches Motiv gesungen, es prägt sich ihm ein:*

Er singt es mir lachend über diesen Wut-Ausbruch, der da gestern zum besten gegeben wurde; den abgebrochenen Rhythmus — „da soll man sagen, daß das eine Naturlinie sei" — hat er sich gemerkt, Rossini habe so etwas nicht.

Wagners Ruhm in Italien ist immens, und die Sympathie ist gegenseitig — Anziehung des Gegensatzes. Cosima empfindet eines Morgens die italienische Melodie wie im Einklang mit der Luft und dem Himmel; *Wagner gibt ihr recht und setzt hinzu:*

Bei uns muß alles verschlossen sein, und da ertönt ein andres, welches mit der sichtbaren Welt nichts gemein hat; es muß alles verschlossen sein.

Er spricht wieder von »Parsifal«. Mannigfache Lektüre durchzieht die Tage im Danieli: Gozzis »Rabe« und der »Ajas« des Sophokles, die »Ilias«, bei der ihm die geschwätzige Dehnung der Ausführung nicht im Verhältnis zur Grausamkeit der Sage zu stehen scheint, *und Hoffmanns »Serapionsbrüder«, das Buch, aus dem er in Jugendzeiten entscheidende Anregungen empfing. Turgenjews »Rauch« wird liegengelassen, ein Stück von Scribe, das im Goldoni-Theater zu sehen ist, erweckt gemischte Gefühle.*

Immerhin: Die Durchführung des Stückes interessiert ihn. *Im Jahre 1837, vor seiner Paris-Expedition, hatte Wagner Scribe als Librettisten gewinnen wollen; es war nichts daraus geworden. Dazwischen: Empörung über eine Reichstagsdebatte, die Vivisektion von Tieren betreffend, und die Nachricht vom Tode Darwins. Erinnerungen an Bakunin, den Mitkämpfer aus Dresdner Revolutionstagen (er ist schon fünf Jahre tot), und eine Anfrage aus London, die Annahme des Ehrendoktorats der Universität Oxford betreffend. Zwanzig Jahre früher hätte ihm das Freude gemacht;* nun hält er die Zeit von derlei Auszeichnungen für sich als vorüber. *Die Wasserfahrt zu einer Soiree wird zur Theaterszene:*

Die Sänger harren unser unten, bringen uns unter Gesang, Mondschein-Strahl und bengalischem Feuer hin und führen uns auch heim.

Kein Zweifel, Wagner ist in Venedig in seinem Element. Zu guter Letzt unternimmt er einen Besuch bei Karl Ritter, dem Gefährten des ersten venezianischen Aufenthalts, Sohn jener Dresdner Familie, die den Verbannten jahrelang über Wasser gehalten hatte. Wagner hat Ritter, der seit langem in Venedig lebt, seit jener Zeit nicht gesehen, aber er hat vor zwei Jahren eine »Theorie des Deutschen Trauerspiels« *von ihm gelesen; nun macht er sich, einen Brustkrampf überwindend, auf, ihm einen Überrumpelungsbesuch zu machen. Es geht aber schief:*

Zuerst falsch geführt auf der Riva, erblickt er einen ergrauten Herrn am Fenster, frägt sich: Sollte Karl sich so verändert haben! Dann in eine Stube, wo eine Menge Bilder stehen, geführt, frägt er sich wieder: Sollte er auch malen! Endlich erkennt er den Irrtum, frägt weiter und kommt an die richtige Türe, wo eine Frau mit Säugling ihm sagt: Herr Ritter sei nicht zu Hause; worauf R.: »Er ist wohl zu Hause« — die Frau verlegen, er wäre wohl der Herr Wagner, »ja ja«, sagt R. und schreibt auf einen Zettel: »Was bist du für ein Mensch.«

Dann entfernt er sich und ist sehr angegriffen von dieser Erfahrung. *Was mag sich vor dreiundzwanzig Jahren zwischen diesen beiden Menschen zugetragen haben? Der Weg des Achtundsechzigjährigen zu dem Freund von einst sieht wie ein Bußgang aus, und Ritter muß damit gerechnet haben — er hat Vorsorge getroffen. Auch Nietzsches Abfall, der Wagner zu schaffen macht, hat*

62 Richard Wagner. Bleistiftzeichnung von Auguste Renoir (1883)

nicht nur intellektuelle Gründe. Wagner kann Menschen tief be-
zaubern, und er kann sie schwer verletzen; auf Unterwerfung in
jedem Fall zielt sein Umgang mit Menschen. Cosima, die nun
vierundvierzig ist, unterwirft sich mit Lust und Liebe, und er
dankt es ihr:

Es gibt nur einen Menschen, der mir unentbehrlich gewesen
ist, ohne den ich nicht leben konnte, das war eure Mutter; auf
die war ich versessen

sagt er eines Abends zu den Kindern. Und klagt ein andermal:

Wir haben uns zu spät gefunden! Wir hätten viel früher uns vereinigen sollen!

Am selben Tag zeigt Hans v. Bülow seine Verlobung mit der fünf-undzwanzigjährigen Schauspielerin Marie Schanzer an. Wenn Wagner über Goethes Ehe spricht, ist unterderhand von ihm und Cosima die Rede:

R. meint, das nette Wesen von Christiane sei Goethe eine Wohltat nach all der »Schmachterei« gewesen, und er habe, da er immer ernster wurde, gewiß Aufregungen loswerden wollen, »wo doch nichts dahinter war«; wir besprechen den moralischen Mut, der in dem wunderlichen Verhältnis mit Christiane in der kleinen Stadt lag.

Ob aber Goethe zu der Weimarer Blumenbinderin gesagt hätte, was Wagner zu Liszts Tochter bemerkt?

Du hast einen Vorzug vor andren, du verkehrst mit mir

sagt er in einer gehobenen Stunde, mit dem Blick auf die abendli-che Stadt, zu seiner Frau, und diese schilt ihn darauf, daß er aus-spricht, was ich mir sage.

Du mußt ein ganz schlechtes Gewissen gegen mich haben, daß du in allem mir so nachgibst und dich schmiegst,

hat er einmal in Bayreuth zu ihr gesagt; Cosima hatte danach in ihr Tagebuch geschrieben:

Ich werde ernst darob, und mir ist es, als ob ich selbst nicht das Recht an das Glück hätte, ihm gehorchen zu dürfen! Und mir besteht die Last des Lebens darin, daß, indem ich jeden Augen-blick mich ganz hingeben möchte, ich dennoch bestehe, ja vie-les selbst nicht aussage, um die Ruhe nicht zu stören, die besser für ihn ist als die Ekstase!

Cosima wirft sich vor, gelegentlich anderer Meinung als ihr Mann zu sein und ihm das zu verschweigen, um ihn nicht aufzure-gen. Der Exzentriker hat eine Dulderin gefunden, die ihm eben-bürtig ist — es ist eins der merkwürdigsten Paare des Jahrhunderts. Auch theoretisch beschäftigt sich Wagner mit dem Geschlechter-wesen, und was er findet, läßt sich mit der Entsagungsgebärde des

»Parsifal« nicht leicht in Einklang bringen; Cosima schreibt es treulich auf:

Er ergeht sich über das ihn jetzt sehr beschäftigende Kapitel der Ehe, des Triebes der Natur, »jedenfalls«, schließt er, »ist es immer unrichtig, gegen sie zu handeln«.

Wagners Leben, sein Werk ist im Hafen, aber der Weltzustand bleibt verhängnisvoll, Wagner verliert ihn nie aus den Augen. In einer Welt voller Ausbeutung und Elend ist ihm künstlerische Arbeit fragwürdig:

Wir wandeln wie die Götter im Walhall auf dieser Oberfläche und denken nicht an diese Nacht und Gräßlichkeit unter uns.

So sagt er einmal in Bayreuth und meint die Arbeit in den Kohlebergwerken, von der er hofft, daß die Elektrizität sie überflüssig machen werde. Hier in Venedig greift ihm das Schicksal eines armen, in Neapel verlassenen Knaben ans Herz, dessen Lage er vergeblich zu wenden versucht hat. Dieser egomanische Künstler geht fremdem Leiden nie ungerührt vorüber; Versuche einzugreifen stürzen ihn in einen immer neuen Kreislauf von Ohnmacht, Schwermut, Entrüstung. So auch hier, und:

Man kann sich nicht genug in Nacht hüllen

ist das Fazit. Anderntags wird der Regenhimmel zur Welt-Metapher; Wagner meint,

das Wetter würde immer schlechter, denn es ginge alles auf Welt-Untergang.

Das Gefühl, am Ende seines Lebens zu stehen, verschmilzt ihm mit dem Empfinden für die Endzeit der bürgerlichen Gesellschaft. Als Siegfried, der Zwölfjährige, ihn über die Aufhebung der Klöster befragt, erklärt ihm sein Vater,

welcher Macht ohne Erbarmen diese prächtigen Gebäude dienten [...]; freilich die Macht, die sie zu ersetzen trachte, fördere auch das Hohe nicht, und so sei alles ernst, und wir erlebten wohl die letzten Tage des angenehmen Scheines.

Was tun? Wagner steckt die Felder ab — eines, für das er nie Geist und Charakter genug aufgebracht hat, und das andere, das das seine ist:

63 Richard Wagner. Ölbildnis von Auguste Renoir (1893)

Bei Tisch sagt er zu mir, daß man in unsrer Zeit eigentlich nur Kritik üben könne, nur die Lüge aufdecken; und sonst das Kunstwerk aufstellen!

Es ist ein Dritteljahrhundert her, daß er mit andern auf mehr hoffte, auf ein neues Zeitalter, eine neue Welt, und vieles dafür einzureißen bereit war. Auf Erhalten, Bewahren ist nun sein Sinn gerichtet:

64 Richard Wagner. Lithographie von Auguste Renoir (um 1900)

»Wir aber wollen trachten, zu erhalten, die Historie als die große Lehrerin betrachten und nicht alles niederreißend von vorne anfangen«, sagt er, indem er mit Ergriffenheit in S. Marco bedacht hatte, wie viele Jahrhunderte an dem erhabenen Gebäude gearbeitet. Die schönen Glocken Venedigs ertönen feierlich bei den Worten, die Schatten haben sich verbreitet, und goldig von der einen Seite sinkt die Sonne nieder.

Dann geht es heimwärts nach Bayreuth — heimwärts mit »Parsi-
fal«, heimwärts zu »Parsifal«: im Juli soll die Uraufführung statt-
finden. Venedig, das war die Ruhe vor der letzten Schlacht; der
Feldherr, der, auf die Ähnlichkeit seiner Kinnpartie mit derjeni-
gen Napoleons angesprochen, einmal mit dem Wortspiel pariert
hatte:

Le menton, nous sommes tous deux des menteurs*

stößt zu seinen Truppen.

* »Das Kinn, wir sind beide Lügner« (menton — Kinn, menteur — Lügner).

Sechstes Kapitel

WELTABSCHIEDSWERK

1882/83

Die Uraufführung am 26. Juli 1882, inszeniert von dem Komponisten, dirigiert von Hermann Levi, bühnenbildnerisch betreut von Paul v. Joukowsky, gelingt zu allgemeiner Ergriffenheit; innerhalb von vier Wochen finden sechzehn Vorstellungen statt. Ein junger Provinzkapellmeister, er heißt Gustav Mahler, sieht die Aufführung im folgenden Jahr, er schreibt einem Freund:

Schwerlich könnte ich Dir schildern, was es mit mir jetzt ist. Als ich, keines Wortes fähig, aus dem Festspielhause hinaustrat, da wußte ich, daß mir das Größte, Schmerzlichste aufgegangen war, und daß ich es unentweiht mit mir durch mein Leben tragen werde.

Anton Bruckner aber, siebenundfünfzig Jahre alt, einer der größten Komponisten der Epoche, läßt sich, von Wagner gefragt, wie es ihm gefallen habe, schlankweg auf die Knie nieder und sagt:

Oh, Meister, ich bete Sie an!!

Wagner hat, seinem Versprechen von 1859 getreu, wirklich etwas sehr Originelles geliefert: eine Grals-Oper mit Abendmahlsexerzitien auf der Bühne; ein Bühnenweihfestspiel nennt er sie im Untertitel. Groß ist, im einzelnen wie im ganzen, die Nähe zur »Zauberflöte«; hier wie dort: eine sakral getönte Vision von Humanität. Sie schließt, wie in Taminos orphischem Flötenspiel, den Einklang mit der Natur ein. »Parsifal« entgegnet dem »Ring« so, wie die »Meistersinger« einst »Tristan« entgegnet hatten, und das nicht nur der dramatischen Konstellation nach; auch die musikalische Sprache ist eine völlig andere. 1879 notiert Cosima in Bayreuth:

Wie wir uns zurückziehen, spricht er oben von seinem Parsifal, da sei nichts möglich gewesen von einer gewissen Sentimentalität; es sei zwar nicht kirchlich, habe auch eine göttliche Wildheit, aber das affektvoll Sensitive des Tristan und auch der Nibelungen ging gar nicht. »Du wirst sehen, die kleine Septime war nicht möglich!«

65 Richard Wagner. Photographie von Josef Albert (München, 1. Mai 1882)

66 Schlußszene des »Parsifal«. Holzstich nach dem szenischen Entwurf von Paul v. Joukowsky (1882)

Wie eh und je ist Wagner im Widerspruch zu Haus: im Wider-
spruch zu Welt und Gesellschaft, im Widerspruch zu sich selbst.
Die kunst- und sozialtheoretischen Erörterungen, Tiraden, Visio-
nen, mit denen er seine Werke umstellt, sind Hilfskonstruktionen;
was ihn dichtend und komponierend bewegt, ist im tiefsten immer
nur eines: die dramatische Gestalt und ihre Geschichte. Aber nicht
nur dieser Primat der Figur über das Konzept macht ihn zum ori-
ginalen Dramatiker; hinzu kommt, daß alle diese Gestalten
Fleisch von seinem Fleisch sind — er nährt sie mit seinem Blute.
Cosimas Tagebücher zeigen in jähem Nebeneinander des Grotes-
ken mit dem Imposanten, des Schauderhaften mit dem Faszinie-
renden die empirische Außenseite von Wagners Dasein; dessen
publizistische Produktion zeigt ihn als einen Künstler, der sich
denkend durch Kunst und Welt schlägt und nicht viel damit aus-
richtet. Seine Theaterstücke allein zeigen den eigentlichen Wag-
ner: einen Mann, der es vermag, sich der ihn bedrängenden Af-
fekte, Komplexe, Sehnsüchte, Aggressionen dramatisch zu ent-
äußern; der sich in Gestalten vervielfacht und dabei die Nabel-
schnur zertrennt, die ihn mit ihnen verbindet: sie haben alle ihr
eigenes Leben. Diese Ich-Bezogenheit seiner Figuren unterschei-
det Wagner von Theatralikern wie Schiller oder Verdi, die
ebenso aus der Außen- wie aus der Innenwelt schöpfen; es verbin-
det ihn mit Goethe, der als Bühnenautor immer existentiell ist: er
verhandelt in wechselnden Verkleidungen sein eigenes Dasein. In
»Parsifal« erscheint Wagner als Amfortas und als Kundry, zwei
Leidenden, die keine Ruhe finden und dabei unrettbar aufeinan-
der bezogen sind. Amfortas, der Gralskönig, ist ein wiedergebore-
ner Tannhäuser; Kundry, die Gralsbotin, ist eine ahasverische Fi-
gur wie der Fliegende Holländer und ist zugleich die Venus aus
dem Hörselberg: sie hat Amfortas verführt und ist schuld an der
blutenden Wunde, die seinen Verrat am Gral offenbart. Mit dem
Werk seines Alters kehrt Wagner zu den Gestalten der Jugend zu-
rück; seine mann-weibliche Doppelnatur gleichsam aufspaltend,
projiziert er zwiefach eigene Verstricktheit in das Stück. Der auf-
wendige essayistische Apparat, der das Werk flankiert, hat unter-
schwellig die Funktion, solche Identität zu verstellen; er ist der
Paravent der Offenbarungen, die Wagner dichtend über sich
selbst macht. Sie beglaubigen sich auch in dem kleinen Zug. Ich
bin müde, *klagt Kundry mit einem Aufschrei der Ermattung, als*
sie Amfortas im ersten Akt einen heilkräftigen Balsam bringt (sie
hat — ein sehr Wagnersches Gebaren — ganz Arabien nach einem

Mittel gegen die Wunde durchforscht, die sie selbst verursacht hat); später singt sie

> — nur Ruhe will ich.
> Nur Ruhe! Ruhe, ach, der Müden! —
> Schlafen! — Oh, daß mich keiner wecke!

Das ist wie aus Wagners Briefen genommen; der Schrei nach Ruhe, Nicht-Reden-, Nicht-Reagieren-Müssen durchzieht diese aufgeregte Existenz wie ein Leitmotiv. Auch die beiden Gegenspieler, zwischen denen über das Schicksal Kundrys und Amfortas' entschieden wird, Parsifal, der naive Waldmensch, und Klingsor, der dämonische Zauberer, haben Anteil an Wagners Selbst. Jener ist die positive, dieser die negative Selbststilisierung des Autors, dem Klingsorsche Machtbesessenheit so nahe ist wie Parsifals Naivität. Und auch Gurnemanz, der erfahrene Alte, eine Hans-Sachs-Figur im Mönchsgewand, vermag Wagner zu sein und ist er gewesen: der mild-überlegene, wohlwollend-redselige Lehrer und Erklärer. Am Ende der Oper hat Klingsor, Wagners böses Ich, sich in Nichts aufgelöst und Parsifal, sein gutes (der reine Tor hat inzwischen die Welt gesehen und Schopenhauer gelesen), die Herrschaft angetreten. Kundry stirbt, versöhnt und erlöst, wie Tannhäuser und der Fliegende Holländer; mit Amfortas aber, ihrem männlichen Gegenbild, begibt sich Niedagewesenes: er überlebt als einer, von dem die Macht und das Amt und die Schuld genommen ist — tiefstes Wunschbild Wagners von sich selbst. Als er im Februar 1879 die kompositorische Lösung für jene Szene findet, die — vor dem Karfreitagszauber — alles dies vorwegnimmt, ist er ganz aus dem Häuschen und sagt zu Cosima:

»Ich rief aus der Halle den Kindern, damit sie dich riefen, niemand hörte mich, ich komme herauf, um dir zu sagen, daß der Eintritt der g-Pauke das Schönste ist, was ich je gemacht habe.« Ich begleite ihn hinunter, er spielt mir die Salbung Parsifals durch Titurel* mit dem wunderbaren Kanon und die Taufe von Kundry mit dem Vernichtungsklang der Pauke; »Vernichtung des ganzen Wesens, jedes irdischen Wunsches«, sagt R.

Zugleich begibt sich zwischen Amfortas, Parsifal und Kundry eine letzte Variante der ödipalen Konstellation. Parsifal, die Sohnesfi-

---

* Richtig: Gurnemanz

gur, verzichtet auf Kundry, die Geliebte des Vater-Königs, die der Text mit vielfachen Mutter-Bezügen besetzt. Im Kuß der Verführung befällt ihn ein jähes Wissen um die Abgründigkeit der Verflechtungen, und seine Entsagung durchbricht die Kette des Verhängnisses: der Speer, den Siegfried im »Ring« zerschlägt, um die Geliebte zu erobern, wird durch Parsifal dem Vaterreich wiedergewonnen. In Frieden vollzieht sich die Generationsablösung:

Sei heil, entsündigt und gesühnt!
Denn ich verwalte nun dein Amt

ist Parsifals lakonische Formel für Amfortas' Entmachtung. Zuvor, ehe er ihn zum König salbte, hat Gurnemanz dem Weitgereisten verkündet:

So weiche jeder Schuld
Bekümmernis von dir!

Wagner ist in allen Gestalten er selbst, und zugleich spielt er mit allen die »Ur-Tragödie«, in die er sich selbst als Sohnesfigur einbringt. So zieht er in seiner letzten Oper die Summe seiner Existenz wie seines übrigen Werkes. Nicht nur zu »Tannhäuser« und dem »Fliegenden Holländer« spinnen sich Fäden. Mit »Lohengrin« teilt »Parsifal« das Motiv der Gralsritterschaft und die Abkehr von der Frau, die keine Erlösende mehr, sondern eine zu Erlösende ist; mit den »Meistersingern« verbindet das Abschiedswerk, daß alles ins Lot kommt — späte Versöhnung schmerzhafter Antinomien. Was Siegfried im »Ring« nicht vermag, gelingt dem Toren Parsifal: zu lernen; es verbindet ihn mit Walther von Stolzing. Aber Parsifal lernt länger und tiefer als dieser Kunsterneuerer; das macht ihn zum Herrschaftserneuerer. In den »Meistersingern« hatte die Vaterfigur — Hans Sachs — auf die Frau verzichtet, aber nicht auf die Macht; in »Parsifal« verzichtet die Sohnfigur auf die Frau und erwirbt so die Macht — sublime Steigerung, sublime Umkehrung. Aber alles dies wäre hinfällig ohne das, was hinzukommt: Vertonung — eine Musik von fahler Inbrunst und bohrender Sanftmut, von vollendeter Einfachheit und vollendetem Raffinement. Sie ist der lebendige Atem, der die gebrechliche Hülle der Textvorlage zum schwebenden Körper spannt; sie ist der künstliche Wein, ohne den der Text nur ein faltiger Schlauch wäre. In welchem Maß in dem oft dürren oder gestelzten Wort der Vorlage die künftige Musik vorausbedacht ist,

67 Hermann Levi, der Dirigent des »Parsifal«. Photographie

deutet eine Äußerung Wagners während der kompositorischen Arbeit an:

R. erfreut sich des hohen, geheimnisvollen Umstandes, daß er kein Wort in Parsifal umzustellen und zu verändern hat, es stimmt die Weise und das Wort — wie er es im Vorspiel niedergeschrieben, so enthält es alles, was er braucht: wie die Blume aus der Knospe entwickelt es sich dann.

Nun sind alle diese Geheimnisse und Bezüglichkeiten in die Welt getreten: »Parsifal« ist aufgeführt. Sein Schöpfer ist viel zu über-

Bühnenfestspielhaus Bayreuth.

Am 26. und 28. Juli

für die Mitglieder des Patronat-Vereins,

am 30. Juli, 1. 4. 6, 8, 11, 13, 15, 18, 20, 22, 25, 27, 29, Aug. 1882

öffentliche Aufführungen des

PARSIFAL.

Ein Bühnenweihfestspiel von RICHARD WAGNER.

Personen der Handlung in drei Aufzügen:

Amfortas	Herr Reichmann.	Kundry	Frau Materna.
Titurel	„ Kindermann.		Fräulein Brandt.
			„ Malten.
Gurnemanz	„ Scaria.	Erster ⎱ Gralsritter	Herr Fuchs.
	„ Siehr.	Zweiter ⎰	„ Stumpf.
Parsifal	„ Winkelmann.	Erster ⎱	Fräulein Galfy.
	„ Gudehus.	Zweiter ⎰	„ Keil.
	„ Jäger.	Dritter ⎰ Knappe	Herr Mikorey.
Klingsor	„ Hill.	Vierter ⎰	„ v. Hübbenet.
	„ Fuchs.		

Klingsor's Zaubermädchen:

Sechs Einzel-Sängerinnen:

I. Gruppe
{ Fräulein Horson.
„ Meta.
„ Pringle.

II. Gruppe
{ „ André.
„ Galfy.
„ Belce.

und Sopran und Alt in zwei Chören, 24 Damen.
Die Brüderschaft der Gralsritter, Jünglinge und Knaben.

Ort der Handlung:

Auf dem Gebiete und in der Burg der Gralshüter „Monsalvat": Gegend im Charakter der nördlichen Gebirge des gothischen Spaniens. — Sodann: Klingsor's Zauberschloss, am Südabhang derselben Gebirge, dem arabischen Spanien zugewandt anzunehmen.

Beginn des ersten Aufzugs 4 Uhr.
„ „ zweiten „ 6½ „
„ „ dritten „ 8½ „

68 Programmzettel der Bayreuther »Parsifal«-Uraufführung

anstrengt, um Gefühle des Triumphes in sich aufkommen zu lassen; schon in der Probenzeit hatte er gesagt,

wie alles, alles in ihm erstorben sei, wie welke Rosenblätter läge alles um ihn herum.

In der Nacht vor der Premiere sagt er leise im Traum:

Kinder, ich scheide, leide.

Im Verlauf der Aufführungen, deren Erfolg, anders als vor sechs Jahren beim »Ring«, unbestritten ist, erscheint ihm seine Bayreuther Gründung mehr und mehr als verfehlt; es zeigt sich am Wetter:

Mittwoch 2ten [August] Beständig Regen; R. erblickt darin die Verurteilung seiner ganzen Niederlassung hier.

Ein kleines Mädchen, das ihn im Garten um ein Almosen bittet, da der Vater im Gefängnis sitzt, macht Wagner sein ganzes Tun fragwürdig; am Tage drauf — Malwida v. Meysenbug, die Freundin und Helferin vieler Revolutionäre, leistet ihm gerade Gesellschaft — ruft er bei Tische aus:

Wir sind unmoralisch, an das Schöne zu denken in einer Welt, wo solche Dinge einem begegnen.

Und als ihm Mimi v. Schleinitz, die getreue Vorkämpferin, zwei Wochen später sagt,

daß der erhebende Eindruck des Werkes auf alle ihm doch eine Freude sein müsse, erklärt er, er sei völlig eindruckslos dagegen geworden.

And my ending is despair, *sagt Prospero am Ende des »Sturm«. Als am 25. August, nach langwierigen Unterhandlungen mit der katholischen Kirche, die Ehen zwischen Protestanten und Katholiken verbietet, Blandine v. Bülow, Cosimas zweitälteste Tochter, in Bayreuth den Grafen Gravina ehelicht, güterlosen Sproß eines sizilianischen Fürstengeschlechts, spricht Wagner in seiner Tischrede von dem Krampf seines Lebens und nennt, was ihn zu Cosima geführt habe, den Krampf der Erlösung. Sein Gesundheitszustand gibt ihm solche Wendungen ein.* R. hat einen Brustkrampf, *ist eine häufige Eintragung Cosimas; dem König schreibt er von dem oft bedenklich sich steigernden Leiden jener Brustkrämpfe, auf deren Niederhaltung ich meine ganze leibliche*

69 Auffahrt zum Festspielhaus. Gemälde von W. Grill (Ausschnitt)

und seelische Lebensweise einzurichten habe. *Die Ärzte sind of-fenbar ratlos; niemals ist von einer Untersuchung Wagners, von Diagnose und Behandlung des Leidens die Rede; die Medizin kommt in Cosimas Notizen kaum vor. Einzig die Blumenmäd-chen des »Parsifal« vermögen Wagner während der Festspiele auf-zuheitern; in jeder Aufführung ruft er ihnen über das ganze große Auditorium hinweg »Bravo!« zu, zur Empörung des Publikums, das ganz auf Weihespiel eingestellt ist und nicht weiß, daß Kling-sor selbst es ist, der seinen fleurs du mal lauthals Beifall spendet. Eine der Hauptblumen, die englische Sopranistin Carry Pringle, erweckt sein spezielles Interesse; spielt sie eine Rolle, ähnlich der-jenigen von Judith Gautier bei den ersten Festspielen? Auch Ju-dith ist zu »Parsifal« erschienen, Wagner macht ihr, wie Co-sima zu bemerken glaubt,* von weitem Gestikulationen der Demut und der Buße. *Und Mathilde Maier ist da, die Muse der »Meistersinger«. Die Wesendonks aber fehlen, und Nietz-sche fehlt; fünf Jahre später hört er das »Parsifal«-Vorspiel zum ersten Mal:*

Neulich hörte ich zum ersten Male die Einleitung zum Parsifal (nämlich in Monte-Carlo!). Wenn ich Sie wiedersehe, will ich Ihnen genau sagen, was ich da *verstand.* Abgesehen übrigens von allen unzugehörigen Fragen (wozu solche Musik dienen *kann* oder etwa dienen *soll?*), sondern rein ästhetisch gefragt: hat Wagner je etwas *besser* gemacht? Die allerhöchste psycho-logische Bewußtheit und Bestimmtheit in bezug auf das, was hier gesagt, ausgedrückt, *mitgeteilt* werden soll, die kürzeste und direkteste Form dafür, jede Nuance des Gefühls bis aufs Epigrammatische gebracht; eine Deutlichkeit der Musik als deskriptiver Kunst, bei der man an einen Schild mit erhabener Arbeit denkt; und, zuletzt, ein sublimes und außerordentliches Gefühl, Erlebnis, Ereignis der Seele im Grunde der Musik, das Wagnern die höchste Ehre macht, eine Synthesis von Zustän-den, die vielen Menschen, auch »höheren Menschen« als un-vereinbar gelten werden, von richtender Strenge, von »Höhe« im erschreckenden Sinne des Wortes, von einem Mitwissen und Durchschauen, das eine Seele wie mit Messern durch-schneidet — und von Mitleiden mit dem, was da geschaut und gerichtet wird. Dergleichen gibt es bei *Dante,* sonst nicht. Ob je ein Maler einen so schwermütigen Blick der Liebe gemalt hat, als W. mit den letzten Akzenten seines Vorspiels?

Noch ein anderer Protagonist der Spiele von 1876 ist ausgeblie-
ben, der, ohne den alles dies nicht möglich wäre, der königliche
Freund und Gönner, dem zuliebe Wagner zum Preise von
32 000 Mark einen Eingangsvorbau an die Vorderfront seines
Theaters hat setzen lassen: Ludwig von Bayern. Die von ihm ge-
wünschte Privatvorstellung in der Münchner Hofoper hat Wag-
ner ihm nicht gewähren können und wollen, die von Wagner ihm
angetragene Separatvorstellung in Bayreuth schlägt der König,
dessen Menschenscheu immer stärker wird, aus: Parzival kommt
nicht zu »Parsifal«. Wagner ist tief verletzt:

Wer begeisterte mich zu diesem höchsten und letzten Auf-
schwunge aller meiner seelischen Kräfte? Im stäten Hinblick
auf *Wen* führte ich alles aus und durfte mich auf ein Gelingen
freuen? Das jetzt zugesicherte beste Gelingen wird mir nun
zum größten Mißlingen meines Lebens: was ist mir alles, wenn
ich *Ihn* damit nicht erfreuen kann?
Und — es ist das Letzte, was ich schaffe. Die ungeheuere Über-
müdung, die heute auch mir eben nur zu diesen wenigen Zeilen
Kraft läßt, sagt mir, woran ich mit meinen Kräften bin. Von
mir ist nun *nichts* mehr zu erwarten.

Ludwig versichert den innigst geliebten großen Freund *in einem*
Handschreiben seiner festgewurzelten Liebe und Treue, *aber*
Wagner läßt sich nicht trösten; am Morgen von Ludwigs 37. Ge-
burtstag, dem 25. August, telegraphiert er dem König ein Gedicht,
das den Reim nicht findet:

> Verschmähtest Du des Grales Labe,
> Sie war mein Alles dir zur Gabe,
> Sei nun der Arme nicht verachtet,
> Der dir nur gönnen, nicht geben mehr kann.

Statt des Königs von Bayern kommt Friedrich Wilhelm, Kron-
prinz des Deutschen Reiches — fühlt er sich durch Titurel, den
greisen Urkönig, der die Macht aus der Hand gibt, an seine
eigene Lage erinnert? Sechs Jahre später spielen die Hohenzollern
ihre Parsifal-Variante, in der keine Versöhnung Raum hat: der
Enkel Wilhelm, ein Tor, der weder Mitleid noch Wissen erwirbt,
läßt das Krankenbett seines Vaters von Militär umstellen; auf den
Thron gelangt, verstößt er Gurnemanz-Bismarck, den greisen
Ratgeber. Friedrich Wilhelm, der so wenig wie Amfortas jemals
dazu kommt, die Macht auszuüben, besucht die vorletzte Auffüh-

70 Auf der Gartentreppe von Haus Wahnfried (vgl. Abb. 42). Von
links nach rechts, obere Reihe: Blandine v. Bülow, Heinrich v. Stein,
Cosima Wagner, Richard Wagner, Paul v. Joukowsky; untere Reihe:
Isolde und Daniela, der Hund Marke, Eva, Siegfried. Photographie
von Adolf v. Groß (23. August 1881)

rung; in der letzten, am 29. August, läßt Wagner sich, ungesehen vom Publikum, nach der Verwandlungsmusik des dritten Aktes von Levi den Stab geben und dirigiert sein Werk zu Ende:

Dann nimmt er vom Orchester aus Abschied von seinen Künstlern, nachdem der Beifallssturm unaufhörlich sich erzeigt. Nicht vieles von seinen Worten vernimmt man im Saal, und er selbst sagt mir, er wisse nie, was er sage. Einmal sei es ihm geglückt, für den König, er glaube ziemlich genau, aufzuschreiben, was er gesagt hätte [...] Seit einer Reihe von Jahren aber habe er gar kein Bewußtsein mehr von seinen Worten.

Zwei Tage später spielt er abends auf dem Klavier aus »Tristan«; er bezeichnet die Unterschiede:

Im Vorspiel zum dritten Akt des Tristan ist die Melancholie der Sehnsucht, es ist »wie ein Fisch im Trocknen«, aber im Vorspiel zum dritten Akt von Parsifal ist die Schwermut vollständig, gar keine Sehnsucht.

And my ending is despair. *Am 5. September schickt Friedrich Feustel, der Bayreuther Bankier, einer jener Getreuen, ohne die Wagner der praktische Genie-Streich seines Lebens, die Festspielgründung, nicht gelungen wäre, die Abrechnung, und das Unglaubliche ergibt sich: Wagner geht nicht nur ohne Schulden aus der Unternehmung hervor, sondern mit einem ansehnlichen Überschuß. Eine Viertelmillion hat die Aufführung mit allen Unkosten verschlungen, und dieser Betrag ist durch den Kartenverkauf fast vollständig gedeckt worden; die Zuschüsse des Patronatvereins in Höhe von 140 000 M können auf die Seite gelegt werden. Sie gehören dem Festspielfonds, aber im Juli hat Wagner 150 000 M für sich selbst erhalten: so viel hat der Verlag Schott, der einst die Vorschußzahlungen für die »Meistersinger« einstellte, für Partitur und Klavierauszug des »Parsifal« bezahlt, das höchste Honorar, das je ein deutscher Musikverlag erlegt hat — für ein Werk, das sich den Opernhäusern definitiv entzieht. Wagner hat gehört, daß Gounod von einem Londoner Verleger für das Oratorium »Die Erlösung« 100 000 Frs. bekommen hat, und richtet sich danach. Seine einstigen Forderungen an die Verleger, seine Offerten an die Mäzene erweisen sich nachträglich als Muster von Kulanz. In diesem Künstlerleben fungiert das Materielle symbolisch und das Symbolische materiell — Gurnemanz' Wort, das Parsifal von Verschuldung freispricht, findet in Feustels Ab-*

rechnung seine handgreifliche Entsprechung. Wagner ist schuldenfrei; man muß um sein Leben bangen.
Venedig ist, wie nach den ersten Bayreuther Festspielen, das Ziel.
Dich, teure Halle, grüß ich wieder! *ruft Wagner, als er am 16. September in dem hochwasserbedrohten Verona den italienischen Salonwagen besteigt; hinter ihm brechen die Brücken ab:*

Zwei Brücken, die Eisenbahnbrücke in Ala und die herrliche

71 Venezianischer Dienstmann. Zeichnung von V. Cassettari (1861)

Etschbrücke in Verona, brachen eine halbe Stunde, nachdem wir sie überschritten hatten, zugrunde: über die letztere ist niemand nach uns mehr gefahren.

So schreibt er an König Ludwig. Bayreuth liegt hinter ihm, und Wagners Stimmung entspannt sich; als Cosima ihm unterwegs erzählt, daß der berühmte englische Zoologe Wallace Spiritist geworden sei, sagt er:

Dahin geraten jetzt alle, die [...] die Linien nicht groß genug ziehen können. Wir aber, die wir Geduld haben können, weil wir nur von dem vollständigen Untergang dieser Welt des Besitzes etwas erwarten, wir leben in der Stimmung einer hoffnungsvollen Resignation.

Mit Macht ist noch einmal der Basso ostinato seines Verhältnisses zur bürgerlichen Gesellschaft angeschlagen. Er erklingt wiederholt in diesen Wochen; immer wieder kommt Wagner auf den Besitz zu sprechen, den er als das Grund-Übel von allem erkennt. Er richtet sich auf bei dem Gedanken an die Briefträger, [die] Eisenbahnheizer *und ruft aus, Cosima notiert es:*

Was für moralische Kräfte der Aufopferungsfähigkeit da ruhen! Diese ermutigen zur Hoffnung!

»Parsifal« liegt hinter ihm, und er sieht heiterer in die Welt: die Stadt am Meer tut das Ihre. Man wohnt ein paar Tage im Hôtel de l'Europe, dann zieht man in eine im voraus gemietete Etage im Seitenflügel des Palazzo Vendramin-Calergi, eines der schönsten Bauwerke der venezianischen Hochrenaissance. Lloyds Venedig-Handbuch nennt es den prachtvollsten und stolzesten architektonischen Gedanken des Canale Grande und in seinem schweren feierlichen Ernste ganz geeignet zum Sitz einer zurückgezogenen Königsfamilie. *Das ist wörtlich gemeint: Besitzer des Palastes ist der Graf von Chambord und Herzog von Bordeaux, der letzte Bourbone der königlichen Linie, der 1873 die ihm von der siegreichen Konterrevolution angetragene Krone von Frankreich dadurch verscherzt hatte, daß er die weiße Lilienfahne statt der Trikolore zur Bedingung seiner Thronbesteigung gemacht hatte. Bei dem Beinahe-König, dessen Prinzipienstärke Frankreich die Republik beschert hatte, hat der einstige Revolutionär Wohnung genommen:*

Durch die besondere Gunst persönlicher Umstände gelangten

72 Palazzo Vendramin-Calergi, erbaut von Mauro Codussi um 1500 für die Familie Loredan. Photographie

wir dazu, die größere Hälfte des sogenannten Mezzanin-Geschosses zur Miete zu erhalten, und haben allen Grund mit der Unterkunft daselbst sehr zufrieden zu sein: wie die Villa d'Angri ganz Neapel war, ist Vendramin ganz Venedig. [...] der Palast ist enorm großartig und manches verliert sich darin. Einstweilen wurden wir bereits bei jeder Heimkehr daran erinnert, daß wir bei einem Bourbon zu Gast sind: in jeder Gestalt schmücken bereits das enorme Vestibule die bourbonischen Lilien.

So Wagner an den König von Bayern. Ihm gefällt auch

der Palast gegenüber, einstöckig, wie er es liebt, [...] und über den Garten hinweg die Gondeln »wie Elfen huschen« zu sehen, ist für ihn voller Reiz.

Über Krampfanfälle hinweg erhält sich sein freundlicher Humor; *er reimt angesichts der schönen Wohnung:*

Wohl ist es schön allüberall, bis wohin Richard kommt mit seiner Qual!

Wieder besucht er die Löwen des Arsenals, die antikste Antike, die er kennt, *wieder bezieht Wagner seinen Lieblingsplatz zwischen den Portalsäulen von S. Marco. Er sieht auf das bunte Treiben auf der Piazza und:*

Es ist schön, in der Nähe von so etwas zu leben

sagt er und

denkt an Goethe und Schiller, die in Weimar und Jena ausgehalten hätten, er findet es unbegreiflich, wenn auch gewiß schließlich doch besser als Dresden, Wien, Berlin gewesen wäre. Wie ich meine, daß wir gewiß auch in Bayreuth ausgehalten hätten, wenn nicht das Klima wäre, sagt er: »Nun, ich sehe doch lieber die Stadt hier als die Allee nach Eremitage!«

Immer wieder setzt er sich zwischen die achthundertjährigen Säulen und ließe sich am liebsten dort malen; er meint,

daß es so schön da sei, daß man ihn dort als Leiche finden würde. Es sei nicht zu beschreiben, was man da alles sehe, und die Menschen, außer ein paar Fremden, beachteten einen gar nicht.

Der alte Magier sitzt, wie Hagen auf dem Wasgenstein, *vor der uralten Kirche und sieht in das Treiben der Welt. Abends wird wohl »Faust« hervorgeholt,* das schönste Buch, welches in deutscher Sprache geschrieben sei; *der zweite Teil ist ihm in den »Parsifal«-Jahren nicht von der Seite gekommen. Noch immer findet er Betreffendes:*

Der Vers, wo der Kaiser die dämonischen Mächte zu kennen wünscht, denen er verpflichtet ist, um sie womöglich auszuzeichnen, verursacht bei R. ein Gelächter des anerkennungsvollen Verständnisses.

An zwei Briten, Shakespeare und Scott, ermißt Wagner die Grade künstlerischer Existenz:

Man kann nicht sagen, es ist gut oder nicht gut, es ist so!

ruft er eines Oktoberabends angesichts einer rätselhaften Stelle in

73 Einer der antiken Marmorlöwen vor dem Arsenal von Venedig.
Photographie

»Julius Caesar« aus: das Genie bildet mit einer Authentizität, die die Frage nach dem Warum hinter sich läßt. Anders Scott, dessen »Piraten« Wagner grade liest:

Er ist der Theater-Direktor, der dies alles in Bewegung setzt, er selbst als solcher interessiert immer; aber seine Gestalten wenig.

Seine *Gestalten interessieren durch Musik. — Der Oktober kommt mit Regen, den Wagner gar nicht verträgt; die Wasserstadt Venedig mit dem Miasma ihrer Kanäle hat nicht eben ein Heilklima. Aber ist es Heilung, was er sucht? Wagner ist zum Ausruhen in Venedig — von der Arbeit, vom Leben. Erinnerungen weben um ihn, nachts und am Tage; sein Träumen und Wachen schweift durch die Zeiten:*

Montag 2ten [Oktober]. R. hat gut geschlafen; er träumte, daß eine Fest-Aufführung des Rienzi (40jähriges) stattfände, die er in Dresden dirigiere, wozu er sich aber mit mir auf einer Brücke verspäte; wie wir ankommen, hört er kirchliche Musik aus dem 1ten Akt und sagt: Der Hof wird mir diese Verspätung schön als Dünkel auffassen.

Am 20. Oktober sind es vierzig Jahre, daß er in Dresden mit »Rienzi« seinen Durchbruch als Opernkomponist erzielte: Triumph eines Neunundzwanzigjährigen, der den »Fliegenden Holländer« schon fertig in der Schublade hat. Der Erfolg seiner in Riga und in Paris, unter den drückendsten Umständen, komponierten Römeroper konnte ihn von dem Weg zu sich selbst nicht mehr ablenken — es war der Weg von der Historie zur Sage, vom dekorativen Geschichtsbild zum romantischen Seelenbild. Aber das Jugendwerk, das Epoche in seinem Leben machte, ist ihm nahe geblieben, und ein paar Tage später singt er sogar daraus, in seiner herrlichen, von keinem Sänger je nachzuahmenden Weise. *Kindheitstage ziehen herauf: die Mutter, die sich in ihrer Haube verheddert, der Pate, der einen Beitrag zu Richards Eiersammlung leistet und das Sprüchlein beigibt:* Frische Elster-Eier für den kleinen Richard Geyer! *Oder die Familie des Kaufmanns Klepperbein, die ihn in den Großen Garten mitnimmt; zum Dank klärt er sie über ihren Namen auf: Klepperbein, hat er vom Vater gehört, bedeute der Tod. Rätselhafte Einzelheiten erfreuen ihn selbst wie die Seinen:*

74 Hauptportal des Markusdoms (11. Jahrhundert). Photographie

Den Schluß des Abends bildet ein unverwüstliches Gelächter zwischen ihm und den Kindern (namentlich Isolde), da er ihnen erzählte, daß seine Mutter eine Torte von ihrem Manne Geyer bekam, worauf ein Männchen stand, der einen Dukaten von sich gab.

Auch Carl Maria von Weber ist ein Teil von Wagners Dresdner

Kindheit; eines Abends setzt er sich in seinem Zimmer ans Klavier und

spielt aus »Preziosa«, gedenkt seiner Jugend-Eindrücke, vor allem des »Freischütz«; von »dem tonisch-harmonischen Schauer, der auch mich unterscheidet«, von dem Dämonischen, ohne welches die Musik ein Greuel ihm gewesen wäre; »bloß schöne Form, dafür dankte ich«.

Das geht gegen den Brahms-Propheten Hanslick, der Musik als tönend bewegte Form definiert (und von diesem Standpunkt aus Tschaikowskis Violinkonzert als stinkende Musik bezeichnet). Wagner hat Weber als Dirigenten selbst noch erlebt — Bach, Mozart, Beethoven, das waren Kunsteindrücke für ihn, Weber auch ein persönlicher. In Bayreuth sagt er einmal:

Das ist mein Erzeuger gewesen, der hat mir die Schwärmerei für Musik eingegeben. Er hat mir offenbart, was so Blasinstrumente sind, z. B. der Eintritt einer Klarinette, wie der wirken kann. Das möchte ich wohl, daß einer mich beobachtet hätte, wie ich als Kind im alten kleinen Theater der Aufführung des »Freischütz« unter Webers Leitung beiwohnte. Es ist ein guter Segen, so in der Kindheit den Eindruck eines auserwählten Wesens gehabt zu haben.

Nicht nur die Dresdner Oper, auch die Dresdner Gemäldegalerie war ein prägender Eindruck seiner Jugend. Zwischen der Assunta und der Sixtina, den beiden gleichzeitigen Madonnenbildern, Hauptwerken jener Zeit, die ihn im Palazzo Vendramin umgibt, wägt der innere Blick; Wagner leugnet,

daß die Assunta die Mutter Gottes sei, das sei Isolde in der Liebes-Verklärung, während in der Sixtina, »dieser wundervollen Inspiration«, da sei die bei vollendeter Schönheit vollkommene Unnahbarkeit, »Herr Gott, da einen Gedanken zu haben« — »so entrückt, daß einem der Atem stockt«. [...] Also beruhigt und durch die Kunstgebilde der Wirklichkeit entrückt, begeben wir uns zur Ruhe.

Tizian und Raffael, das sind zwei Pole: hier beruhigte Idealität, dort vibrierende Bewegung, hier schöne Form, dort die Spannung des Lebens. Wagner weiß, welcher sein Meister ist; um so rückhaltloser bewundert er den andern. In der Malerei der Gegenwart irritieren ihn die großen historischen Kompositionen, die im

75 Familienrunde in Haus Wahnfried. Von links nach rechts: Richard und Cosima Wagner, Heinrich v. Stein, Paul v. Joukowsky, Daniela und Blandine v. Bülow. Photographie von Adolf v. Groß (1881)

Schwange sind, aber die Impressionisten, welche Nocturne-Symphonien in zehn Minuten malen, *sind auch nicht sein Fall — geht ihm das Renoir-Porträt nach? Wagner beruft Tizian, ihren Ahnherrn, gegen die neuesten Meister des Kolorits:*

Wie er seine Vorliebe für saubere — nicht klecksende Malerei — heut abend ausspricht, fügt er scherzhaft hinzu: Ich bin für den Zinsgroschen von Tizian!

Auch dies ein Bild seiner Jugend, wie Giorgiones ruhende Venus; während der »Parsifal«-Arbeit erscheint sie ihm als Vorbild der Kundry des zweiten Aktes: der Inbegriff der Verführung. — Höchst seltsam verhält sich Wagner, als ihm die Dresdner Vergangenheit in Venedig ganz persönlich nahetritt. Ein Herr Hampel spricht ihn beim Verlassen der Frarikirche an und gibt sich als Adjutant der provisorischen Regierung *Dresdens in den Revolutionstagen zu erkennen:*

Wie können Sie mich daraufhin anreden!

läßt Wagner den Landsmann nach langem Schweigen abblitzen. Die Revolution ist eine der Wunden, auf die dieser Amfortas nicht angesprochen sein will. Dabei ist er der alte Anarchist geblieben, dem Besitz so feind wie aller Organisation, sei es die der Brahmanen, sei es die der katholischen Kirche; es schlägt immer wieder einmal durch im Gespräch. Minder feind ist er seinem eigenen Besitz und solchen Formen von Organisation, durch die er wirkt; Anfang September schreibt er Ludwig II. über das Gelingen der »Parsifal«-Aufführungen:

Von Theaterdirektoren, welche über den ungemein korrekten Gang erstaunt waren, wurde ich befragt, wer denn dies alles regiere, worauf ich scherzhaft erwiderte, hier bei mir herrsche die Anarchie, und jeder täte, was er wollte: alle wollten aber nur, was ich wollte, daher denn alles immer nach meinem Sinne ginge.

Anarchie als eine Herrschaft, die keiner wahrnimmt, da jeder freiwillig den Willen des Genius vollzieht, Anarchie als geniale Diktatur — es ist eine sehr persönliche Utopie, die dieser Künstler entwirft. — Auch die Gestalten der jüngeren Vergangenheit suchen ihn heim. Mit Herwegh läuft er im Traum Schlittschuh, nach Nietzsche fragt er im Wachen: Wo er sich wohl aufhielte? Sogleich kommt auch Hans v. Bülow in Sicht, wie Nietzsche ein von

Krankheit gezeichneter Mann; Wagner regt sich auf, dann wird er — mit Maßen — selbstkritisch und meint, ein jeder habe die Krankheit, die er verdiene:

Auch ich, ich habe die Krankheit meiner Ungezogenheit.

Er gibt anderntags Cosima eine Probe davon:

Er beklagt meine Ehe, sagt dann, er habe nie direkt jemand für sich von der Natur bekommen, immer von einem andren über- kommen, zitiert Minna und mich! O wie von ganzer, ganzer Seele würde ich es ihm gönnen, daß ein fleckenreines Wesen sich ihm weihte! — Wenn auch solch eine Äußerung mich wohl schmerzt, so siegt das glückliche Gefühl, daß er sie tut, daß er so frei ist, meiner so sicher, alles von sich ausströmen zu kön- nen, und alles von ihm ist gut!

Cosima ist zu Unrecht beleidigt: er hat nur durchblicken lassen, daß er mit Jungfrauen nie etwas hat anfangen können. Cosima kasteit sich, wenn der Genius ihr zu nahe tritt; Kränkungen, die sie erleidet, gelten ihr als Buße ihres Glückes, eine geringste Ge- gengabe meinem herrlichen Geschick. Manchmal wird ihr angst und bange vor den Dimensionen, in denen sie steht; dann sieht sie sich als Semele vor Jupiter:

Wenn ich dieses Glück so ganz erschaue, mir bewußt werde, mit ihm so zu sein, ungestört, ungetrübt, da erschrecke ich vor ihm, meine Unwürdigkeit droht mich zu vernichten, ich emp- finde es, wie in all den Sagen das Göttliche nur verschleiert ge- wahrt werden durfte, und jeden eigenen Atemzug möchte ich verdrängen, damit nur er, er einzig und allein walte. Ach! und daß die Welt nicht ihre Schatten auf uns werfe!

Aber diese Schatten sind auch Entlastung — befreiende Empirie des Alltäglichen, ob das Gespräch auf die Haushaltung kommt, wo R. nicht umhin (kann), überrascht zu sein von der Höhe der Ausgaben, oder ob der Tee ins Auge gefaßt wird; es geschieht an einem Tag, an dem er viermal seinen Krampf gehabt hat:

Die Tasse Tee, die er trinkt, schmeckt ihm nicht, Tee sei »ner- vös gemachtes Nicht«, sagt er, und er ist überzeugt, wir bekä- men vorgetrunkenen Tee, nämlich die Chinesen hätten schon den ihrigen damit gebraut. (Er kommt auf seinen Gedanken der Aufführung aller seiner Werke in Bayreuth zurück.)

Wenn es ihm schlecht geht, sind immer ganze Völkerschaften dran. Es ist Shakespeare-Lektüre, die ihn in diesen Tagen bemerken läßt,

wie nahe der Wahnsinn immer dem Menschen sei, in Malvolio durch die Eitelkeit, in Othello durch die Eifersucht.

Auch Venedig tritt in den Kreis der Erinnerung ein. Ein Komet stand anno 58 über der Stadt, und wieder steht solch ein fahrendes Gestirn am Himmel; sein Anblick hilft aus bösen Träumen:

Anfangs der Nacht hatte R. den beängstigenden Traum, daß man mich umbringen wollte und er mich nicht verteidigen konnte. Um 4 Uhr dann weckte er mich, um den Kometen zu sehen — eine Traum-Nacht, der Komet, der Wagen und der Orion, voller Mondschein, mildeste Luft und stille Regungslosigkeit. R. sieht noch eine Sternschnuppe, und wir begeben uns wieder zu Bett.

In alten und neuen Perspektiven entzückt ihn die Stadt. Zu der kleinen Quattrocento-Kirche S. M. Miracoli sagt er das Schmuckkästchen; *die Salute im Nebel ist wie ein Geister-Traum. Altvertrautes wird neu und schön:*

Der Anblick des Canals von unter der Rialto-Brücke aus gewährt ihm immer die größte Freude; die Brücke selbst mit den breiten Stufen, die Marmor-Stufen hier überhaupt geben ihm den Eindruck der Sicherheit, und er bleibt dabei, daß keine Stadt sich mit Venedig messen könne.

Und Wagner erwägt, Cosima wäre schon 1858, in seiner ersten venezianischen Zeit, zu ihm gestoßen. Er freut sich des Gedankens, und er verwirft ihn: Du warst aber zu jung und ich zu betroffen. *Mit Rubinsteins Hilfe schweift er durch sein Werk. Das Finale des »Rings« wird eines Abends vorgenommen; der Komponist singt Brünnhildes Abschied, und er ist mit sich zufrieden:* Es ist so frei und dabei doch zart. *Und er setzt hinzu:*

Es freut mich, daß ich in verschiedenen Farben zu malen wußte.

Das zielt auf das Ganze, sein Werk, das nun abgeschlossen ist; »Parsifal« sollte immer das Letzte sein. »Die Sieger«, das indische Drama, das Anno 58 in ihm umging, kommen nicht mehr in Be-

76 Palazzo Vendramin-Calergi am Canal Grande. Photographie.
Die Wagners bezogen hier im September 1882 eine Wohnung im
Zwischengeschoß des Nebengebäudes (im Bild rechts, unter den
Rundbogenfenstern). Vincenzo Scamozzi hatte diesen Weißen Flü-
gel 1614 für die Familie Grimani errichtet, die der venezianische
Staat 1658 mit dem Niederriß dieses Flügels bestrafte; nach ihrer
Begnadigung ließen ihn die Grimanis wieder aufbauen.

tracht; sie sind in der Gralsoper aufgegangen. Er würde, sagt er zu Cosima,

schon deshalb das Sujet des Buddha nicht komponieren, weil die Bilder — Mango-Baum, Lotos-Blume etc. — ihm ungeläufig seien, daher auch die Dichtung künstlich ausfallen müßte.

Der Bayreuth-Schock der Festspiele verfliegt allmählich. Wagner denkt an die Zukunft und wünscht sich alle seine Werke für das Festspielhaus,

denn sie lebten doch, und die Art und Weise, wie sie sonst vorgeführt würden, sei erbärmlich.

Das ist die reine Wahrheit. Die Zukunft Bayreuths ist er gesonnen, in die Hände Angelo Neumanns zu legen, der gerade Miene macht, in Berlin ein Richard-Wagner-Theater zu gründen. Er hätte gern auch den »Parsifal« dafür; Wagner schreibt ihm am 29. September:

Der »Parsifal« kann ausschließlich nur meiner Schöpfung in Bayreuth angehören [...] Diese Isolierung liegt bereits in der ganzen Konzeption des Sujets selbst bedingt. Mit dem »Parsifal« steht und fällt meine Bayreuther Schöpfung. Allerdings wird diese vergehen, und zwar mit meinem Tode; denn wer in meinem Sinne sie fortführen sollte, ist und bleibt mir unbekannt und unerkenntlich. Nehmen meine Kräfte, welche ich bei solchen Gelegenheiten übermäßig anstrenge, noch vor meinem leiblichen Tode in der Weise ab, daß ich mich nicht mehr mit diesen Aufführungen beschäftigen könnte, so hätte ich allerdings auf die Mittel zu sinnen, durch welche ich mein Werk *möglichst* rein der Welt erhielte. Haben Sie bis dahin Ihr Wagner-Theater durch ausschließliche und immer sich verbessernde Aufführung aller meiner bisherigen Werke auf den richtigen Stand hierfür erhoben und erhalten, so würden diesem Theater auch Bühnenweihfestspiele, zu besonderen Zeiten zu veranstalten, sehr wohl zu überlassen sein, und einzig ihm würde dann, in diesem Sinne, der »Parsifal« von mir abgetreten werden können.

Diesen Brief schreibt Cosima am 29. September ab; über seinen Inhalt setzt sie sich später hinweg. Wagner kämpft für die Ausschließlichkeit des Bayreuther »Parsifal«, aber interessiert er sich noch für das Weihfestspiel? Die »Meistersinger« erfreuen ihn in den Oktobertagen; von »Parsifal« ist kaum noch die Rede. Als das Gespräch einmal auf den »Ring« kommt, sagt er,

er könne es Gobineau nicht verdenken, daß er bei dieser Darstellung des Unterganges einer Gattung bleibe und sich nichts aus Parsifal mache.

Einer Gattung — welcher? Der Bourgeoisie, der weißen Rasse? Wagner hat für die Menschheit im ganzen nicht viel Hoffnung; er erwägt,

daß die Entstehung des Menschen eine zerstreuende Parenthese sei, aus welcher man zur Tierheit zurückkehren würde, »bis im Menschen ein andres sich zeigt«.

And my ending is despair. *Wagner hat Gobineau, den französischen Diplomaten und Kulturhistoriker, Verfasser eines verschollenen Werkes über »Die Ungleichheit der menschlichen Rassen«, im Oktober 1880 in Venedig kennen- und bald darauf schätzengelernt; nun bestürzt ihn die Nachricht vom plötzlichen Tod des Sechsundsechzigjährigen, der ihm ein Freund geworden war. Cosima schreibt einen Nachruf für die »Bayreuther Blätter«, Wagner redigiert ihn; lange lastet die Nachricht auf ihnen beiden. Nur von weitem berührt ihn Gegenwart und Zukunft.* Von dem deutschen Schwindel *ist einmal die Rede; die italienischen Zeitungen machen ihm* den Eindruck von schlechter Schokolade. *Zuweilen schlägt das Räsonnement über die Juden durch und hat auch einmal einen lichten Moment:*

Beim Frühstück gedenkt er der Judenfrage und erklärt sie sich ungefähr also, daß man den drohenden Sozialismus (Stoecker im Einvernehmen mit Bismarck) gegen die Juden gelenkt habe.

Was Wagner hier, offenbar kritisch, beleuchtet, ist das Rezept der herrschenden Klasse, die soziale Bewegung auf das Gleis des Antisemitismus zu schieben. Der Berliner Hofprediger Stoecker hatte 1878, im Jahr des Sozialistengesetzes, eine Christlich-soziale Arbeiterpartei gegründet, welche heftige antisemitische, antiliberale und antisozialdemokratische Agitation mit der Forderung nach einer umfassenden Sozialgesetzgebung verband; Bismarck betrieb allerdings seine Entlassung. — Amerika erweckt vage Hoffnungen in Wagner — ein Dichter bringt ihn darauf:

Bei der Heimfahrt sagt er mir, er habe eine völlige Sehnsucht, etwas von Edgar Poe wieder zu lesen, und gedenkt der Geschichte des Fliegenden Holländers. Er stellt sich die Imagination der Amerikaner vor, erregt durch die Welten, die sie durchzuwandern, und zu Großem berufen, »wenn nicht bereits alles verdorben«.

Amerikas Gaben sieht Wagner jedoch mit Skepsis — der Phonograph steckt in den Kinderschuhen, und Wagner, der darüber klagt, daß niemand nach seinem Tod mehr wissen werde, welche Tempi in seinen Werken anzuschlagen seien, müßte sich, wie einst Beethoven vom Metronom, von Edisons Erfindung eigentlich etwas versprechen. Aber diese Zukunftsmusik bleibt außer Betracht; er spricht

von der Torheit, sich von solchen Erfindungen etwas zu erwarten; die Menschen würden selbst Maschinen.

Eine Photographie von Goethe, eine Stimmaufnahme von Wagner — beides wäre technisch möglich gewesen, beides ist eine Kulturunmöglichkeit; was sich in dem einen zu Ende dichtet, in dem andern zu Ende komponiert, ist ein Zeitalter, dessen kulturelle Substanz noch unzersetzt von Reproduktionstechnik ist. Sowenig, mit Marx zu sprechen, die Iliade mit der Druckerpresse besteht, sowenig besteht Wagner mit der Schallplatte, obschon sich diese als ein für die Wiedergabe seiner Werke spezifisch geeignetes Medium erweisen wird: sie ist das unsichtbare Theater, von dem er einmal träumt. Wagner sieht sich am Ende einer Kulturperiode, die andern Hoch-Zeiten der Menschheitskultur an die Seite tritt: des Zeitalters der deutschen Musik; er wägt und vergleicht:

Dann spricht er von Kultur und daß der augenblickliche Verfall [...] die Größe einer Sache bezeichne, wie rasch sei es mit der griechischen Tragödie zu Ende gewesen, ja mit der spanischen (Calderon); wie bald Shakespeare vergessen, und wenn auch der Eindruck, den Shakespeare mache, z. B. auf ihn, jetzt bedeutsamer sei als damals auf das Publikum, so sei es doch nicht mehr Leben.

Er gibt den Mitlebenden, die nicht recht wissen, wie ihnen geschieht, den Vorzug vor den Späteren, die es wissen werden, aber nicht mehr teilhaben. Fast täglich geht er auf die Piazza S. Marco, er schmiegt sich in das Gedränge der Merceria, Venedigs Hauptge-

schäftsstraße, die er Peking *nennt, er genießt* les deux accents d'Italie — *Italiens sanfte Akzente. Aber dann muß es doch wieder Arbeit sein:*

Die Träne quillt, der Bleistift hat mich wieder!

sagt er am 22. Oktober (Graues Wetter wieder!) *zu Cosima; er hat einen Aufsatz über die »Parsifal«-Aufführungen begonnen. Der Text ist ein Dankesgruß an die Mitwirkenden und zugleich eine Ausführungsbestimmung von konkretester Gestalt. Wagner gibt darin eine Parole aus, die in hundert Jahren nichts von ihrer Bedeutung eingebüßt hat: die Parole der Deutlichkeit.*

Vor allem war hier auf größte Deutlichkeit, und zwar zunächst

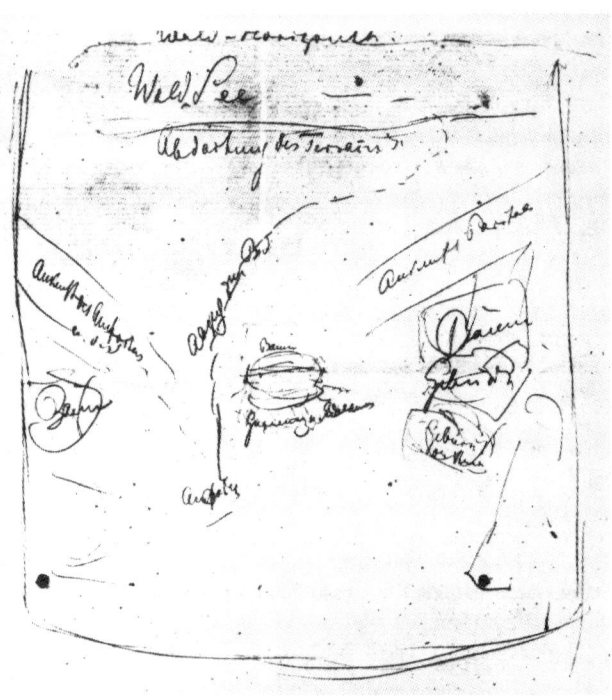

77 Bühnengrundriß für »Parsifal«, erster Aufzug. Skizze von Richard Wagner

der Sprache, zu halten: eine leidenschaftliche Phrase* muß verwirrend und kann abstoßend wirken, wenn ihr logischer Gehalt unerfaßt bleibt; um diesen von uns mühelos aufnehmen zu lassen, muß aber die kleinste Partikel der Wortreihe sofort deutlich verstanden werden können: eine fallengelassene Vorschlag-, eine verschluckte End-, eine vernachlässigte Verbindungssilbe zerstört sogleich diese nötige Verständlichkeit. Diese selbe Vernachlässigung trägt sich aber unmittelbar auch auf die Melodie über, in welcher durch das Verschwinden der musikalischen Partikeln nur vereinzelte Akzente übrigbleiben, welche, je leidenschaftlicher die Phrase ist, schließlich als bloße Stimm-Aufstöße vernehmbar werden [...] Wenn in diesem Sinne schon bei dem Studium der Nibelungen-Stücke vor sechs Jahren dringend empfohlen worden war, den »kleinen« Noten vor den »großen« den Vorzug zu geben, so geschah dies um jener Deutlichkeit willen, ohne welche Drama wie Musik, Rede wie Melodie gleich unverständlich bleiben und diese dagegen dem trivialen Opernaffekte aufgeopfert werden.

Wie gelangt man zu Deutlichkeit? Durch Sparsamkeit. Eine ganz elementare Sparsamkeit zunächst, die des Atmens:

Wir [...] erkannten, was ein einziger wohl verteilter Atem zu leisten vermochte, um einer ganzen Tonreihe, indem er ihren Zusammenhang wahrt, ihren richtigen melodischen wie logischen Sinn zu geben oder zu belassen. Schon allein durch weise Einhaltung und Verteilung der Kraft des Atems sahen wir es uns, wie ganz natürlich, erleichtert, den gewöhnlich tiefer gelegten, von mir so genannten »kleinen« Noten als wichtigen Verbindungs-Partikeln der Rede wie der Melodie ihr Recht widerfahren zu lassen [...] So gelang es uns, lange melodische Linien undurchbrochen einzuhalten, obgleich in ihnen die empfindungsvollsten Akzente in mannigfaltigster Färbung wechselten.

Zu der Ökonomie des Atems tritt die Ökonomie der Bewegung; beide gewährleisten die Deutlichkeit der Rede wie der Aktion. Wagner beschreibt, wie es aussieht auf der Opernbühne seiner Zeit:

Jene bisher im gemeinen Opernstile von der Melodie fast ein-

* Tonverbindung

zig herausgehobenen Affekt-Schreie waren immer auch von gewaltsamen Armbewegungen begleitet gewesen, welcher die Darsteller durch Gewöhnung sich mit solch regelmäßiger Wiederkehr bedienten, daß sie jede Bedeutung verloren und dem unbefangenen Zuschauer den Eindruck eines lächerlichen Automaten-Spieles machen mußten.

Wogegen Wagner, der Regisseur, ankämpft, ist das Absurde, was er anstrebt, ist das Selbstverständliche:

Wo wir uns im Opernaffekte gewöhnt hatten, mit beiden weit ausgebreiteten Armen wie um Hilfe rufend uns zu gebaren, durften wir finden, daß eine halbe Erhebung eines Armes, ja eine charakteristische Bewegung der Hand, des Kopfes, vollkommen genügte, um der irgendwie gesteigerten Empfindung nach außen Wichtigkeit zu geben.

Die Bewegungsökonomie bleibt nicht auf die Arme beschränkt; eine weise Anordnung des Schreitens und Stehens kommt hinzu. Je mehr sich (und je sinnvoller) der Darsteller auf der Bühne bewegen kann, um so weniger braucht er zu gestikulieren:

War das eigentliche Hauptstück der älteren Oper die monologische Arie, und hatte der Sänger, wie er dies fast nicht anders konnte, sich gewöhnt, diese dem Publikum gewissermaßen in das Gesicht abzusingen, so war aus dieser scheinbaren Nötigung zugleich die Annahme erwachsen, daß auch bei Duetten, Terzetten, ja ganz massenhaften sogenannten Ensemblestükken jedes seinen Part in der gleichen Stellung in den Zuschauerraum hinein zum besten zu geben habe. Da hierbei das Schreiten völlig ausgeschlossen war, geriet dagegen die Armbewegung zu der fast unausgesetzten Anwendung, deren Fehlerhaftigkeit, ja Lächerlichkeit wir eben innegeworden. Ist nun hiergegen im wirklichen musikalischen Drama der *Dialog*, mit allen seinen Erweiterungen, zur einzigen Grundlage alles dramatischen Lebens erhoben und hat daher der Sänger nie mehr dem Publikum, sondern nur seinem Gegenredner etwas zu sagen, so mußten wir finden, daß die übliche Nebeneinanderstellung eines duettierenden Paares dem leidenschaftlichen Gespräche zueinander alle Wahrheit benahm.

Es liegt auf der Hand, aber niemand schert sich auf der Opernbühne darum, man braucht ein eigenes Theater, um es durchzuset-

78 Figurine Parsifal. Zeichnung von Paul v. Joukowsky (29. April 1882, Bayreuth). Beschriftung links: »Härenes Gewand / roter Gürtel«

zen. Der Kern von Wagners Opernreform sind Beobachtungen
und Forderungen von schlagender Einfachheit. Es ist faszinierend
und erhellend, wie er auch die Beschaffenheit seiner Musik aus
szenischen Erfordernissen ableitet:

Von dem bloßen Spiele der Gesichtsmienen sich entscheidende
Wirkung zu versprechen, sieht der heutige dramatische Darsteller durch die in unserem Theater nötig gewordene oft
große Entfernung vom Zuschauer sich behindert, und die gegen das bleichende Licht der Bühnenbeleuchtung zu Hilfe ge-
rufene Herstellung einer künstlichen Gesichtsmaske erlaubt
ihm meistens nur die Wirkung des Charakters derselben, nicht
aber einer Bewegung der verborgenen inneren seelischen
Kräfte in Berechnung zu ziehen. Hierfür tritt nun eben im musikalischen Drama der alles verdeutlichende und unmittelbar
redende Ausdruck des harmonischen Tonspieles mit einer un-
gleich sicherern und überzeugenderen Wirkung ein, als sie
dem bloßen Mimiker zu Gebote stehen kann.

Der Darsteller kann nur den Typus geben, das Orchester gibt die
Psychologie. Aber wie übersetzt man den musikalischen Dialog in
dramatische Aktion? Wagners Auskunftsmittel berührt fast tri-
vial, für seine Zeit war es revolutionär: er plädiert für eine diago-
nale Position zwischen Singendem und Angesungenem. Sie ist
nicht als neuer Automatismus gedacht:

Im gleichen und ähnlichen Sinne vermochten wir eine nie
gänzlich stockende szenische Bewegung durch Vorgänge, wie
sie einem Drama einzig die ihm zukommende Bedeutung als
wahrhaftige Handlung wahren, in fesselnder Lebendigkeit zu
erhalten, wozu das feierlich Ernsteste wie das anmutig Heiter-
ste uns wechselnde Veranlassung boten.

Hat man erst einmal angefangen, sich um Regie zu kümmern,
kann man Bühnenbild und Kostüm nicht außer acht lassen. Wäh-
rend der »Parsifal«-Vorbereitungen gesteht Wagner dem Bühnen-
bild die gleiche Bedeutung wie der Musik zu:

Er ergeht sich dann über die Malerei im Dienst der Bühne, das
sei wie die Musik im Dienste des Dramas! Die Leute verachteten sie eigentlich, aber sie sei das Lebendige, und er gibt dem
Maschinisten den Vorrang vor dem Architekten, der heute nur
kopieren könne

79 Figurine Kundry (zweiter Aufzug). Zeichnung von Paul v. Joukowsky (1882)

notiert Cosima am 7. Juni 1882. Wagner hält es hier ebenso mit
einer weisen Sparsamkeit wie in jedem andern Betracht. Er gibt
einer idealen Natürlichkeit *den Vorzug vor einer gewissen kon-*
ventionellen Üppigkeit im Arrangement von Trachten *und*
deutet auf Schwierigkeiten bei den Routiniers:

Hier mußte viel erfunden werden, was denjenigen nicht nötig
dünkte, welche durch geschickte Zusammenstellung aller bisher in der Oper als wirksam erfundenen Effekte dem Verlangen nach unterhaltendem Prunk zu entsprechen sich gewöhnt
haben.

Das könnte von Hegel sein, auch der Diktion nach — Wagners
Prosaweise wandelt ein Leben lang in den Spuren von Schopen-
hauers Erzfeind. Der Universaltheatraliker weist einen pomphaf-
ten Katafalk zurück, den man ihm für Titurels Leichenbegängnis
offeriert, bei den Kostümen der Gralsritter sieht er auf Einfach-
heit, Amfortas, ihr König, erhält das gleiche Gewand wie alle an-
dern. Die »Wandeldekoration«, eine raffinierte technische Kon-
struktion, die während Parsifals Weg zur Gralsburg einen
allmählichen Kulissenwechsel ermöglicht, soll nicht als dekora-
tiv-malerischer Effekt, *sondern mit inhaltlichem Bedeuten wir-*
ken und die »pfadlosen« Wege zur Gralsburg, *deren* sagenhafte
Unauffindbarkeit [...] in das Gebiet der dramatischen Vorstellung *ziehen. Wagner faßt alles dies unter dem Begriff einer szeni-*
schen Dramaturgie zusammen und findet in dem Bühnentechni-
ker, nicht dem Theatermaler deren berufenenen Sachwalter. In
der Führung der Sänger ebenso wie im Bühnenbild sucht sein
Theater der statisch-dekorativen Disposition der Kulissenbühne
zu entrinnen — seine »Parsifal«-Regie zielt intentionell auf die
Raumbühne. Was sich als Theorie des Gesamtkunstwerks man-
nigfachen Mißverständnissen ausgesetzt hatte, erweist sich in die-
sem theoretischen Vermächtnis als etwas Elementares: Oper als
wahrhaftige Handlung, *als Einklang einer* musikalischen Dramaturgie *— so nennt der Komponist, was er als Regisseur leistet —*
mit der szenischen Dramaturgie *von Bühnenbild und Kostüm.*
Und er vergleicht die kollektive Arbeitserfahrung des Festspiel-
sommers mit der Wirkung des Aufatmens aus Wust und eines
Aufleuchtens aus Dunkelheit.
Wagner zeigt sich in diesem Text als das praktische Theatergenie;
erst zum Schluß, nachdem er im Vorbeigehen die Schönheit und
Geistigkeit *des orchestralen Vortrags* im zweckmäßigsten Ver-

hältnisse zur deutlichen Sonorität der Gesamtwirkung *gerühmt hat, kommt er auf weiteres zu sprechen. In wenigen Sätzen erstehen Hintergrund und Intention des Werkes:*

Wer kann ein Leben lang mit offenen Sinnen und freiem Herzen in diese Welt des durch Lug, Trug und Heuchelei organisierten und legalisierten Mordes und Raubes blicken, ohne zuzeiten mit schaudervollem Ekel sich von ihr abwenden zu müssen? Wohin trifft dann sein Blick? Gar oft wohl in die Tiefe des Todes. Dem anders Berufenen und hierfür durch das Schicksal Abgesonderten erscheint dann aber wohl das wahrhaftigste Abbild der Welt selbst als Erlösung weissagende Mahnung ihrer innersten Seele. Über diesem wahrtraumhaften Abbilde die wirkliche Welt des Truges selbst vergessen zu dürfen, dünkt dann der Lohn für die leidenvolle Wahrhaftigkeit, mit welcher sie eben als jammervoll von ihm erkannt worden war.

Wahrhaftigkeit und Entrückung, Abbild und Traum — aus solchem Stoff ist die Kunst gemacht. Was hier als offener Widerspruch am Ende eines langen Künstlerlebens steht, sind ihre Antinomien schlechthin. Am 4. November ist der Text des Aufsatzes fertig; drei Tage später kommt ein Geschenk aus Deutschland: ein Flügel von der Klavierbaufirma Ibach aus Barmen. Vor vierundzwanzig Jahren mußten Ochsengespanne das Geschenk der Madame Erard über den Sankt Gotthard schleppen, nun fährt die Eisenbahn auch über die Alpen. Das Instrument

freut R. durch seinen sanften Ton, er schreibt Herrn Ibach, daß er nur noch weiche Musik komponieren würde.

Ein paar Tage später spielt er Beethovens A-Dur-Sonate opus 101 auf dem neuen Flügel — wie Frühlingswehen hat sie ihn vor Jahren einmal berührt — und artikuliert bei dieser Gelegenheit seine Abneigung gegen die Quadrat-Melodie, den achttaktigen Periodenbau der Wiener Klassik. Das einzigartige Werk, eines der schönsten, heitersten, kühnsten Beethovens (der Allegretto-Kopfsatz entfaltet schwingend-beredt, in immer neuen Stufen, ein sechstaktiges lyrisches Thema, der zweite Satz erst bildet das heroisch-energische Element aus), wird Wagner zum Paradigma seines musikalischen Ideals:

Der erste Satz von dieser A Dur Sonate ist so recht ein Beispiel von dem, was ich unter unendlicher Melodie verstehe, das, was eigentlich Musik.

Wenn, außer seiner eigenen Kunstgewalt, etwas Wagner beglaubigt, so ist es sein untrüglicher Sinn für das Beste und Edelste dessen, was vor ihm in Musik und Dichtung erschienen. Er muß jetzt selber Klavier spielen, Joseph Rubinstein hat, wie auch Heinrich v. Stein, seinen Abschied genommen. Wagner war nie pianistisch versiert:

Er spiele, wie Graf Sandor fuhr, der die Zügel den Pferden über den Hals warf und so über Stock und Stein flog: »So fährt man in Ungarn« rufend!

sagt er bei dem Versuch, Isoldes Verklärung auf dem Klavier wiederzugeben, und früher einmal: Griffe ich richtig, so hieß ich nicht der Tell! *Der singende, nicht der klavieristische Vortrag ist die Force des Mannes, dem man vorwirft, seine Orchestersprache vergewaltige die Singstimme. Am stärksten aber ist er als dramatischer Vorleser:*

Und abends beschließt R. diesen Tag, indem er uns mehrere Szenen aus »Romeo und Julia« (auf dem Balkon, die Meldung von Tybalts Tod, die Trauung, der Abschied) zu unsrer tiefsten Erschütterung, er selbst in Tränen, vorliest. Wer aber wird ihn je bei solchem Lesen schildern oder gar malen können. Sein Antlitz durchleuchtet, sein Auge entrückt und doch wie ein Stern strahlend, seine Hand magisch in der Ruhe und in der Bewegung, seine Stimme sanft mädchenhaft, nur Seele, die aber in die Tiefen dringt wie durch die Weiten.

So Cosima am 31. Oktober. Auf dem Klavier muß sich Wagner nicht lange plagen, dem Geschenk aus dem Norden folgt der Meister auf dem Fuße: Franz Liszt, das Klaviergenie des Jahrhunderts, hat sich im Vendramin angekündigt. Er kommt am 19. November, und auf einmal ist es vorbei mit Wagners venezianischem Frieden. Er verträgt diesen Besuch nicht; eine andere Hauptfigur neben ihm, ein Epizentrum, dem sich die Seinigen gelegentlich zuneigen — es übersteigt seine Kräfte. Dabei ist kein Vorsatz; noch zwei Tage vor Liszts Ankunft nennt er Cosima die Trias seiner Lebensretter:

Zuerst kam dein Vater, dann der König, dann du — du machtest das Kraut fett, du hast beide vereinigt.

80 Richard und Cosima Wagner vor der Rückseite des Palazzo
Vendramin. Ölskizze von unbekannter Hand

Für Liszts Ankunft möcht er den Palazzo mit Fackeln illuminieren, aber schon am ersten Abend will es mit dem Gespräch trotz aller Herzlichkeit beiderseits [...] nicht gar gut gehen. *In Bayreuth, inmitten seiner Tätigkeit, seines Triumphes, war ihm Liszt, von dem er die beiden Hauptthemen der Komposition entlehnt hatte, der wichtigste aller Besucher.* Das sei seine einzige Verwandtschaft! *sagt er zu Cosima, als ihr Vater zehn Tage vor der Premiere eintrifft, und hält am Vorabend der Uraufführung eine flammende Rede auf ihn; als Liszt nach der letzten Vorstellung abreist, gibt es* ein großes Auflodern von Entrüstung *bei Wagner. Nun, da er abgespannt hat und am liebsten immer nur vor dem Markusdom säße, unerkannt ins Getriebe sehend, ist der Freund, der sich bald im Mittelpunkt geselliger Unternehmungen findet, der Neues komponiert hat und es vorzeigt, der Klavier spielt wie ein Gott und den Kindern ein geliebter Großpapa ist, eine schier unerträgliche Störung.* Unser Mittagessen geht etwas innerlich aufgeregt vor sich; am Nachmittag steigert sich seine Aufregung immer mehr — *so heißt es schon in den ersten Tagen. Liszt ärgert ihn auf jede nur mögliche Weise: wenn er seine Enkeltochter Daniela, genannt Lusch, ins Bett bringt, wenn er beim Whist — das ist fast allabendlich die gemeinsame Zuflucht — Wagners Scherze überhört, und besonders, wenn er eigene Kompositionen vorweist. Die empfindet Wagner als* durchaus sinnlos *und drückt das Cosima gegenüber eingehend und scharf aus. Der Klavierkomponist Liszt wandelt auf seine alten Tage auf neuen Wegen, die eine Brücke zu der Musik der Zukunft schlagen —* Wagner erscheinen sie als keimender Wahnsinn *(und was er sonst noch sagt, streicht seine Tochter Eva im Tagebuch der Mutter später dick aus). Liszt scheint von alledem nichts zu bemerken:*

Wagner war ganz jugendlich munter, fühlte sich fast behaglich und arbeitete jetzt literarisch und administrativ-diktatorisch in bezug auf die nächsten »Parsifal«-Vorführungen

beschreibt er einem Freund später seinen Aufenthalt und fügt hinzu, daß Wagner, fürstlich logiert, als verwöhnter Papa und Großpapa, ein schönes ruhiges Familienleben *führte. Nicht der Gast — Cosima hat Wagners Gereiztheit auszubaden, und statt zu begreifen, daß dieser Besuch des Freundes, der sein Schwiegervater und seinerseits ein Mann des Jahrhunderts ist, einfach über seine Kräfte geht und den Vater zur Abreise zu bewegen, duldet sie stumm.* Segen des Leidens, er walte! *lautet ein Aufschrei ihres*

254

Tagebuchs. Was sich hier abspielt und von keinem der Beteiligten durchschaut wird, ist die Kindheitskonstellation des geschädigten Dritten, die Wagner mit Heftigkeit zwischen Mutter und Vater durchlitten hat; sie hat ihn sein ganzes Leben, sein ganzes Werk hindurch nicht losgelassen. Der fast gleichaltrige Liszt, ihm an menschlicher Reife und moralischer Souveränität von jeher überlegen, wird ihm, in aller Ambivalenz von Anziehung und Abstoßung, unbewußt zur Vaterfigur, die ihm Cosima — die in die Mutterrolle eintritt — abspenstig macht. Das ist die »Ur-Tragödie«, die er in »Parsifal« mit letzter, äußerster Kunstanstrengung einer komplizierten Auflösung zugeführt hat; nun muß er an sich selbst erleben, daß gar nichts aufgelöst ist — die alten Affekte toben mit unbeschwichtigter Heftigkeit. Cosima ist das Opfer, an ihr, nicht an der unanfechtbaren Freundesgestalt läßt er seine Verstörtheit aus; der in seinen Werken so viele Heldenmütter umgebracht hat (die Mütter Siegmunds und Siegfrieds, Tristans und Parsifals erleiden alle einen frühen Tod), quält seine Frau mit der eigenen Qual.

Abwechselnd, wenn ich ihn besuche, empfindet er Behagen oder äußerste Gereiztheit, welche letztere ihn zum Ausdruck des Hasses des Lebens bringt

notiert sie am 3. Dezember über Wagners Seelenverfassung und fünf Tage später: Die Klage über das Leben nimmt überhand. *Ein andermal sagt Wagner zu ihr:*

Ach! wenn der Krampf nur schwände! Alles dieses ewige Scherzen ist Krampf, meine Gesichts-Muskeln sind immer im Krampf!

Die Irritationen steigern sich im Laufe der Wochen, sie verschränken sich mit einer Geburtstagsüberraschung, die Wagner Cosima zugedacht hat: mit dem Orchester des Lyzeums S. Marcello will er seine C-Dur-Sinfonie von 1832 aufführen, deren Orchesterstimmen — die Partitur ist verschollen und mußte rekonstruiert werden — sich vor Jahren auf einem Dresdner Dachboden angefunden haben. Wagner will das Jugendwerk am 24. Dezember, dem Vorabend von Cosimas 45. Geburtstag, im Teatro la Fenice zu Gehör bringen; ist es Liszts Gegenwart, die ihm den Gedanken eingibt, sich produzierend hervorzutun? Was Liszt seiner Zeit als Pianist ist, ist Wagner ihr als Dirigent — die Instrumentalisten des venezianischen Konservatoriums sind begeistert. Hinter Cosimas

Rücken wird das Ganze eingefädelt, aber Wagner kann seine Zu-
rüstungen nicht lange geheimhalten, am 14. Dezember

bricht es bei ihm heraus, daß er zu meinem Geburtstag mir
seine Symphonie aufführen wolle!

Anderntags beginnen die Proben, und Wagner sagt seinen Musi-
kern:

Es sei ein altes Stück, vor 50 Jahren geschrieben, sie würden
nichts Neues darin finden, wenn sie Neues haben wollten,
müßten sie eine Symphonie von Beethoven oder Haydn nehmen.

Den Seinen spricht er beim Whist von seiner Sinfonie und
meint:

Sie könnte zwischen der 2ten und 3ten von Beethoven stehen;
wenn man es dächte, man würde sich dann wundern über die
Ausgebildetheit der Anlagen zur Eroica!

In einer kleinen Abhandlung, die nach der Aufführung entsteht,
faßt er das Verhältnis feiner; er spricht von

einem großen Vorteile, den ich vor Beethoven hatte: als ich
mich nämlich etwa auf den Standpunkt von dessen zweiter
Symphonie stellte, kannte ich doch schon die Eroica, die c-
Moll- und die A-Dur-Symphonie, die um die Zeit der Ab-
fassung jener zweiten dem Meister noch unbekannt waren

Es sind fünfzig Jahre her, daß das Werk des Neunzehnjährigen in
Prag uraufgeführt wurde: eine Partitur von mehr als vierzig Mi-
nuten Spieldauer, die die großen Vorbilder durchaus selbständig
verarbeitet und zuweilen Töne anschlägt, die wie in Schumann-
sche Sphären weisen. Das würde Wagner kaum zugeben; er sieht
in der Musik nichts als sich selbst und die Großen der Vergangen-
heit. Lebt man denn, wenn andre leben? fragt Goethe lyrisch-hu-
moristisch; als Cosima in diesen Vorweihnachtstagen einiges Be-
deutende von Schumann hervorhebt, äußert der Komponist des
»Parsifal«:

Ich kann nicht gerecht sein, dazu muß man selbst nichts sein,
nichts anders im Kopfe haben als das Abwägen.

Musikalische Lebenskreise schließen sich: das Andante der C-

81 Richard Wagner als Dirigent. Zeichnung von Gustav Gaul (1886)

Dur-Sinfonie beginnt mit derselben Holzbläserterz, die am Ein-
gang des »Parsifal«-Vorspiels steht. In seinem Lebensbericht,
lange vor der Wiederentdeckung der Sinfonie, erinnert sich Wag-
ner:

Im Andante ließen sich [...] Anklänge an meinen früheren mu-
sikalischen Mystizismus vernehmen: ein wiederkehrender
Frageruf von der Moll-Terz in die Quinte verband in meinem
Bewußtsein dieses mit vorherrschendem Klarheitstriebe ausge-

arbeitete Werk mit meinen frühesten Knabenschwärmereien.

Das Andante der Sinfonie steht in a-Moll, aber das eröffnende Intervall ist die große Terz c-e, die als solche, ohne harmonische Einordnung, erscheint; Liszt gemahnt sie an den Anfang des Adagios von Beethovens Opus 106. Wagner sinnt in Kindheitszeiten:

Diese Terz sei für ihn gespenstisch gewesen, in der Kindheit habe er so seine Schwester gerufen: »Cilie! in deinem Bett ist eine große Maskje, Cilie mit der Terz.«

Mit der in sechs Sommerwochen komponierten Partitur hatte er einst seine musikalische Lehrzeit beendet; sie stand am Ende der kontrapunktischen Unterweisungen, die ihm der Thomas- und vormalige Kreuzkantor Weinlig gegeben hatte. Rosalie, die Lieblingsschwester, zehn Jahre älter als Richard und zu dieser Zeit Schauspielerin am Leipziger Stadttheater, war die Muse des Werkes gewesen, dessen der Prager Konservatoriumsdirektor Weber 1832 sich angenommen hatte; zwei Leipziger Aufführungen, die eine in einem Konzertverein, die andere im Gewandhaus unter dem Patronat des alten Rochlitz, waren Anfang 1833 gefolgt. In seinem Aufsatz meditiert Wagner darüber, daß der Musiker so viel später als der Dichter zu künstlerischer Selbständigkeit gelange; er findet den Grund darin, daß

die Musik eine wahrhaft künstliche Kunst ist, die nach ihrem Formenwesen zu erlernen, und in welcher bewußte Meisterschaft, d. h. Fähigkeit zu deutlichem Ausdruck eigenster Empfindung, erst durch volle Aneignung einer neuen Sprache zu gewinnen ist, während der Dichter, was er wahrhaftig erschaut, sofort deutlich in seiner Muttersprache ausdrücken kann.

Dann beschreibt er die musikalischen Wege seines Jünglingsalters:

Wenn der Musikjünger genügende Zeit in vermeintlicher melodischer Produktion gefaselt hat, beängstigt und beschämt es ihn wohl endlich, gewahr zu werden, daß er eben nur seinen Lieblingsvorbildern bisher nachlallte: ihn verlangt es nach Selbständigkeit, und diese gewinnt er sich nur durch erlangte Meisterschaft in der Beherrschung der Form. Nun wird der vorzeitige Melodist Kontrapunktist; jetzt hat er es nicht mehr

82 Programmzettel der Leipziger Aufführung von Wagners C-Dur-
Sinfonie am 10. Januar 1833. Clara Wieck war dreizehn Jahre alt.

mit Melodien, sondern mit Themen und ihrer Verarbeitung zu
tun; ihm wird es zur Lust, darin auszuschweifen, in Engfüh-
rungen, Übereinanderstellungen zweier, dreier Themen bis
zur Erschöpfung jeder erdenklichen Möglichkeit zu schwel-
gen. Wie weit ich zu jener Zeit es hierin gebracht, ohne dabei
doch die drastisch feste Formenfassung meiner großen sym-
phonistischen Vorbilder, Mozarts und besonders Beethovens,
aus den Augen und dem Bewußtsein zu verlieren, dies er-
staunte eben den trefflichen Hofrat Rochlitz, als er den neun-

zehnjährigen Jüngling als den Verfasser jener Symphonie vor sich gewahrte.

Nicht nur der Hofrat Rochlitz, vormals Beethovens publizistischer Vorkämpfer, auch das Publikum hatte beifällig reagiert, der junge Heinrich Laube, literarischer Protagonist des Jungen Deutschlands, schrieb in der »Eleganten Welt« eine feurige Besprechung.

Man war damals gut für mich in Leipzig: etwas Verwunderung und genügendes Wohlwollen entließen mich für Weiteres.

Mendelssohn, seit 1835 Direktor der Gewandhauskonzerte, hatte dann weniger Wohlwollen:

Erstaunt über die Vortrefflichkeit der Leistungen dieses damals noch so jungen Meisters, suchte ich mich bei einem späteren Aufenthalte in Leipzig (1834 oder 35) diesem zu nähern und gab bei dieser Gelegenheit einem sonderbar innerlichen Bedürfnisse nach, indem ich ihm das Manuskript meiner Symphonie mit der Bitte überreichte oder eigentlich aufzwang, dasselbe — selbst gar nicht anzusehen, sondern nur bei sich zu behalten. Am Ende dachte ich mir hierbei wohl, er sähe doch vielleicht hinein und sage mir irgend einmal etwas darüber. Dies geschah aber niemals. Im Laufe der Jahre führten mich meine Wege oft wieder mit Mendelssohn zusammen; wir sahen uns, speisten, ja musizierten einmal in Leipzig miteinander [...] Nur von meiner Symphonie und ihrem Manuskripte kam nie eine Silbe über seine Lippen, was für mich Grund genug war, nie nach dem Schicksale desselben zu fragen.

Wagners Brief an Mendelssohn ist erhalten, er stammt vom 11. April 1836:

Verehrter Herr!
Ich führe den Streich aus, den Sie so gütig waren, im voraus einen gescheuten zu nennen, und bitte Sie, beiliegende Sinfonie, die ich 18 Jahre alt schrieb, als Geschenk von mir anzunehmen; ich wüßte für sie keine schönere Bestimmung. Ich mache als Gegengeschenk auf nichts weiter Anspruch, als daß Sie dieselbe in irgendeiner Muße-Stunde einmal durchlesen möchten, vielleicht reicht sie hin, Ihnen einen Beweis meines redlichen Bestrebens und meines Fleißes zu geben, und ich bedarf dieser günstigen Vormeinung von Ihnen, da Sie mich vielleicht

verdammen würden, wenn Sie, ohne diese Basis meiner Studien zu kennen, sogleich meine neueren Kompositionen beurteilen sollten. Das Wünschenswerteste aber wäre mir, wenn die Bekanntschaft mit mir, die Sie durch diese Sinfonie machen werden, Sie mir einigermaßen näher führen sollte.
Mit Verehrung / Ihr / ergebenster / Richard Wagner / Mus. Dir.

April 1836, da ist Wagner Musikdirektor in Magdeburg und hat kurz zuvor, mit einem in Auflösung begriffenen Ensemble, unter den ungünstigsten Umständen seine zweite Oper, »Das Liebesverbot«, herausgebracht. Ein junger Musiker tritt in seiner Vaterstadt kraftvoll auf den Plan und muß sich dann, sein Leben zu fristen, der Inferiorität der Provinztheater überliefern — die Bitterkeit dieses Jugendschicksals hat Wagner nie verlassen. Nun liegt das alles in weiter Ferne, und auch die Form, in der er sich damals hervorgetan hat, ist etwas ganz Zurückliegendes. Wagners Abneigung gegen die dialektische Struktur der Sonate, mit ihrem kompositorischen Austrag kontrastierender thematischer Charaktere, artikuliert sich bei der Wiederbegegnung mit dem Jugendwerk aufs neue; zu Liszt sagt er in diesen Dezembertagen:

Wenn wir Symphonien schreiben, Franz, nur keine Gegenüberstellungen von Themen, das hat Beethoven erschöpft, sondern einen melodischen Faden spinnen, bis er ausgesponnen ist; nur nichts von Drama.

Und ein paar Wochen später, im Januar, zu Cosima:

Seine Symphonien würden eine Melodie, in einem Satz ausgesponnen.

Wagner hat dieses Konzept vor Jahren ausgeführt: in einer einsätzigen Sinfonie, mit der er Cosima in Triebschen Weihnachten 1870 überrascht hatte, dem Siegfried-Idyll. Das melodisch webende, kammermusikalisch durchsichtige Stück entsteht kurz nach dem satirischen Exzeß, mit dem Wagner die Kapitulation von Paris glossiert hatte — der Komponist hat sich, wieder einmal, verbal abreagiert und so frei gemacht zu einer Arbeit, die zu dem Heitersten und Schönsten gehört, was er je geschrieben. Der dialektischen Struktur der klassischen Sonate stellt Wagner ein gleichsam vegetabilisches Formprinzip gegenüber: jenes Blühen, Weben, Sich-Entfalten eines einzigen thematischen Gedan-

83 Wasserseite des Theaters La Fenice. Lithographie von Giovanni
Pividor (19. Jahrhundert)

*kens, das ihn an dem Allegretto von Beethovens Opus 101 faszi-
niert. In »Parsifal« gibt die Musik der Blumenmädchen, mehr
noch die des Karfreitagszaubers Beispiele dafür — das Glück erscheint Wagner, dem allezeit unter seinen Aggressionen und Ex-
zitationen Leidenden, in Lotosblütengestalt.*

*In Palermo, nach der Vollendung der »Parsifal«-Partitur, ent-
wirft er ein sinfonisches Thema, das den Namen Porazzi-Thema
erhält; aber es bleibt bei der Skizze — das Jugendwerk tritt für die
sinfonischen Konzeptionen seines Alters ein, für die seine Kräfte
nicht mehr ausreichen. Mit der Aufführungsvorbereitung behauptet
er sich gegenüber der Gegenwart des Freundes, aber diese bleibt
drückend; jähe Spannungen durchzucken die Probentage.* Es tue
ihm wohl, in seinem Metier zu sein, *erzählt er beim Spazierenge-
hen den Kindern und freut sich* auf ein glorreiches Whist; *aber
eine kleine Achtlosigkeit Liszts — der Gast macht zuweilen den
Fehler, Wagner nicht zuzustimmen — bringt ihn wieder ganz her-
unter; in seiner Stube redet er* lange laut für sich. *Und als sich am
nächsten Tag eine Nachmittagsprobe verkürzt, da einige Musiker,
aber auch die zweiundzwanzigjährige Daniela einer Einladung
folgen, die der Konzertagent Bassani zu Ehren Liszts hat ergehen
lassen, ist es vollends mit Wagners Fassung vorbei:*

Ich hasse die Klavierspieler alle, sie sind mein Antichrist!

bricht es aus ihm heraus und:

Daß dieses Diner ihm seine Probe verdorben, daß, wenn Lusch derlei mitmache, sie nicht zu ihm gehöre, sein Stern, in den ich vertraue, könne da nicht walten.

So klagt er Cosima und nimmt grausam an ihr Rache, indem er ihr eine Nachricht hinwirft, von der er weiß, daß sie sie ins Herz trifft: Hans v. Bülow sei mit einem Schlaganfall in eine Anstalt eingeliefert worden. Das ist seine Auslegung der Krankheitsnachricht, und er gibt sie als Tatsache aus, wohl wissend, daß Cosima, die von ihrer Ehe mit Bülow niemals losgekommen ist, sich die Schuld zumessen wird.

Nicht kann ich verweilen, ich flüchte zu mir und sehe Hans vor mir, einsam in jener Anstalt, und möchte schreien, schreien, daß ein Gott mir hülfe!

schreibt sie in ihr Buch und verweigert falschen Trost:

R. meint, man habe es doch erwartet! Ach! ich das nicht! Und wenn auch gefürchtet, denn doch der Eintritt des Gefürchteten einen Abgrund aufreißt, den nichts mehr verdecken kann!

Wagner, der die Nachricht mehrere Tage mit sich getragen hat, bestraft seine Frau für das störende Da-Sein ihres Vaters damit, daß er ihr nachweist, daß sie ihn auch durch fortdauernde Anhänglichkeit an Hans v. Bülow verrate.

Bei Tisch meint er nur wie halb im Scherz, ich haßte ihn; wie ich sein Tuch ihm aufhebe, sagt er, es sei nur aus Haß.

Am Abend dieses 19. Dezember fragt sich Wagner immerhin, ob er schlecht sei, und kommt zu dem Befund, er sei nicht schlecht; am andern Morgen erklärt er Cosima, daß die furchtbare Bezeichnung der Krankheit nicht in dem Bericht gewesen sei, er habe sie sich nur aus der Beschreibung zusammengestellt. Bülow, stellt sich heraus, hat sich bei einem Sturz im Bad den Kopf verletzt. Am Abend erleidet Wagner einen stärkeren Anfall von Selbstkritik, er rühmt Cosima die Briefe ihres Vaters:

Alles, was er schriebe, sei schön gesagt, »das kann ich nicht«, fügt er hinzu, »dazu gehört Noblesse, Anstand, die habe ich nicht«.

Dann liest er aus »Lear« die Szene mit dem verkleideten Kent und dem Narr, dann die mit Goneril vor. Auch den noblen Joukowsky, der ihm nie zuviel wird, hat Wagner in diesen Tagen mißhandelt; nun tut er Buße:

Nach einer Weile erscheint er bei Joukowsky und kniet in der Mitte der Stube nieder!

Nur in der Kunst ist Wagner Herr über seine Affekte, im Leben sind sie Herr über ihn. In den Sinfonieproben ist er inzwischen beim Finale angelangt, das ihm viel besser als das Scherzo gefällt; am 22. Dezember ist die Generalprobe, der Cosima versteckt — die Aufführung soll ja eine Überraschung sein — beiwohnt. Am 24. Dezember haben sich dann alle Wogen geglättet, Wagner bringt Cosima die bessere Nachricht über Hans, *und abends, nach der Bescherung, bei der man die Kerzen eines Christbaums entzündet, geht es in drei Gondeln ins Fenice; Wagner, von den Musikern jubelnd empfangen, dirigiert vor wenigen Gästen seine Sinfonie. Liszt sitzt neben ihm, und nach der Aufführung sagt Wagner ihm ins Ohr:*

84 Das Innere des Theaters La Fenice, nach der Wiederherstellung durch Meduna (1836). Lithographie von Giovanni Pividor (1854)

Hast du deine Tochter lieb?

Liszt erschrickt, Wagner fährt fort:

Dann setze dich an das Klavier und spiele!

Liszt, berichtet Cosima,

tut es sofort zur jubelnden Freude aller. Dann erzählt R. französisch die Geschichte seiner Symphonie; gegen elf Uhr fahren wir heim, Venedig wie in blauer Verklärung!

In der Nacht aber will Wagner das Idyll lesen, die Geburtstagsgabe von einst, seine eigentliche Sinfonie. Drei Tage später beginnt er den Aufführungsbericht für das Leipziger »Musikalische Wochenblatt« und ist darob besonders gut gestimmt; die Arbeit schwemmt bei ihm stets allen Ärger weg. Er scherzt mit Cosima,

wir hätten doch sehr recht getan, die baumwollenen Handschuhe nicht zu erwarten

— eine so heitere wie komplizierte Anspielung: sie bezieht sich auf einen Bischof in ebensolchen Handschuhen, den Eduard Devrient einst in den Hochzeitsakt des »Lohengrin« eingeführt hatte. Wagner ist in gehobener Stimmung, da folgt der Krach auf dem Fuße; er hat nämlich seinem Diener

Georg ein Hundert-Francs-Stück bei Gelegenheit seines 6jährigen Diensttags geschenkt; da soeben Weihnachten vorbei und nicht gerade viel Verdienst obliegt, auch unsere Einnahmen mit unseren Ausgaben nicht stimmen, begehe ich die Torheit, R. eine Bemerkung darüber zu machen. Das verstimmt ihn bis aufs äußerste, und ich brauche lange Zeit und viele Bekenntnisse meiner Reue, um ihn zu besänftigen.

Das ist der klassische Minna-Krach; die Ehe mit Cosima reproduziert ihn auf höherer finanzieller Ebene. Unsere Ausgaben sind immer sehr, sehr hoch, doch will R. nichts von Ökonomie wissen! hatte es schon Mitte Dezember geheißen. Sehr auf Ökonomie bedacht ist dagegen das Orchester des Liceo Marcello; ein Brief von Liszt macht es deutlich:

Mein Erhabener,
Daniela sagte mir gestern, daß Du von der niederträchtigen Schmutzerei und Schurkerei des Venediger Orchesters unterrichtet bist.

Der *Canaille*, sei sie oben oder unten, zu willfahren, halte ich für schädlich. Dies sprach ich auch deutlich aus dem in diesem Falle Betreffenden und Verantwortlichen.
1000 Franken genügen reichlich für Deine Großmütigkeit: das *mehr* ist leider in den Lagunen geschmissen, worin sich die filzigen Beteiligten ihre Hände nicht rein waschen können.
Zu meinem Betrüben hast Du übertrieben, nachgiebige Mumificenz* den gemächlich unverdienten venezianer Professoren gewährt ...

Dein alter / Franziscus

Dergleichen Mißhelligkeiten bleiben Cosima verborgen. Wagner macht fürstliche Geschenke an diesem 28. Dezember, und er spricht einen hallenden Satz; man kommt auf Savonarola zu sprechen, und er sagt, an dem Einfluß des Florentiners könne man sehen,

wie alles Ästhetische erblasse, wenn die moralische Welt sich vernehmen ließe.

Das ist nicht bloß ein Wort, es ist eine Haltung, Wagner hat sie gelebt; dieser Künstler hat sich den Übeln der Welt nie verschlossen. Auf Freiheit ging sein politisch-moralisches Wollen in der Jugend, auf Frieden geht das politisch-moralische Wollen seines Alters — es ist das Kriterium, an dem er seine Gegenwart, das Zeitalter des Imperialismus, mißt.

Man schämt sich, mit diesen Räubern zu tun zu haben, welche die Welt organisieren,

sagt er am 9. Dezember auf dem Markusplatz und meditiert über das Volkslied vom Stiefel, der sterben muß: Das sei ein Rekrut, der aus Sehnsucht nach der Mutter desertiert sei und dafür gehängt werden solle. Am 16. Januar empört er sich,

welch ein entsetzlicher, in der Welt noch nicht dagewesener Zustand dieses jetzige Militärwesen sei,

und kommt drei Tage später auf den entsetzlichen 2. Dezember, zu sprechen, mit dem die europäische Revolution für ihn unterging; das Datum hat an Gewicht der Verzweiflung nichts für ihn verloren. Von Zeit zu Zeit fällt so sein Blick auf eine Gegenwart, deren äußeren Frieden er als katastrophenhaltig durchschaut.

* richtig: Munificenz, Großmut

Aber das Weben der Erinnerung ist stärker, auch in den belasteten Wochen des Liszt-Besuchs. Sie haben nicht nur exzentrische Momente. Wagner, der den »Parsifal« komponiert hat, kann auf einmal Schubert hören, der ihm immer unbequem war — moralisch unbequem, als einer, der nichts von sich her machte außer seinem Werk, und künstlerisch unbequem, als einer, der aus dem vollen schöpfte, unbequem zudem durch Schuberts überlebende Freunde, die sich — Schwind, Bauernfeld, Lachner, Grillparzer — in Wien und München alle gegen ihn gestellt hatten. Im Palazzo Vendramin spielt er am 23. November »Leise flehen meine Lieder«, ein Abschiedswerk auch dies; mit »Tristan«, dem »Ring« bildet es im Zeichen Venedigs einen leuchtenden Akkord:

Das »Ständchen« von Schubert erfreut uns innig; erfindungsvoll, ja dramatisch (in der Art etwa wie die Veränderung: »mit leichten Waffen bezwingt er die Welt«, in Lenz und Liebe aus der Walküre) findet R. dieses einzig schöne Lied komponiert. […] Darauf in der Erwartung von Vater und Tochter blicken wir durch das Fenster, helle Mondnacht, »wie Schwäne«, schwarze Schwäne, gleiten die Gondeln, und der Mond, ein tanzender Stern, schaukelt sich auf den Wellen. »Rheingold«, sagt R. Da vernehmen wir die Stimme unsres alten Portiers, der in österreichischen Diensten gewesen, er singt das »Ständchen«! Da setzt sich R. an das Klavier und spielt es noch einmal. Dann aber öffnen wir Tristan, und er spielt aus dem 2ten Akt die liebeerregten Vorwürfe!

Eine Hafis-Strophe kommt ihm in den Sinn, er sagt zu Cosima:

Hier ist das, was Hafis ausspricht und was Faust auch einmal ausdrückt:

> Sündigend ein Sünder sein,
> o wie elend, wie gemein,
> lerne sündigend ein Heiliger,
> sündigend ein Gott zu sein.

Hat er es gelernt? Er könnte mit Goethes Hafis fortfahren, der von dem Poeten sagt:

> Weiß denn der mit wem er geht und wandelt,
> Er, der immer nur im Wahnsinn handelt?
> Grenzenlos, von eigensinn'gem Lieben,
> Wird er in die Öde fortgetrieben,

Seiner Klagen Reim', in Sand geschrieben,
Sind vom Winde gleich verjagt;
Er versteht nicht was er sagt,
Was er sagt wird er nicht halten.
Doch sein Lied man läßt es immer walten

Anderntags führt er die Kinder vor den Palazzo Giustiniani:

Es bringt dies Erinnerung an die traurigen Jahre, »wie ich stand«.

Denkt er des Oktobertags vor vierundzwanzig Jahren, als er das Balkongeländer schon umfaßt hielt, um sich ins Wasser zu stürzen, und es dann doch nicht tat, »Tristan« war ja noch nicht fertig? Abends spielt Liszt Schuberts frühlingstrunkene E-Dur-Sonate und seinerseits das »Ständchen«,

letzteres so wundervoll, daß es R. die größte Freude gewährt. Abends spielen wir Whist, und R. bei einer Pause — er hat den Strohmann — setzt sich an das Klavier und spielt die Melodie aus den Porazzi; gleich nach den zwei ersten Takten horcht der Vater auf und sagt: Das ist schön.

Zwei Tage später geht Wagner mit Cosima in den Dogenpalast, wo die restaurierte Assunta ausgestellt ist, das Isolde-, das Ma-thilde-Bild. Wieder stört ihn die Fahne, sie gäbe dem Bild etwas Fanatisches. *Nachts aber träumt er*

von einem schönen Garten von Wesendonks, den er — immer denselben — bereits öfters im Schlafe gesehen, und zwar einen, den sie nach der Aufhörung des Verkehrs mit ihm sich angeeignet.

Ein Garten lud mich ein — *ist es der aus dem Frühlings-Traum von 1859? Vor fünf Jahren hat er Mathilde, die nicht mehr in Zürich wohnt, zum letztenmal gesehen. Er hat vor Cosima ihre Bedeutung immer heruntergespielt, sie notiert:*

Er scherzt dann mit mir darüber, daß ich diese Frau sa poétique amie* in einem Briefe an ihn [...] genannt hätte, ich scherze wieder: Es sei doch das mindeste gewesen, da er sie mir als Heilige vorgestellt.

Einst und Jetzt fließen ineinander, und das Einst ist nicht nur im

---

* seine poetische Freundin

Traume stärker. Aber immer gilt: Venedig gefällt ihm. *So kommt das neue Jahr heran, Wagner begegnet ihm mit Humor:*

Wie es heißt, das neue Jahr begänne an einem Montag, sagt er: Das fängt auch wieder gut an, und erzählt von einem, der zur Hinrichtung geführt wurde und der frug: »Welcher Tag ist heute?« »Montag«, »nun, die Woche fängt wieder gut an!«

Am Neujahrstag geht er ins Theater und fühlt sich erheitert: es gibt »Krach in Chioggia«, das Meisterwerk des Stadt- und National-dramatikers Goldoni, das ihn schon 1858 entzückt hat. Die Span-nungen mit Liszt, dem Wagner einen Teil seiner eigenen Wohn-räume abgetreten hat, flammen wieder auf; von des Freundes turbulenter Schlafmützigkeit ist die Rede; ein andermal nennt er ihn König Lear und seine Beziehungen die 100 Ritter und seine Veranstaltungen die Learik. König Lear, gräßlicher Mensch, *sagt er am 6. Januar nachts* halb schlafend, halb wachend. *Ein Brief an den König, seit langem fällig, ist nicht dazu angetan, seine Stimmung zu heben. Ludwig, der nicht nach Bayreuth kom-men wollte, besteht noch immer darauf, das Bühnenweihfestspiel in seiner Hofoper zu erleben — es beunruhigt Wagner anhaltend. »Parsifal«, sein* Weltabschieds-Werk *(so nennt er es in dem Brief an Ludwig), soll nicht verstümmelt werden; er unternimmt*

einen letzten, demutvollen Sturm auf das so überhuldvoll mir gewogene Herz meines königlichen Herren und Freundes [...], um ihn anzuflehen, mein Ihm einzig ja erstandenes Werk unter den Bedingungen endlich Sich vorführen zu lassen, unter denen allein ich für seine richtige Wirkung einstehen kann [...] — Was sage ich damit? Vielleicht spreche ich mir und meinem ganzen Kunstwirken ein Todesurteil: denn ich muß fürchten, daß selbst von dem, den ich den Herren meines Lebens nenne, alle meine Vorstellungen und Bitten als eitel erachtet werden dürften. Dennoch weiß ich, um was ich bitte: es ist das, um was dieser Herr Sich meines zerstörten Lebens annahm. Er kröne denn Sein Werk, wie Er durch seine Gnade mich erhob: Er lasse mich Ihm tiefdankbarlichst huldigen, wenn ich Ihm mein Lebens-Abschieds-Werk so — wie ich es meine, zu Füßen lege.

Seine Krämpfe nehmen zu über solchen Anstrengungen. Er hadert mit sich, er hadert mit Gott; im Traume spricht er:

Wenn er mich geschaffen hat, wer hat's ihm geheißen, und wenn ich sein Ebenbild bin, ist es die Frage, ob es mir angenehm ist.

Das ist der abgründigste Dialog, den er je geführt hat. — Sich ruhig zu halten, ist dieser Mann nicht gemacht:

Ich soll das, was ich bin, fahrenlassen, keine schnelle Bewegung machen, auch ein langweiliger Esel werden!

protestiert er Anfang November einmal, als er aus der Gondel auf den Markusplatz stürzt, wo grade die »Lohengrin«-Ouvertüre gespielt wird, und daraufhin seinen Brustkrampf bekommt. Sorgenvoll ruht sein Blick auf Cosima:

Es sei nicht möglich, daß seine Art zu sein mich zu Kräften kommen ließe

sagt er am 16. Januar zu ihr. Aber nach Wahnfried zurückzukehren, will er sich nicht entschließen, *und abends zeigt er, daß er zum langweiligen Esel wirklich gar kein Talent hat: Liszt spielt das Allegretto scherzando aus Beethovens 8. Sinfonie, und*

R. kommt zweimal tanzend bei letzterer herein, was Fidi sehr lachen macht.

Fidi ist Siegfried, der nun Dreizehnjährige; er schreibt gerade seine erste Tragödie. Ein Arzt wird endlich herbeigezogen, er heißt Dr. Kurz und nennt das Leiden eine Magen-Neuralgie. Zwei Tage später, als die Krämpfe gleich in der Frühe beginnen und über zwei Stunden dauern, wird ein anderer berufen und verordnet Massagen; sie berühren den Patienten wohltätig. Am 13. Januar fährt Liszt ab — hat er endlich begriffen, wie krank der Freund ist? Die prekäre Koexistenz mit dem Kollegen, Mentor, Schwiegervater hat Wagners Kräfte aufgezehrt; die Entspannung, die nun einsetzt, bringt keine Kräftigung mehr. Am Tag nach Liszts Abreise setzt er sich ans Klavier und phantasiert, schöne Melodien, die ihm, wie er uns mitteilt, haufenweise immer beikommen. *Aber notiert wird nichts — er hat keine Ruhe dazu. Ein Lied seiner Jugend geht ihm nach, »Harlekin, du mußt sterben«, er improvisiert eine pompös-funebre Intrada dazu; am andern Tag wiederholt er sie:*

Abends spielt er die sehr ausgeführte Harlekin-Improvisation mit am Schluß »Du lieber Augustin«! Der Tod tanze nun mit

Harlekin! ... Und spät abends liest er die zwei ersten Gespräche von Faust und Mephisto mit unaussprechlicher Bewunderung, Freude, Entzücken, »das ist deutsch«, sagt er! Shakespeare zeigt uns die Welt, wie sie ist, Goethe zeigt uns die Heiterkeit des freien Geistes über diese.

»Was ist deutsch?« hatte er Anno 1865 einmal in einer langen Abhandlung zu klären versucht; die Antwort scheint gefunden. Anderntags

geht er die treulosen Freundschaften durch: Nietzsche, Gersdorff*, meint, es sei förmlich eine Schande für uns, daß wir sie nicht besser zu fesseln wußten. Und innerlich sich wohl sagend, daß es auch keine Menschen in seinem Sinne waren, singt er: »Cilie, in deinem Bett ist eine große Maskje!«

Ungetrübt ist die Beziehung zu Heinrich v. Stein, der sich grade in Jena habilitiert. Unter dem Titel »Helden und Welt« hat Stein zwölf Dialoge über Gestalten der Geschichte, von den Hellenen bis in die neue Zeit, geschrieben; der Kranz der Figuren, die wenig dramatisches Leben haben, beginnt mit der legendären Begegnung Solons mit Krösus, und er endet mit einer Fabrikszene: Ein Brauhausarbeiter verunglückt im Sudkessel, der Besitzer verbietet jedes Aufsehen, zwei Kameraden tragen den tödlich Verletzten vergebens von Spital zu Spital, zuletzt nimmt ihn der eine mit nach Hause: »Fliehet! Fliehet!« ist sein letztes Wort. Aus dem Schoß des Wagnerschen Kreises löst sich hier, in aller dramatischen Unreife, der Anfang des Naturalismus, und Wagner gibt ihm seinen Segen — er hat dem Freund ein Vorwort versprochen und löst die Zusage nun in Form eines Briefes ein. Dem Abschiedsgruß an die Künstler folgt ein Abschiedswort an die Welt; der Redeversessene redet dem Schweigen das Wort:

Das viele Reden und Hören verhindert das Sehen

notiert er am 20. Januar nach einem einsamen Spaziergang und schreibt dann anderntags nieder:

Sehen und Schweigen: dies wären endlich die Elemente einer würdigen Errettung aus dieser Welt.

Gemeint ist ein Schweigen, aus dem ein Reden sich löst, das mehr als bloß Meinung ist:

* Freund und wichtiger Briefpartner Nietzsches

271

Über die Dinge dieser Welt zu reden, scheint sehr leicht zu sein, da alle Welt eben darüber redet: sie aber so darzustellen, daß sie selbst reden, ist nur Seltenen verliehen. [...] Diese nichtigsten und uninteressantesten Wesen, wie anders erscheinen sie uns [...] plötzlich, wenn ein Shakespeare sie wieder zu uns sprechen läßt: jetzt lauschen wir dem albernsten ihrer Worte, denen der große Dichter einst im Leben sein erhabenes Schweigen entgegengesetzt hatte. Hier ward dieses zur Offenbarung, und die Welt, aus der wir jetzt entrückt sind, zu der wir kein Wort zu reden haben, sie dünkt uns im Lächeln des Dichters erlöst.

Die Kunst nur, insonderheit das Drama, ist zu reden befugt; sie ist das aus unsrem schweigenden Innern zurückgeworfene Spiegelbild der Welt. *Wagner, dem die Kunst vor dem Anspruch der moralischen und der sozialen Welt anhaltend fragwürdig ist, nimmt zu ihr doch immer wieder seine Zuflucht. Er sieht die Misere und die Heroen und keine Vermittlung zwischen beiden:*

Jene Geschichte, in welcher es nicht ein Jahrhundert, nicht ein Jahrzehnt gibt, das nicht fast einzig von der Schmach des menschlichen Geschlechtes erfüllt ist, überlassen wir zur Stärkung ihres steten Fortschrittsglaubens den Anschauungen unserer Professoren; wir haben es mit den Menschen zu tun, mit welchen, je hervorragender sie waren, die Geschichte zu keiner Zeit etwas anzufangen wußte: ihre Überschreitungen [...] sind es, was uns einzig angeht und die Welt mit ihrer Geschichte uns soweit übersehen läßt, daß wir sie vergessen — die einzig mögliche Versöhnung des Sehenden mit ihr.

Ein Fluch ruht auf den Taten der Befreier; er deutet auf Untergang. Fluch und Untergang sind dem Schöpfer der »Nibelungen« vertraute Kategorien:

Nun scheint es der Taten mehr als je zu bedürfen; und doch haben gerade auch Sie uns soeben wahrhaftig gezeigt, daß auf allem Tun der Edelsten ein Fluch lastet, der dem dunklen Bewußtsein der Welt von ihrer Unrettbarkeit sich zu entladen scheint. [...] Wir fragen uns über das Schicksal dieser so erkannten Welt, und da wir in ihr leiden und leiden sehen, so fragen wir uns nach Heilung oder wenigstens Veredelung der Leiden. Sind wir mit allem Bestehenden zum Untergange bestimmt, so wollen wir auch in diesem einen Zweck erkennen und setzen ihn in einen würdigen, schönen Untergang.

Ein schöner Untergang — hier spricht der Theaterfeuerwerker der »Götterdämmerung«, der Bewunderer Bakunins, der die Anarchistenlust am Untergang früh ins Ästhetische verklärt hatte. Wagner, den es beim Schweigen nicht leidet, verbreitet Finsternis, aber er hält es bei ihr nicht aus, er greift nach dem Licht Goethescher Utopien und erwägt im Blick auf »Faust« die Herrichtung eines Asyles für freie menschliche Tätigkeit, *im Blick auf die »Wanderjahre«* den Gedanken der Möglichkeit einer gesellschaftlichen Neubegründung auf einem neuen Erdboden. *Aber die Fackel der Hoffnung wird ihm zum Irrlicht; was Wagner, um denn doch etwas Positives zu bieten, beifällt, ist die Rettung der deutschen Stämme vor der* gänzlich semitisierten sogenannten lateinischen Welt durch Verpflanzung auf einen neuen, jungfräulichen Boden. *In einer neuen Welt sollen die von Entartung bedrohten Deutschen wieder sie selbst werden. O si tacuisses: den Wahnsinn der Meinungswelt geißelnd, überbietet er ihn bloß. Der da am liebsten immer nur schweigend zwischen den Säulen des Markusdoms säße, ist ein uomo in maschera: er ist teils Shakespeare, teils Goethe, teils ist er Hagen auf dem Wasgenstein. — Daß er sich mit dem Teufel eingelassen hat, ist dem Gründer Bayreuths wohlbewußt; mit Goethe hofft er für den Strebenden auf Erlösung:*

Daß seinem greisen Faust zur Herrichtung eines Asyles für freie menschliche Tätigkeit der Teufel selbst helfen mußte, läßt uns zwar diese seine Gründung noch nicht als die dauerhafte Freistätte des Reinen erkennen: aber dem Teufel selbst war damit die Seele des Verschuldeten entwunden; denn ein Engel des Himmels liebte den Rastlosen.

Das ist halb Grabschrift, halb Gebet. — Immer einmal wird Musik gemacht auf dem Ibachschen Flügel: Mozart, Beethoven, Weber, dazu seine eigenen Werke. Wagner versammelt seine Gestalten um sich, nur »Parsifal« bleibt dauerhaft ausgeschlossen, das Nächstliegende ist das ganz Entfernte.

Das Orchester müßte gleichsam der Boden sein, auf welchem der Sänger wandle

sagt Wagner eines Abends und setzt sich ans Klavier, um aus dem

85 Das Portal des Arsenals, der riesigen venezianischen Schiffsbau-
werkstätten, mit einem der antiken Marmorlöwen, die Francesco
Morosini, der Eroberer des Peloponnes im Kampf gegen die Tür-
ken, seiner Heimatstadt 1687 aus Athen sandte. Das Portal von Antonio Gambella (1460) ist eins der ältesten Renaissancebauwerke
der Stadt.

»Ring« und aus »Tristan« zu spielen; ein andermal sagt er senten-
ziös:

Die Natur hat lange gebraucht, bis sie die Leidenschaft hervor-
brachte; sie ist es, die man zum Höchsten lenken kann; die
Musik ist ihre Verklärung.

An dem Tag, an dem er die Vorrede zu Steins »Helden und Welt«
beginnt, bedrängt ihn auf dem Markusplatz — es ist Sonntag und
Karnevalszeit — ein Maskenzug, dem zwanzigtausend Menschen
zusehen; die schwarze Masse, in welcher fleischfarbene Flecke
sich zeigen, berührt ihn unheimlich:

Und doch, was nicht der Masse näherzukommen versucht, ist
nicht viel wert!

L'art pour l'art war seine Sache nie. Dann sitzt er wieder unter
den Portalsäulen oder wandert mit Cosima zu den Löwen des Ar-
senals; eine neue Abhandlung greift in ihm Raum: »Über das
Weibliche im Menschlichen«. Angelo Neumann, der gerade die
Holländer mit dem »Ring« bekannt macht, möchte sein Ensemble
auch nach Venedig führen, aber Wagner winkt ab, er scheut die
Berührung mit der Theaterrealität. Wo es mit Neumanns reisen-
dem »Ring« hapert, sieht er genau und schreibt es dem geehrte-
sten Freund und Gönner *am 13. Januar:*

Von solchem praktischen Standpunkt aus, mußte es mir klug
erscheinen, die eigentliche Hauptkraft in dem Gewinn weniger, aber vorzüglicher Sänger zu suchen, und hierauf den
stärksten Teil Ihrer Kosten zu verwenden, während Orchester
und Szene weniger zu beachten war, da an und für sich bei steter Ortsveränderung große Solidität hiervon nicht zu erwarten
war. — Möge Ihnen nun dies bisher geglückt sein, so ist doch in
Zukunft nicht viel von diesem Auskunftsmittel zu erwarten,
denn — jedes Publikum empfindet alsbald, daß die Kraft der
Wirkung meiner Werke in deren Totalität beruht.

Totalität — das meint nichts anderes als die Einheit der szenisch-
dramatisch-musikalischen Wirkung. Sie ist ihm zweimal gelun-
gen, mit den »Meistersingern« in München, mit »Parsifal« in Bay-
reuth; wird sie dort künftig glücken? Zuweilen scheinen Wagner
die Festspiele absurd, dann wieder drückt er

sein Staunen über das Theater aus, »daß es da ist, daß ich das
zustande gebracht habe mit meinen Partituren!«

Er sagt es zu Cosima in seiner Stube, die er die blaue Grotte
nennt; das Gespräch kommt

auf seine Neigungen für Farben, für Wohlgerüche, welch letztere er sehr stark haben muß, da er schnupfe; »das Schnupfen
ist eigentlich meine Seele«, sagt er sehr drollig; zuerst beschreibt er, wie sanft glänzende Farben ihn stimmten, aber im
Laufe des Gespräches leugnet er jeden Zusammenhang und
sagt sehr bestimmt: »Es sind Schwächen.«

*Inzwischen hat sich der König durch die Hand seines Hofsekretärs
auf seinen Brief vom 10. Januar geäußert: er besteht auf dem
Münchner »Parsifal«, willigt aber in eine Verschiebung auf 1884.
Vier Tage behält Cosima die Nachricht für sich, dann rückt sie
damit heraus und findet Wagner am Abend*

schweigsam, aber gern zuhörend. Nur ab und zu lodert es in
ihm auf wie bei einem halb erloschenen Feuer, was der König
ihm antue.

So ist es auch mit dieser Beziehung vorbei; Wagner schämt sich
des ganzen Verhältnisses. *Und* beklagt es, daß nicht Roth-
schild ihm eine Million geschenkt. *Anderntags, am 31. Januar,
wird das Vorwort für Stein fertig, Hoffmannstropfen haben zur
Stillung der Krämpfe beigetragen. Wagner improvisiert auf dem
Flügel,* der beseligende Geist der Musik regt sich in ihm. *Ein
abendlicher Besuch findet ihn heiter und zugewandt; das Lied
vom Harlekin beschließt, humoristisch gedehnt, den Tag. Mit
Schirokko und Regen kommt der Februar heran; Wagner spielt
aus den »Meistersingern«, sich dieses holden Werkes erfreuend.
Auch »Tannhäuser« ist ihm nahe, noch vor »Tristan« soll er im
Festspielhaus erscheinen. Dazwischen wieder das alte Lied: »Har-
lekin, du mußt sterben«, und ein schöner Traum:*

Er war mit Schopenhauer zusammen, der ungemein heiter und
freundlich war (ganz weiß und von dem R. sich sagte, nein,
wer sollte sich denken, daß das dieser große Philosoph sei; und
dann machte R. Schopenhauer aufmerksam auf einen
Schwarm Nachtigallen, die aber Schopenhauer kannte).

*Ist der Traum von Nietzsche eingegeben? Er hat ein neues Buch her-
ausgebracht: »Die fröhliche Wissenschaft«; von Wagner und Schopenhauer ist darin die Rede. Cosima reicht Wagner eine Rezen-
sion herüber — nur Invektiven helfen gegen das Werk.* Der ganze
Mensch sei ihm widerwärtig, *er sei ein* Geck *und* absolut nich-

tig, Nietzsche habe gar keine eignen Gedanken gehabt, kein eignes Blut: *so geht es durch mehrere Februartage. Nietzsche hat neuerdings sehr eigene Gedanken; er nimmt Wagner vor Schopenhauer und nimmt Wagner den Künstler vor Wagner dem Schriftsteller in Schutz:*

Richard Wagner hat sich bis in die Mitte seines Lebens durch Hegel irreführen lassen; er tat dasselbe noch einmal, als er später Schopenhauers Lehre aus seinen Gestalten herauslas und mit »Wille«, »Genie« und »Mitleid« sich selber zu formulieren begann. Trotzdem wird es wahr bleiben: nichts geht gerade so sehr wider den Geist Schopenhauers als das eigentlich Wagnerische an den Helden Wagners — ich meine, die Unschuld der höchsten Selbstsucht, der Glaube an die große Leidenschaft als an das Gute an sich, mit *einem* Worte, das Siegfriedhafte im Antlitze seiner Helden. [...] Zuletzt ist wenig an der Philosophie eines Künstlers gelegen, falls sie eben nur eine nachträgliche Philosophie ist und seiner Kunst selber keinen Schaden tut. Man kann sich nicht genug davor hüten, einem Künstler um einer gelegentlichen, vielleicht sehr unglücklichen und anmaßlichen Maskerade willen gram zu werden; vergessen wir doch nicht, daß die lieben Künstler samt und sonders ein wenig Schauspieler sind und sein müssen und ohne Schauspielerei es schwerlich auf die Länge aushielten. Bleiben wir Wagner in dem treu, was an ihm *wahr* und ursprünglich ist — und namentlich dadurch, daß wir, seine Jünger, uns in dem treu bleiben, was an uns wahr und ursprünglich ist. Lassen wir ihm seine intellektuellen Launen und Krämpfe, erwägen wir vielmehr in Billigkeit, welche seltsamen Nahrungen und Notdürfte eine Kunst, wie die seine, haben *darf,* um leben und wachsen zu können! Es liegt nichts daran, daß er als Denker so oft unrecht hat; Gerechtigkeit und Geduld sind nicht *seine* Sache. Genug, daß sein Leben vor sich selber recht hat und recht behält — dieses Leben, welches jedem von uns zuruft: »Sei ein Mann und folge mir nicht nach — sondern dir! Sondern dir!«

Fast dasselbe hat Wagner selbst kürzlich über seine Jünger gesagt — es ist eines, dergleichen zu postulieren, ein anderes, es zu ertragen. Nietzsche hat sich freigemacht, und Wagner ist wehrlos dagegen; was soll er, falls er sie liest, gegen Sätze sagen, die scheinbar Beethoven, in Wahrheit ihn selbst neben Goethe stellen als die Halbbarbarei neben der Kultur, als Volk neben Adel, als der gutartige Mensch neben dem guten und mehr noch als »guten« Menschen, als der Phantast neben dem Künstler, als der Trostbedürftige neben dem Getrösteten, als der Übertreiber und Verdächtiger neben dem Billigen, als der Grillenfänger und Selbstquäler, als der Närrisch-Verzückte, der Selig-Unglückliche, der Treuherzig-Maßlose, als der Anmaßliche und Plumpe — und, alles in allem, als der »ungebändigte Mensch«.

Dagegen ist kein Kraut gewachsen. Der Schriftsteller tritt gegen den Nicht-Schriftsteller an, und das ist keine formale Angelegenheit: für Nietzsche ist die Sprache das Medium des Leidens, das Medium der Existenz wie für Wagner die Musik. Der Meister hat seinen Meister gefunden, der sein Schüler war, und der Prozeß, den dieser ihm macht, ist der historische Prozeß; er trägt das Scheinwesen ab, mit dem Wagner sich wie mit Atlas und Seiden umkleidet hat, und reduziert ihn auf seine wirkliche Größe, die eine der Kunst ist. Die Stelle, die Nietzsche bei Wagner eingenommen hatte, hat nun Stein inne, der vor seinem frühen Tod auch Nietzsches Zuneigung gewinnt; über die Kompetenz Wolzogens, des Redakteurs der »Bayreuther Blätter«, macht Wagner sich keine Illusionen. Er spricht zu Cosima

über seine Parteigänger, die wie gemacht seien, um die Gedanken, die er ausspricht, der Lächerlichkeit preiszugeben. (Er nimmt Stein aus.) [...] Und schließlich beklagt er es laut, daß er Wahnfried gegründet, auch die Festspiele scheinen ihm absurd!...

Das ist sein letztes Wort über die Wagnerianer. Es ist, als hätten sich alle gegen ihn verschworen: Liszt durch sein Dasein, Ludwig durch seine Prätentionen, Nietzsche durch seine Emanzipation, Wolzogen durch sein Nachäffen — und Bülow dirigiert seit zwei Jahren nur noch Brahms. Nur einer steht stärkend an Wagners Seite, berichtet Erfolge, schickt das dringend benötigte Geld: Angelo Neumann, der deutsch-jüdische Theaterdirektor. Und am 4. Februar kommt Hermann Levi, um über die »Parsifal«-Aufführungen des Sommers zu sprechen; als der Kapellmeister figuriert er, gleichsam unpersönlich, in Cosimas Aufzeichnungen. Gleich wird Musik gemacht: Klärchens Tod aus der »Egmont«-Musik; es erinnert Wagner an das Finale der Neunten. So kommt

86 »San Marco bei Nacht.« Zeichnung von Joseph Pennell

*Faschingsdienstag heran, die Luft ist herrlich, Wagner sitzt auf
der Bank beim Dogenpalast, abends liest er den Seinen zwei Gedichte von Kant vor. Dann geht er mit ihnen zum Karneval auf
die Piazza:*

Der Eindruck ist ein gemischter; der Zug der Beerdigung des
Karnevals hat für R. mit der Melodie, die er für alt hält, etwas
Rührendes, aber wie er mit den Kindern auf dem Podium gewesen ist, kommt er [...] traurig zurück. Arme Handwerks-
leute hupften da, ohne recht zu wissen, weshalb. Die Mitter-
nachts-Glocken aber und das Auslöschen der Flammen wirken
wieder schön. Von der Stube aus hatte er die Fassade der Pro-
curatien angesehen und erklärt, wie langweilig, phantasie- und
erfindungslos er sie fände, wie er dies 58 einmal dem Maler
Rahl erklärt hätte, wie anders ein gotischer Dom zu ihm sprä-
che als diese nachgebildete Monotonie. Er sei damals mit dem
Tristan beschäftigt gewesen, wo jede Faser lebe!

*Ein Klassizist, tatsächlich, war er nie. Er deutet das Werk von
einst auf Cosima um, die ihn 1858 auf dem Höhepunkt der
Minna-Krise erlebt hatte:*

Wie unsere Beziehung rätselvoll damals, ganz Tristan, »das Werk war vorgegessen Brot«. — — Gegen 1 Uhr kehren wir heim, R. nicht ganz unzufrieden, beim Einschlafen aber höre ich ihn sagen: »Ich bin wie Othello, mein Tagwerk ist vorbei.«

Drei Tage später spielt er Cosima eine schöne Melodie vor, die er beim Ordnen seiner »Ton-Schnitzel« gefunden hat; man fährt zusammen auf dem Canal Grande:

In der Gondel meldet er mir, daß er seine Arbeit über Männliches und Weibliches doch machen würde und dann Symphonien, dann nichts Schriftliches mehr, nur die Biographie wolle er schreiben. Beim Ordnen seiner Blätter seien auch meine ihm in die Hand gekommen; wie ein Schwarm von Allerseelen wehe es ihn an.

Das ist am 9. Februar. Am Abend des 12. zeichnet Joukowsky, der gute Geist der Familie, den Vorlesenden im Lehnstuhl. Er liest Fouqués »Undine« — aus dem Exemplar, das Joukowskys Vater, dem Dichter der russischen Romantik, einst als Übersetzungsvorlage gedient hat.

Beim Abendbrot besprechen wir mit den Kindern das Meer und seine Geschöpfe; vorher die Gefängnisse, die Strafen (the tread-mill), alles zum Schutze des Eigentumes. [...] Wie ich schon zu Bett liege, höre ich ihn viel und laut sprechen, ich stehe auf und gehe in seine Stube : »Ich sprach mit dir«, sagt er mir und umarmt mich lange und zärtlich: »Alle 5000 Jahre glückt es!« »Ich sprach von den Undinen-Wesen, die sich nach einer Seele sehnen.« Er geht an das Klavier, spielt das Klage-Thema »Rheingold, Rheingold«, fügt hinzu: »Falsch und feig ist, was oben sich freut.« »Daß ich das damals so bestimmt gewußt habe!« — — Wie er im Bette liegt, sagt er noch: »Ich bin ihnen gut, diesen untergeordneten Wesen der Tiefe, diesen sehnsüchtigen.«

Am folgenden Nachmittag findet Cosima ihn tot in seinem Sessel. Am Morgen hatte es heftigen Streit gegeben — um Carrie Pringle, die Klingsor-Blume, die zum Vorsingen nach Venedig kommen soll? Wagner hatte danach an seiner Abhandlung weitergearbeitet; die Buddha-Legende, nach der er einst »Die Sieger« hatte schreiben wollen, war in Sicht gekommen:

87 »R. lesend. 12. Feb. 1883.« Zeichnung von Paul v. Joukowsky

Es ist ein schöner Zug der Legende, welche auch den Siegreich-
Vollendeten zur Aufnahme des Weibes sich bestimmen läßt.
Gleichwohl geht der Prozeß der Emanzipation des Weibes nur
unter ekstatischen Zuckungen vor sich. Liebe — Tragik.

*Eine Barke fährt den Sarg am 16. Februar den Canal Grande ent-
lang zum Bahnhof; am 18. Februar wird er in die Gruft hinter
Haus Wahnfried gesenkt, die Wagner zugleich mit dem Haus für
sich und Cosima hat errichten lassen. Angelo Neumann erhält die
Trauernachricht in Aachen, wo er mit dem »Ring« gastiert, und er
wird irre an ihr, als er anderntags einen Brief Wagners erhält, er*

88 Palazzo Vendramin-Calergi am Canal Grande. Links die Türme von San Geremia. Holzstich nach Chantant (aus der Zeitschrift »Über Land und Meer«, 1883)

stammt vom 11. Februar. Zwei Monate später kommt die Nibe-
lungen-Truppe nach Venedig, ins Teatro la Fenice, und erntet ju-
belnde Teilnahme für das Werk; am Tag nach »Götterdämme-
rung« bringt das Ensemble vor dem Palazzo Vendramin eine
Trauermusik dar:

Das Munizipium von Venedig hatte uns für die Aufstellung
des Orchesters die nur für besondere festliche Gelegenheiten
bestimmte große Prachtbarke zur Verfügung gestellt: da nahm
Anton Seidl mit seinem Orchester Platz. Die Künstler und
Künstlerinnen folgten in sechs der wohlbekannten langge-
streckten Gondeln nach, während viele hundert andere dieser
schlanken Boote uns den Canal Grande entlang das Geleite gaben, bis zum Palazzo Vendramin, wo sich alle rings um uns an-
reihten, der gesamte venezianische Adel in den eigenen prächtigen Fahrzeugen, in Flor verhangen, dann alle die Fremden,
die noch Gondeln hatten finden können: eine fast unüberseh-
bare, reich bewegte, ernst ergreifende Trauergemeinde [...]
Anton Seidl unten auf dem Wasser setzte mit den mächtigen
Klängen des Trauermarsches aus der Götterdämmerung ein.
Wir entblößten das Haupt: und alle rings umher zu Wasser
und zu Lande – alle Dächer im Umkreis des Canal Grande waren mit Menschen besät – folgten unserem Beispiele. In tiefer
Ergriffenheit wurde nun dieses unvergleichliche Tonstück vernommen, [...] während wohlige laue Düfte aus den blühenden
Gärten und Inseln wie von fern herübergeweht kamen. Nach
einer Pause folgte auf den Heroenmarsch die Tannhäuser-Ou-
vertüre, die einen brausenden Jubel erregte und ein vieltau-
sendfaches Echo in aller Herzen fand, während das erste Stück
unter andächtigem Schweigen verklungen war. Hiermit war
die Feier beendet. Unter den Klängen der Marcia reale* ver-
ließ die ganze Flotille in langsam gleitendem Zuge den Spiegel
des großen Canals und die Gondeln kehrten auf den mancherlei Canaletti heim.

Venedig hat Abschied von Richard Wagner genommen, dem
deutschen Musiker, in dem sich der Kunstgeist dieser Stadt – ein
Geist der Späte, des Herbstes, leuchtender Erinnerung – noch ein-
mal erfüllt hatte. Was Monteverdi hier vor zweieinhalb Jahrhun-
derten begonnen hatte: die Oper – Wagner hat es diesem Aus-

---

* Königsmarsch

gangspunkt wieder zu- und zugleich einem Endpunkt entgegenge-
führt. So viel Neues aus seiner Musik sich lösen wird — Mahler,
Wolf, Richard Strauss, César Franck, Debussy, Schönberg, sie alle
knüpfen an ihn an —: daß er am Ende, nicht am Anfang eines
Zeitalters stand, hat niemand klarer als er selbst gesehen. Im Juni
1882, in Bayreuth, Liszt hat ihm wieder einmal aus Beethovens
späten Klaviersonaten vorgespielt, sagt er, Cosima notiert es:

Aber es ist zu Ende mit der Musik, und ich weiß nicht, ob
meine dramatischen Explosionen das Ende aufhalten können.
Es hat so kurz gedauert. Aber diese Dinge haben mit Zeit und
Raum nichts zu schaffen.

ANHANG

ZUR TEXTGESTALTUNG

Wagners Briefe liegen in Sammlungen von unterschiedlicher editorischer Anlage und Qualität vor; die wissenschaftlich fundierte Ausgabe von Gertrud Strobel und Werner Wolf reicht derzeit nur bis zum Jahr 1855. Von Wagners Schriften gibt es keine textkritische Ausgabe; die hier benutzten Editionen von Golther und Kapp (beide 1913) legen die damals gültige Rechtschreibung zugrunde. Auch Martin Gregor-Dellins »erste authentische Veröffentlichung« von »Mein Leben« folgt nicht der originalen Orthographie. In Anbetracht dieser differenten Textsituation, aber auch um der besseren Lesbarkeit willen hat sich der Autor dazu entschlossen, alle zitierten Texte bei Erhaltung des Lautstands der heutigen Rechtschreibung anzugleichen (nur bei dem »Schusterlied«, S. 79, wurde das nebenstehende Autograph transkribiert). Verluste wie die des Eigenwerts von Schreibweisen wie »Socialismus« oder »Reaction« oder von Wagners Kleinschreibung in den Briefen an Uhlig mußten dabei hingenommen werden. In der Zeichensetzung wurde die Angleichung dort vorgenommen, wo die überlieferte Schreibweise das Verständnis erschwerte. Namensabkürzungen wurden mit Ausnahme des »R.« für »Richard« in Cosima Wagners Tagebüchern aufgelöst, Auslassungen und Einfügungen durch eckige Klammern bezeichnet. Die Einfügung der Zitate in den Kommentar führte am Anfang und Ende der Texte in einzelnen Fällen zu einer Abweichung von der originalen Interpunktion. Hervorhebungen wurden (mit einer Ausnahme) innerhalb des geradstehenden durch kursiven, innerhalb des kursiven durch geradstehenden Satz bezeichnet. Zitate innerhalb der kursiv gesetzten Kommentartexte wurden gleichfalls geradstehend gesetzt.

Der Autor dankt der Universitätsbibliothek Berlin und der Berliner Stadtbibliothek für freundliche Förderung und Professor Dr. Georg Knepler für guten Rat.

QUELLEN

1. Richard Wagner: Gesammelte Schriften und Dichtungen in zehn Bänden, ed. Wolfgang Golther, Berlin—Leipzig—Wien—Stuttgart o. J.

2. Richard Wagner: Gesammelte Schriften in vierzehn Bänden, ed. Julius Kapp, Leipzig o. J.

3. Richard Wagner: Mein Leben, ed. Martin Gregor-Dellin, München 1963 (Jubiläumsausgabe)

4. Richard Wagner: Sämtliche Briefe, ed. Gertrud Strobel und Werner Wolf. Band 1, Briefe der Jahre 1830–1842, Leipzig 1979; Band 2, Briefe der Jahre 1842–1849, Leipzig 1980; Band 3, Briefe der Jahre 1849–1851, Leipzig 1975; Band 4, Briefe der Jahre 1851–1852, Leipzig 1979; Band 6, Briefe der Jahre 1854/55, Leipzig 1986

5. Die Briefe Richard Wagners an Judith Gautier, ed. Willi Schuh, Erlenbach–Zürich und Leipzig o. J. [1936]

6 a. Briefwechsel zwischen Wagner und Liszt, 2 Bände, ed. Erich Kloss, Leipzig 1910

6 b. Franz Liszt – Richard Wagner / Briefwechsel, ed. Hanjo Kesting, Frankfurt am Main 1988

7. König Ludwig II. und Richard Wagner, Briefwechsel, ed. Otto Strobel, 5 Bände, Karlsruhe i. B. 1936–1939

8. Richard Wagner an Mathilde Maier (1862–1878), ed. Hans Scholz, Leipzig 1930

9. Briefe an August Röckel von Richard Wagner, ed. La Mara, Leipzig 1903 (weitere Teile des Briefwechsels zwischen Wagner und Röckel in 7.)

10. Richard Wagner an Minna Wagner, 2 Bände, Berlin und Leipzig 1912

11. Richard Wagner an Mathilde Wesendonk, Tagebuchblätter und Briefe 1853–1871, ed. Wolfgang Golther, Berlin 1904

12. Richard Wagner an Otto Wesendonk, 1852–1870, Berlin 1905

13. Cosima Wagner: Die Tagebücher, ed. Martin Gregor-Dellin und Dietrich Mack. Band 1, 1869–1877, München 1976; Band 2, 1878–1883, München 1977

14. Cosima Wagner: Das zweite Leben, Briefe und Aufzeichnungen 1883–1930, ed. Dietrich Mack, München–Zürich 1980

15. The Richard Wagner Collections (Sammlung Burrell), Christie's New York, 27. Oktober 1978

16. Max Auer: Anton Bruckner, Zürich–Leipzig–Wien 1947

17. Ernst Bloch: Paradoxa und Pastorale bei Wagner, in: E.B., Verfremdungen I, Frankfurt am Main 1963

18. August Göllerich: Franz Liszt, Berlin 1908

19. Martin Gregor-Dellin: Richard Wagner, München 1980

20. Georg Herwegh: Neue Gedichte, Zürich 1877

21. Woldemar Lippert: Richard Wagners Verbannung und Rückkehr 1849–1862, Dresden 1927

22. Gustav Mahler: Briefe, ed. Mathias Hansen, Leipzig 1981 (RUB 906)

23. Max Morold: Wagners Kampf und Sieg, 2 Bände, Wien 1930

24. Angelo Neumann: Erinnerungen an Richard Wagner, Leipzig 1907

25. Friedrich Nietzsche: Werke in drei Bänden, ed. Karl Schlechta, München 1954–1956

26. Deutsch-französische Jahrbücher, herausgegeben von Arnold Ruge und Karl Marx 1844, ed. Joachim Höppner, Leipzig 1973 (RUB 542)

27. Camille Saint-Saëns: Bayreuth und der Ring des Nibelungen, in: Herbert Barth (Herausgeber), Der Festspielhügel, München 1973

28. Arthur Schopenhauer: Sämtliche Werke, ed. Julius Frauenstädt, 6 Bände, Leipzig 1891

29. Willi Schuh: Renoir und Wagner, Erlenbach–Zürich und Stuttgart 1959

30. Ludwig Strecker: Richard Wagner als Verlagsgefährte, Mainz 1951

31. Otto Strobel (Herausgeber): Bayreuther Festspielführer 1936

32. Peter I.Tschaikowski: Erinnerungen und Musikkritiken, ed. Richard Petzoldt, Leipzig o. J. [1961] (RUB 554)

LITERATURHINWEISE

Theodor W. Adorno: Versuch über Wagner, Frankfurt am Main 1974

Herbert Barth (Herausgeber): Bayreuther Dramaturgie — Der Ring des Nibelungen, Stuttgart und Zürich 1980

Carl Dahlhaus: Richard Wagners Musikdramen, Velber 1971

Carl Dahlhaus: Wagners Konzeption des musikalischen Dramas, Regensburg 1971

Claude Debussy: Einsame Gespräche des Monsieur Croche, ed. Eberhardt Klemm, Leipzig (o. J.) [1975]

Friedrich Dieckmann: Siegfrieds Doppelgesicht, in: F. D., Streifzüge, Berlin 1977

Friedrich Dieckmann: Bilder aus Bayreuth, in: F. D., Theaterbilder, Berlin 1979

Friedrich Dieckmann: Wagner im Bilde, in: Bildende Kunst, 2/1983

Friedrich Dieckmann: Heine über Wagner, in: Musik und Gesellschaft, Berlin 1985, Heft 12 (S. 673 ff.)

Max Graf: Richard Wagner im Fliegenden Holländer, in: Oper heute (6), Berlin 1983

Christian Kaden: Die Einheit von Leben und Werk Richard Wagners, in: Beiträge zur Musikwissenschaft, 2/1979

Georg Knepler: Musikgeschichte des 19. Jahrhunderts, Band II, Berlin 1961

Georg Knepler: Ein Beitrag zur Interpretation von Richard Wagners Gestaltungsprinzipien, in: G. K., Gedanken über Musik, Berlin 1978

Kurt Kranke: Wer vermittelte Richard Wagner in Dresden Schriften von Karl Marx?, in: Dresdner Hefte, Heft 3/1985

Kurt Kranke: Marginalien zur politischen Biographie Richard Wagners, in: Sächsische Heimatblätter, Heft 2/1989, S. 65 ff.

Thomas Mann: Gesammelte Werke, Frankfurt/Main, Band 9 und 10 (darin: Leiden und Größe Richard Wagners / Richard Wagner und der »Ring des Nibelungen« / Ibsen und Wagner / Briefe Richard Wagners / Über die Kunst Richard Wagners / Wagner und kein Ende)

Hans Mayer: Richard Wagner, Hamburg 1959

Hans Mayer: Richard Wagner in Bayreuth 1876-1976, Stuttgart und Zürich 1976

Peter P. Pachl: Siegfried Wagner, München 1988.

Gerd Rienäcker: Beobachtungen zur Dramaturgie der Bühnenfest-
spiele Richard Wagners, in: Weimarer Beiträge, 6/1982

August Röckel: Zu lebenslänglich begnadigt — Sachsens Erhebung und
das Zuchthaus zu Waldheim, Berlin 1963

Werner Ross: Wagner, Nietzsche und die neue »Culturperiode«, in:
Merkur, Nr. 385 (1980)

Bernard Shaw: Musikfeuilletons des Corno di Bassetto, ed. Eberhardt
Klemm, Leipzig 1972

Otto Strobel: Richard Wagner/Leben und Schaffen; eine Zeittafel,
Bayreuth 1952

Richard Wagner: Ausgewählte Schriften, ed. Esther Drusche,
Leipzig 1982

Wieland Wagner: Richard Wagner und das neue Bayreuth, München
1962

Peter Wapnewski: Der traurige Gott — Richard Wagner in seinen Helden, München 1978

Peter Wapnewski: Richard Wagner — Die Szene und ihr Meister,
München 1978

Werner Wolf: Richard Wagner — vom Schweizer Exil nach Bayreuth,
in: Gestalten der Bismarckzeit, herausgegeben von Gustav Seeber,
Berlin 1978

Hartmut Zelinsky: Richard Wagner — ein deutsches Thema, Frankfurt
am Main 1976

BILDNACHWEISE

REGISTER

Die nachstehenden Angaben schließen Namensnennungen innerhalb der Bildunterschriften ein.

INHALT